满天的星星落在院子里，满院子的花开成天上的繁星

Alibaba and
its Stories

阿里巴巴
与
四十大道

赵先超/著

珍藏版

电子工业出版社
Publishing House of Electronics Industry
北京·BEIJING

内 容 简 介

《阿里巴巴与四十大道》(珍藏版)出版之际，正值阿里巴巴创办20周年，并发布"新六脉神剑"价值观。

写阿里的书很多，为什么要读这本书？这是一本阿里员工写阿里公司的书，贵在真实，非"见闻和资料"的拼凑！作者以"零距离"的亲身感受，记录了阿里巴巴公司内部日常工作与生活的点点滴滴，深刻映射出一家企业在千载难逢的时代背景下艰辛创业和飞跃式发展的动人场景。这本书与其说描述了阿里巴巴崛起的个性轨迹，不如说细节性诠释了中国互联网在全球独树一帜的共性文化基因。

读这本书，能感受到作者的真诚，仿佛他在与你促膝长谈！不论你是互联网生态从业者、企业人员，还是阿里伙伴，甚至是阿里员工和家属，都可以读这本书。这本书能让你读懂阿里巴巴，读懂中国互联网。

未经许可，不得以任何方式复制或抄袭本书之部分或全部内容。
版权所有，侵权必究。

图书在版编目（CIP）数据

阿里巴巴与四十大道：珍藏版 / 赵先超著. —北京：电子工业出版社，2020.1
ISBN 978-7-121-37045-8

Ⅰ.①阿⋯ Ⅱ.①赵⋯ Ⅲ.①电子商务－商业企业管理－经验－中国 Ⅳ.① F724.6

中国版本图书馆 CIP 数据核字 (2019) 第 133453 号

责任编辑：张彦红
印　　刷：河北迅捷佳彩印刷有限公司
装　　订：河北迅捷佳彩印刷有限公司
出版发行：电子工业出版社
　　　　　北京市海淀区万寿路 173 信箱　　邮编 100036
开　　本：880×1230　1/32　印张：12.5　字数：360 千字
版　　次：2018 年 4 月第 1 版
印　　次：2021 年 4 月第 3 次印刷
定　　价：108.00 元

凡所购买电子工业出版社图书有缺损问题，请向购买书店调换。若书店售缺，请与本社发行部联系，联系及邮购电话：（010）88254888，88258888。
质量投诉请发邮件至 zlts@phei.com.cn，盗版侵权举报请发邮件至 dbqq@phei.com.cn。
本书咨询联系方式：（010）51260888-819，faq@phei.com.cn。

推荐序
Recommendation

江南忆,最忆是杭州。

今年4月,我第三次造访阿里巴巴总部杭州西溪园区,与赵先超先生一起坐在园内临湖的咖啡吧聊天,他指着前方水面上一条弯弯曲曲的用木板铺成的栈道说,这是全球首要们参观阿里的必经之道,也是阿里员工工作之余的休闲小路。在这里,你是否可以隐约感觉到世界互联网大佬们的深邃思想与阿里小二鲜活的生活气息?

时间闪回到2000年前后,我担任《计算机世界》社长和总编辑时,有机会与阿里创始人马云先生有过多次交流。记得2003年秋天,马云应邀参加我主持的"IT两会(CEO&CIO)"之"互联网高峰论坛",他当着新浪的王志东、搜狐的张朝阳、网易的丁磊、百度的李彦宏、盛大的陈天桥等当时世人瞩目的互联网大佬,这样对我说:淘宝目前还处在起步发展时期,我只是个店小二;但是,你没意识到阿里的到来,将掀起中国互联网的新的波澜吗?

"我的书主要写的是阿里小二的生活。"赵先超先生打断我的回忆。我其实认真审读过《阿里巴巴与四十大道》这本书,此书确实是从阿里小二这样一个微观的视角,从"风清扬""逍遥子"等阿里员工五花八门的花名到"十八罗汉"及至目前超过10万人的员工工号;从"有温度也有孤独、有沮丧也有喜悦"的日新月异的工作细节,到悲欢离合、不分昼夜的一个个工作场景,让我们近距离感受到了马云的故事和阿里人的创新创业情怀。不仅如此,从书中描述的那些生动活泼、如此好玩的工作场景中,我们可以清晰地感知阿里成长的酸甜苦辣和风雨兼程，由此也可以管窥世界顶级互联网公司的辉煌发展历程。打开这本书，读者一定会被其中好玩有趣的故事所吸引，更会被互联网人无穷的创新冲动所感染……

《阿里巴巴与四十大道》呈现的是阿里巴巴公司内部日常生活的点点滴滴，这些细节被作者总结成"四十大道"；这些"道"是阿里小二与小二之间、小二与客户之间、客户与客户之间感情和关系的结晶。通过这些"道"，我们又可以深刻品味出一个伟大企业价值观的形成过程。

阿里的价值观，从初创时期"可信、亲切、简单"的校园文化似的追求，到后来的"激情、创新、教学相长、开放、简易、群策群力、专注、质量、服务与尊重"的"独孤九剑"，再到"客户第一、团结合作、拥抱变化、诚信、激情、敬业"的"六脉神剑"，以及2019年发布的更加便于口语化传播的"新六脉神剑"，这些不断演进的过程，就像溪水静流，流着流着，自然形成了阿里巴巴的使命、愿景和价值观。这些价值观，不仅细化为阿里的各项管理规范，更成为阿里员工的基本面孔和言行表里的文化写照。

与赵先超先生讨论《阿里巴巴与四十大道》珍藏版的相关细节，深入聊起书中众多阿里的新鲜故事，兴致正浓，意犹未尽。傍晚时分，晚霞照在临湖水面，闪闪发光，我注视着水面上那条并没有标示方向的栈道，在光影中弯弯曲曲地延伸，突然有种莫名的冲动：这条小道映照出互联网的未来，注定将进入世界互联网的发展史册；而《阿里巴巴与四十大道》这本书也许将伴随更多读者步入互联网新时代，创新创业，快乐前行。

刘九如

电子工业出版社总编辑

前言
Preface

阿里巴巴西溪园区有一片湿地，碧波荡漾，野鸭闲游，与办公楼内生生不息的昼夜繁忙相辅相成。

枯树发芽，大地重生，我们从西溪这片古老的土地中嗅出生命的芬芳。宋高宗"西溪且留下"的声音尚在绕梁；鲜于枢酣畅淋漓的《石鼓歌》还散发着墨香；这是洪氏望族自古渔耕的西溪热土，也是供奉1044位历代词人的两浙词人祠堂；历史的金戈铁马渐渐远去，祖祖辈辈西溪边上的日子仍在流淌。

在我看来，阿里巴巴的神奇，不是排名全世界第几的股票市值，阿里园区是一座象牙塔，单纯，简单，透明，乐在其中。到了阿里，才真切感受到快乐不是自我潜意识的反应，它是一种重要的工作和生存能力。就是这样的一群阿里人，以童心未泯的大学生心态，坚定地服务着一个如此纷繁复杂的社会，并让这个社会更平等、更美好。

这才是最神奇的，不是吗？

"四十大道"不是讲述阿里巴巴的战略思想，我也讲不了，那是马云的事，当然，我也不认为马云的事比我的事更重要。它实际上是描绘了普通员工的一个个工作和生活场景，我希望这些以员工视角的场景能给其他公司和这个社会带来些许启发。当然，这些场景也会本能地闪现出一个公司的灵魂。

南方的湿润，水中的小船，湖边的鹅，以及梦中的姑娘，还有叫不上名的花，构成我心中的油画阿里。

　　这些场景，每一个阿里人习以为常，但外界对阿里难以深切感知，这是我作为一名阿里小二，最终敢于动手写阿里小二的主因。

　　"四十大道"讲述的是同一个主题：公司不是以大为美，是以真善为美，以解决社会问题为美。当然，一个公司真正能做到真善，充满家国情怀，离强大也就不远了。本书看似散乱的表象下暗藏着一条主线，30多万字用三个字概括为"价值观"。价值观听上去虚，虚就是实，尤其企业做大的时候。有人说，阿里巴巴如果固定资产一夜消失，它也能迅速恢复生长，因为已经形成独特的价值观。价值观坚守久了，就形成一个企业强大的集体人格。放眼全球公司，有的靠技术强大，一旦哪天，你的技术被人超越，你就失去未来；有的靠产品强大，一旦某一个产品踩空，你就濒临破产。唯有价值观沉淀而成的核心文化，可以推动企业履带式自我驱动。

　　每天在阿里西溪园区，我会看见很多很多张面孔，也会经历很多很多事情,这些脸孔和事情,构成阿里巴巴的日子。

这本书与其说是我写的,不如说是阿里巴巴员工的共同创作,我只是一名搬运工,写流水账一样,记录他们每天的忧愁善感、喜怒哀乐,以及原汁原味的阿里味。不完美,但真实存在;有温度,也有孤独;有沮丧,也有喜悦。日新月异,唯不忘初心。

随着阿里巴巴全球化的进行,其影响力越来越大,外界对它的评判也趋向两个极端:要么妖魔化,要么神化。写本书的一个重要目的是呈现一个真实的阿里巴巴。用逍遥子的话说,我们最终就是做一个真实的人,做一个愿意信任别人的人,做一个简单的人,做一个敢于表达自己的人,最后做一个坚强的人。

本书尽可能为每一位提及的小二标明了姓名、花名和工号。阿里巴巴成长为一棵参天大树,它丰富无比的生态构成一个巨大经济体,离不开所有小二的辛勤付出,他们对阿里的贡献无所谓大小,同等重要。在一定程度上,很多看似没有站在重要岗位上的小二,不一定代表能力不行,很多时候是机遇未到,或者说正在寻找机遇的路上,也或者是在轮岗中。王帅也说过,阿里业务不存在外围和核心,只要是繁荣生态、赋能商家,每一个板块都至关重要。

《阿里巴巴与四十大道》的雏形是一篇6000字的文章,在《电商在线》公众号一发布,电子工业出版社张彦红老师(出版喜洋洋)就看到了,说要出书。感谢我的同事给予无私鼓励和帮助,尤其张桥刚同学,多次给我介绍采访对象,讲述他经历的阿里老故事,一次次提供珍贵的阿里史料。

还要感谢我的爱人,她远在9000公里之外的温哥华,拉扯两个孩子在那边上学,承担着巨大的家庭重担。公众号文章发布后,最高的评价是她的:孩他爸原创。

一并感谢老友孙世通先生,他是阿里文化的追随者和积极实践者。由于能力所限,我几乎放弃写这本书时,他专程飞来杭州,他的鼓励特别受用。他说,你是谁?几万名阿里小二中的普通一员,你想见马云一面,很难。你把这本书写好了,马云说不定请你吃饭。

好吧,我等着。

最后,两点需要说明:一是,这是一本阿里小二写阿里小二的书,作为一个普通小二,不可能像马云一样站高望远,只能在自己的小圈子"坐井观天",这是阿里巴巴的一个边角,但无论如何,它是阿里巴巴最真实、最一线的写照;二是,我入职阿里时间尚短,对过往历史了解有限,加之,本书撰写时间是工作之余的夜晚和周末,极其仓促,书中所涉数字、数据、案例等史实,极力选取权威口径,有的进行了两处以上咬合式来源印证,尽管如此,肯定还会有偏颇之处,望谅。

另,书中所涉人物的职务在本书截稿之后或有变动,特此说明。

为本书截稿,是一件很纠结的事,感谢阿里偌大的舞台,我每天站在舞台边缘,目睹很多大事的发生,这都是写书最好的素材,我想尽可能汲取这些营养,但是,那就永无截稿之日了。

不管怎样,阿里,我来了。

赵先超

目录
Contents

1 花名是每个小二的心灵秘史   002
阿里员工自称小二,员工之间互称同学,马云当过六年老师,大家都叫他马老师。
入职阿里第一件事是什么?起花名。如今"花名"也成了花名。

2 工号也是企业核心文化   013
十八罗汉的工号为何排到19号?十八罗汉之后的第一名员工是谁?
工号"9527"的同学,大家习惯直接叫他的工号,这是对周星驰的膜拜。

3 一九九九   024
中国互联网弯道超车,谁又能说不与1999年那几个人的创业有着重要的关联呢?
彭蕾很多年后回忆印象最深的事情:1999年的每件事情。

4 十八罗汉的阿里巴巴前传   032
"外面下着雨,大家一起唱《真心英雄》,英雄此去,壮怀激烈。"
马云决定离京回杭创业,饯别晚餐,下着很大的雪,谢世煌伏地大哭。

5 阿里曾经只有5个月活命期   061
今天很残酷,明天更残酷,后天很美好——其实后面还有一句话。
马云在一个很冷的房间开会,大家都穿着大衣,因为没钱,不想开暖气,
会议主题只有一个:到底该不该给客户回扣?

6 让每个小二成为更优秀的自己   072
苗人凤毕业后参加工作,楼下是阿里巴巴;多隆毕业后参加工作,楼上是阿里巴巴。
王帅找马云说:"集团领导层都轮岗,就我没轮了。"马云说:"我也没轮过。"

7 很傻很天真   087
刚创业时,马云对员工没有物质奖励,就给大家"加寿",有人当上了"九千岁"。
愿赌服输,贺学友在那个寒冷的冬夜,跳进了西湖……

8 胸怀是委屈"撑"大的   099
曾几何时,北京车水马龙的夜晚,马云有些迷茫却仍不失大气地说:"即便我不成功,
总会有人成功,我希望中国人早一天成功。"

9 一位小二父亲的铮铮"预言"   110
郑可的父亲说,如果你们能度过"非典",阿里将会非常强大。
当铁链扯开的那一刻,电脑上传来盛一飞做的视频,响起谭咏麟的《朋友》,眼泪瞬间流了下来。

10 创意是床单睡过俩月后翻过来再睡   121
阿里有"两多",一是美女多,内网是最大的相亲角;二是黑板多,有灵感写思路,无灵感画美女。
阿珂在卫生间想了一会,出来说,我们的网站叫"淘宝"好不好?

11 蜻蜓起飞先扇哪个翅膀　　　　　　　　　　　　135
逍遥子说:"我在公司开会,'90后'同事会跳出来说,老逍你太老了,你不懂。"
我们必须接受一些自己不习惯的东西,必须充满好奇。

12 马总,有你这么说话的吗　　　　　　　　　　　142
"在阿里,好好先生做不长,有话就说,说得再狠也不怕,公司不会给穿小鞋。"
老逍说过,阿里内网最高宗旨:不删帖。

13 阿里内网中的悲欢离合　　　　　　　　　　　　151
阿里员工离职时,都会发一个"离职贴",最高频的回复是"江湖再见"。
在阿里,既是工作,也是"上学",离职后进入阿里"校友会",可定期回来参加"校友大会"。

14 从独孤九剑到新六脉神剑　　　　　　　　　　　158
"阿里为何要活102年,这是很'马云'的。"
整个玻璃板写满了价值观,最终整理出九条,马云起名为"九阴真经",这群金庸迷发现风头不对,梅超风练"九阴真经"走火入魔,于是,改为"独孤九剑"。

15 客户第一、员工第二、股东第三　　　　　　　　174
王坚气愤地问:"客户的门,你们摸到了吗?"
不和客户生活在同一世界里,就是站在参谋部放枪,战壕都去不了,打啥枪?

16 因为信任,所以简单　　　　　　　　　　　　　182
阿里没有基层员工,只有一线员工。权力要放给一线员工,出了问题解决问题,而不是收回权力。

17 此时此刻,非我莫属　　　　　　　　　　　　　193
何一鸣说:"我行吗?"
马云说:"我都选择相信你,你有啥理由不相信自己。"

18 今天最好的表现是明天最低的要求　　　　　　　202
马云拿着一个空烟斗,有时会突然停下说,这个团队有问题,没有气场。
身先士卒,不是简单地冲在最前面,领导永远要判断在前,前面的活不干,打仗时往前冲,那是送死。

19 唯一不变的是变化　　　　　　　　　　　　　　211
是否做"B2B",意见十分不统一,马云从外面打电话:立刻做,马上。

20 猪八戒和孙悟空,谁才是优秀员工　　　　　　　217
维也纳金色大厅是透明的,所以能一起畅享交响乐;把大厅隔成一个个小房间,
就成了洗头房,只能听《夜上海》。

21 诚信是阿里价值观红线 　　　　　　　　227
金庸来到淘宝网,挥手写下"宝可不淘,信不能弃"。

22 《功守道》背后的太极战略 　　　　　　　234
马云拿到"功守道"三个字,连连赞叹,李连杰一看,说写错了,是"攻"字。
马云说,千万别用"攻"。"攻"是格斗;"功"是哲学思想。

23 天马行空与脚踏实地 　　　　　　　　　249
在老逍的直接推动下,盒马成立了,一共7人,后来增加到18人。
多少年后,或许又是一个十八罗汉的故事。

24 好(hǎo)玩又好(hào)玩 　　　　　　　256
"马云,你最欣赏的男人品质是什么?""乐观看待世界。"
"那么,你最欣赏的女人品质是什么?""乐观看待我。"

25 员工不是来帮公司不犯错的 　　　　　　263
那年的支付宝年会开场节目是听客服录音,播放的全是客户批评、投诉和抱怨。
"马老师在年会上怒斥,我们压力很大,第一次看见郭靖也流泪了。"

26 没有女人就不可能有阿里 　　　　　　　269
大数据证明,淘宝上没有"败家娘们",只有爱家女人。
女性网购专注家庭用品,男性喜欢购买自己的用品。

27 一出生就站在舞台中央的人 　　　　　　278
主持人:考你一个有关年轻人的话题,什么叫二次元?
马云:不知道,不知道不丢人,不知道说知道才丢人。

28 阿里巴巴为何良将如潮 　　　　　　　　286
"10年前,我就问自己,如何保证马云离开公司,阿里巴巴依然健康发展?"

29 阿里绝不交给一个不关心公益的 CEO 　　294
"如果一只鸟只想着每天梳理羽毛,一盆脏水就毁了它。"
你怎样,世界就怎样——这是阿里巴巴"天天正能量"的口号。

30 阿里巴巴商业原点是良善 　　　　　　　303
"让再小的店也满载人情味,让再大的社区也有一个照应。"

31 打假"黑科技"一秒能读 501 本《康熙字典》   309
马云向两会代表委员致信：像治理酒驾一样治理假货。

32 小企业是难为死的，大企业是舒服死的   314
"四怪"：好大喜功捂盖子；随波逐流不进步；老虎屁股摸不得；畏首畏尾不担当。
"两难"：小企业做大事很难，不等长大就难为死了；大企业做小事很难，不小心就舒服死了。

33 "宇宙最'搞笑'的公关部"   319
记者问：阿里是不是收购乐视了？
阿里答：阿里影业目前没有拍摄科幻片的计划。

34 一所专门教"失败"的大学   328
为啥叫湖畔大学？阿里诞生地在湖畔花园，寓意是记住每一个创业者。

35 湖畔花园，创业圣地   331
送盒饭的师傅敲开门，环望四周，说，想不到，黑网吧藏在居民区里。
搬离湖畔花园时，阿里所有家当，三车没装满。

36 让天下没有难做的生意   348
在阿里脱贫基金大会上，逍遥子领的 KPI 非常"聚焦"：把好的农产品卖出农村。

37 一心只为赚钱的企业没有未来   355
18 岁的阿里定格为两副面孔，一副是少年阿里，用雄心证明中国人可以做出世界级公司；
一副是成年阿里，用责任创造更加普惠和共享的价值。

38 马云是一个"非常独特的存在"   360
在阿里园区，楼体只挂了一幅标语：感谢曾经努力的自己。

39 杭州为何能孕育出阿里巴巴   371
你的湖山 你的烟雨 你的诗情 你的杭铁头……
我们的淘宝 我们的蚂蚁 我们的菜鸟 我们的平头哥……

40 诘问   382
同学，你好。
我叫长勺，工号 124270。

附录　阿里巴巴 102 句土话（张桥刚版）   383
后记   384
逻辑索引：详见本书内封

花名是每个小二的心灵秘史

工号一是企业核心文化

一九九九

十八罗汉的阿里巴巴前传

阿里曾经只有5个月活命期

让每个小二成为更优秀的自己

信任是商业本质

很傻很天真

此时此刻，非我莫属

胸怀足养居，择一大的

一位小二父亲的铮铮"预言"

剑意是革时过俩月启制过来再晚

马总，有你这么说话的吗

靖诞起亮看哪个短倍

阿里内阿中的悲伦高合

从独孤九剑到六脉神剑

客户第一、员工第二、股东第三

第八找和扫悟空

变化在变化之前

诚信是阿里价值观红线

因为信任，所以简单。

此时此刻，非我莫属。

仿佛不夜城，这里灯火通明

《功守道》背后的太极战略

天马行堂与御指安地

好(hao)玩文好(hao)玩

一出生就在舞台中央的人

阿里巴巴为何能将初剩

阿里绝不父给一个不关心公益的CEO

良善是一切业务的根本涩象

员工不是来帮公司不把持的

足育女人就下可能有阿里

打磨"黑科技"，一种能诺50+本《海熙字典》

小企业是雄为死的，大企业是许服死的

《宇宙最》《杨支》的公美部

《所专门般》"失敢"的大学

湖畔花园，创业圣地

一心只为赚钱的企业没有未来

马云是一个"非常把特的存在"

让天下没有难做的生意

杭州为阿能孕育出阿里巴巴

阿里巴巴102句土话

1　花名是每个小二的心灵秘史

阿里巴巴的员工自称小二，员工之间互称同学。马云当过六年老师，大家习惯叫他马老师。

入职阿里，第一件事就是起花名。

马云，武侠迷，喜欢金庸，花名"风清扬"。集团董事局主席兼CEO张勇，花名"逍遥子"，人称老逍。

阿里巴巴西溪园区4号楼二楼有个书柜，里面只有金庸一个人的作品。马云在2017"云栖大会"宣布成立阿里巴巴实验室，名曰"达摩院"。

阿里巴巴倡议成立的罗汉堂，曾发布"最关乎世界的十大提问"，其中一问是，无人驾驶汽车必须撞向一边，一边是老人，一边是孩子，该如何选择，由算法决定吗？

专门负责电商平台打假治理的副总裁郑俊芳，马云"赐名"为"灭绝师太"。集团CMO董本洪，花名"张无忌"。金庸笔下的张无忌在"光明顶"力挫六大派高手，名震江湖，而董本洪领衔的Uni-Marketing（全域营销），在业内赫赫有名。

阿里巴巴集团市场公关委员会主席王帅，花名别有一番滋味——"奔雷手"。同事还给他起了很多称呼：当面，叫他帅总；他在群里发红包，叫他榜主；背地里，管他叫老王。阿里公关部全称"公众与客户关系沟通部"，不是要"攻"谁的"关"，也不是街头电线杆上贴野广告招募的那种"公关"。

公关部来了一个"97后"小姑娘，花名叫"老王"——此"老王"是真"老王"，经过了公司花名认证。帅总被叫了这么长时间的"老王"，竟然被抢注了，眼里还有没有领导？阿里巴巴英文域名最早由加拿大人注册，马老师花了3000美元（也有人说是4000美元）买回来的，据说，当时心疼不已。老王要是想把"老王"买下来，估计也得花点银子。

阿里巴巴创建初期，小二都从金庸小说中找花名，郭靖、黄蓉、杨过、小龙女……好名有的是，江上舟摇，楼上帘招，你爱秋娘渡，我喜泰娘桥，白菜萝卜各有所好。

话说，"杨过"（原名李顺顺），本是保安，理应研究武学，却偏好文科，不好好干保安，天天在产品部门晃来晃去，还指指点点，终于惹毛了一众小二，"你小子有本事来试试啊！"杨过不愧是小龙女看大的，出手不凡，从专员干到总监。

——马老师招人真是慧眼。

倪行军，蚂蚁金服支付宝技术部高级研究员，入职时并不熟悉金庸小说，只看过几集《射雕英雄传》，就想叫"宋兵甲"或者"宋兵乙"。有人给他画了金庸小说的关系图谱，还特意告诉他一个诀窍：尽量找辈分高的名字或者谱系独立的，谱系靠后，见谁都是长辈。号称"打遍天下无敌手"的"苗人凤"最终成了倪行军的花名。他是支付宝早期版本研发者，蚂蚁金服新园区奠基"埋宝"，埋的就是出自其手的支付宝交易代码。

《雪山飞狐》中，苗人凤有个"秀丽之极"的女儿苗若兰，淘宝也曾有个"若兰"，真名孙小鹃，2005年辞职，一年后，出版了一本书《在淘宝网开店》。"苗若兰"一入职，孙彤宇（时任淘宝网总裁）就领着她去见了"爹"，他告诉苗人凤，好好照顾自己的"闺女"，"爷俩"经常在阿里旺旺聊天。"'闺女'离职后，没了联系，也不知她过得怎样？想来有些遗憾。"2017年年底的一个下午，在支付宝大厦，老苗点了一根烟，对着办公室的窗外这样说。

2年后的一个下午，在遥远的加拿大温哥华阿里办公室，突然来了一位女士。阿里巴巴北美总经理乔峰（真名：王煜磊，工号：1860）对办公室的同学说："这是阿朱，我们多年不见了，好好聊聊……"

金庸先生写书时估计没有想到，多少年后会有一家企业需要这么多花名，否则的话，他起码可以让韦小宝找77个老婆。

有时突然会产生一个"邪恶"的念头，把韦小宝在阿里的7个"老婆"叫一起，看看都长啥样。有这种想法的不止我一个，马老师曾经告诉"小宝"（真名：柴栋，工号：396），来了女孩，无论如何先把你的7个老婆凑够。小宝总被记者问，你哪个老婆最厉害？他说这是他最喜欢谈的话题，"最厉害的当然是'苏荃'，她是我领导"。

很快，金庸小说的人物，只要不是太反面，都被抢光了，大家开始扮演历史人物，文好"李白""杜甫"，武爱"忽必烈""铁木真"。浙江省杭州市余杭区五常街道（阿里巴巴西溪园区所在地）早已是"英雄"荟萃、气象"万千"（双引号内是花名，下同）。后来，历史人物也用得差不多了，大家开始追求诗词意蕴，"东风"不与"周郎"便，"铜雀""春深"锁"二乔"；"日照""香炉"生"紫烟"，遥看瀑布挂"前川"……之后，开始追现代影视剧，比如"春娇""志明"。再后来，真成了刘若英唱的《后来》：后来，终于在眼泪中明白，有些"花名"一旦错过就不再……

最后，无可选择之下，无厘头风格逐渐称霸江湖，他人笑我太"行癫"，我笑他人看不穿，请君上马扬鞭，一路"柳香"，豪情"问剑"，过"九峰"，跨"黄河"，直奔阿里"同福"客栈。

"小二，上菜！我要'烧鹅''鸡脖''扣肉'，外加一杯'豆浆'和一杯'酸奶'。"

"好嘞，客官，吃啥子饭？除了'炒饭'，我家专业做饼，'大饼''三饼''姜饼''卷饼''肉饼'，还有蛋，'煎蛋''皮蛋''钢蛋'。我们还有两道私家菜，一般不出手，一道叫'蛋定'，还有一道叫'蛋疼'。"

"上瓶茅台给'洒家'尝尝？"

"客官，'风清扬'同志说了，中午一律不让喝酒。"

……

说时迟，那时快，只听远方"金戈"铁马，气吞"万里"，有人高唱："'风清扬'在马来西亚谈 eWTP，'逍遥子'去欧洲喂鸽子了。"哈

逍遥子办公室隔壁的会议室，见证了阿里巴巴很多重要的历史时刻。

哈""哈哈哈，让'红尘'作伴，我们活得'潇潇'洒洒。"

想来挺逗，一群人在西溪园区1号楼七楼"光明顶"（阿里会议室用武侠小说中的地名来命名）开会，"萧峰""令狐冲""芷若""语嫣"一一签到，有没有一点华山论剑的感觉？有段子说，小二商讨业务争执不下，只听有人在"神龙岛"大喝一声："西施，你进来。"外面回应："西施下楼拿快递了，貂蝉呢。哎呀，她也不在，到范蠡那里鬼混了，那个，那个……舒淇在呢，绵腰细柳，嫩手柔荑，津津有味地啃着一个大猪蹄子，满嘴是油，性感无比……"

进阿里，捉摸三天想了一个花名，一输电脑，重名，又捉摸三天，还重，后来，懒得起了，输入"好人"，有人叫，输入"坏蛋"，也有人叫。我的笔名叫"慕天"，这个重名不要紧，"破天""飞天""冲天""魄天""查天"，能想到的都有。上苍啊，饶了我吧。咦，"上苍"咋样，也有人叫。就想要个"天"字，再找，从"一天""两天"到"十天"，都有人叫，通过"阿里内外"（阿里内网）搜索，带"天"的花名和真名，显示有463屏，还不包括离职员工。

上天不行就入地，"扫地""蹬地""擦地"，统统有人叫。我"跪地"行不行，几年前就有人"跪"了。才思枯竭，想学李白"斗酒诗百篇"，"换酒""斗酒""进酒""杯酒"，一应俱全。烟呢？"如烟""含烟""袅烟"……喝茶总可以吧，"姜茶""奶茶""红茶""绿茶""乌龙茶"，还有"么么茶"……亲，你好哪一口？

唉，在阿里，曾经有一个花名摆在面前，我却没有珍惜，到如今后悔莫及，这个花名叫"花名"。还是高晓松会干，一入职阿里，发微博征花名，众口同声：矮大紧，他喜出望外，就这个了。

阿里每一个地方也有花名，收发室叫"镖局"，立体车库叫"悦来客栈""如意客栈"……原本普通的事物一旦有了花名，就有品、有调性了。

第一天到阿里，进园区就转向，尿急，到处找不到洗手间。父亲从小就教育我，活人不能叫尿憋死，赶紧问询迎面而来的美女，她不急不慢地说这里没有卫生间。

"啊？"

"观瀑亭和听雨轩，倒是有的。"她一本正经。我好"尿急"，她好"尿性"。

顺着手指方向，方便完，一身轻松，回望"观瀑亭"三个繁体大字，顿觉过瘾，太形象了。再对比"听雨轩"，一"观"一"听"，"瀑"如大江奔涌，"雨"像小溪潺潺。"亭"，大气粗犷，霸气外露；"轩"，小巧玲珑，简洁致雅。

问题来了，花名这么难起，阿里为啥还倡议每个人起花名？我的想法是，它告诉每一个员工，忘掉过去，从零开始。

阿里创建18年时，已经起了大约16万个花名，我想，每个花名都有自己的DNA，隐藏着特殊的含义，都是一部不为人知的心灵秘史。

给我面试的HR，花名"濯缨"，资深老阿里。还好，我恰好认识这俩字，不由卖弄一把，当即吟诵："沧浪之水清兮，可以濯我缨。沧浪之水浊兮，可以濯我足。"

她说："哎哟，好多人都不知道这个名字的来历。"

"嘿嘿。"

上初中时，考过这个题，第一次，错了，挨打。再考，又挨打。第三次，还考。马老师考了三年才考上大学，我考了三次才考过这个题目。三次考同一个题目，这个固执的出题老师是我大爷。他说，好好学习，吃皇粮，穿皮鞋，清水濯缨；不好好学习，吃粗粮，穿草鞋，浊水濯足。我和同事开玩笑，我能进阿里，就因为恰好认识"濯缨"两字。

不了解对方花名的意思，会闹出尴尬，某日，阿里附近一家小酒店，遇一哥们，经介绍才知是公关部同学，花名"有匪"。看他戴着黑边眼镜，文质彬彬，不像"匪"呀。有点不屑地问："你咋起这么个名？"他回："有匪君子，如切如磋，出自《诗经》。"回家，赶紧从书架上找出一本《诗经》，拂去灰尘，寻到这句话。发誓每天睡觉前读一篇诗，一年过去了，书还放着呢。

后来，又遇到一名同学，一看花名，我佯装有点学问，揣测着说，出自《诗经》吧？人家说，出自《乐经》。没记得家里有这本书，上天猫，也没有。有匪，是文化人，或许他有。他说，他也没有，就一个人有。我问是谁？他说秦始皇。老秦有钱任性，一下把《乐经》全部买断，焚书坑儒了。

一同事花名"安答"，百度这样记载，2001年，高考凭借古白话文《赤兔之死》拿下满分，一举成名。这等高人，简单的"安答"二字定含深意。一查，安答，蒙古语，意思为义兄、义弟。再读《赤兔之死》，似乎能感觉到其中更加深邃的大义凛然。金庸小说也提到，郭靖小时候在蒙古长大，与拖雷结拜为安答。

"稷谷"，出自《诗经·七月》"黍稷重穋，禾麻菽麦，五谷丰登"，寓意"江山社稷，虚怀若谷"。陈岳峰（工号：108074）给出自己这个花名的寓意更实在：吃喝不愁。稷谷来阿里之前，已经在政府机关工作了十年，他穿着衬衣、西裤、皮鞋，拎着一个公文包来到了阿里，一来便得了一个外号"谷处"。两年时间，稷谷从一个"严肃"人完全变成了"活泼"人，穿着也变成了帆布鞋、T恤衫和小背包。

虫哥，想当年，在《南方周末》写过一个名篇《系统》，获得骑士国际奖。按年龄，他该管我叫叔，人家会起花名，就是马老师来了，也得老老实实叫他哥。再一查，哥还不算啥，还有叫"叔"叫"爷"的，"天叔""六爷""八爷"……

花名叫熟了，就成了真名，真名也就慢慢忘了。我曾经的搭档"蒽雅"，突然被调到天猫，我这才想起她的真名叫陈媛媛。陈圆圆在阿里也不少，简体的、繁体的都有，说明有些来自大陆，有些来自港澳台。

有个同事叫老狗，这么长时间了，也不知道他究竟姓啥名谁？实在按捺不住了，我去找他："老狗，你到底有没有'人名'？"

每一个花名都有属于它的一段故事。

"来往"的涂鸦至今刻在阿里园区的墙上。

阿里曾经有一个 ALL IN 项目，它有一个好听的名字，叫"来往"，实际想打造阿里版"微信"，结果就是没有"结果"。后来，"钉钉"横空出世，迅速成为中国最大的企业移动办公平台，负责人真名叫陈航，阿里内部知道的不多，他的花名却无人不知：无招。无招，无心之招，无奈之招，无为之招，还是无畏之招？都已不重要，重要的是，钉钉的起点就是"来往"，两个项目的负责人同样是无招。

草号忘忧忧甚事，花名含笑笑何人。外界很多专家对阿里的花名文化研究得已经非常深透，作为被研究对象，我知道花名有几个好处。

第一，识别率高，花名一般要求两个字，每一个新来的员工，容易被老员工记住。

第二，新员工突然面对这么多元老，难免慌乱，有点像新媳妇见公婆。一经介绍，全是搞笑好玩的花名，心情自然放松。

第三，大家都叫花名，无须叫这个总、那个总，这个领导、那个领导，简单、平等、和谐、好沟通。

陈逊（花名：天彤，工号：11165）认为，花名一定意义上是中国传统姓名文化的延伸。在古代，一个人的"名"和"字"是两个概念，比如曹操，姓曹，名操，字孟德。通俗地讲，曹操是姓名，是印在身份证上的，是书面语，在日常交流中不能直呼其名，因为是不礼貌的。因此生活中以"字"来互称，刘备见了曹操会说："孟德，我们满饮此杯。"遗憾的是，在当代，"字"的概念已经从中华文化中慢慢消失了。"阿里的花名，从某种意义上说，恢复了中华名字文化，花名就是'字'。以花名相称，自然得体。"天彤说。

有学者这样总结，更有高度：花名是阿里小二平凡生活中的英雄梦想。

阿里外籍员工也喜欢起花名，2015年入职的John Michael，曾是加拿大皮划艇队成员，获得1984年洛杉矶奥运会金牌。他的花名是中国人家喻户晓的"白求恩"。

阿里巴巴是中国互联公司中一出生就同时具备中英文版本的公司，一运营就是国际站（www.alibaba.com）。可以说，阿里从第一天开始就是面向全球的公司，但与任何互联网公司起英文名的企业文化不同，阿里，地道中国味，花名打天下。John Michael的花名更像是阿里巴巴"中学为体、西学为用"管理精髓的一个缩影。

东方文化不管是佛、是儒还是道，都讲究只可意会不可言传，用阿里土话说叫作"阿里味"。阿里巴巴合伙人彭蕾，曾任阿里巴巴首席人才官、蚂蚁金服董事长，她说，阿里招人要看看员工身上是否有阿里味，这在西方语言体系中是不可思议的，因为西方讲量化、逻辑和流程。

"东方智慧+西方运营，阿里人才能成为理想中最好的自己。"彭蕾这样解释。

曾经有一位刚入职的员工见人就问，究竟啥叫"阿里味"。答曰：等你熬到"五年陈"就知道了。阿里员工入职满一年叫"一年香"，满三年叫"三年醇"，满五年即为"五年陈"。

这个见人就问的人正是在下。

阿里内网有人问：东方智慧，西方运营，说起来简单，如何拿捏？我跟主管谈KPI，他和我谈理想；我谈理想，他就谈KPI……

纠结。

彭蕾给出八个字答案：雌雄同体，人事合一。谈人的时候不能脱离业务，谈业务的时候不能脱离人。视人为人，因人成事；借事修人，借假修真。

阿里有个造句模板：既要……又要……还要……彭蕾的八字答案，小二喜欢这样造句：既要做好 KPI，又要坚持价值观，还要听老婆的话。

道可道

> 花名是"本我"，重新激荡起每一个人童年的英雄梦想。
> 花名是"自我"，意味着忘掉过去，从零开始。
> 花名也是理想中的"超我"，是自我向往的终极理想。

2 工号也是企业核心文化

一次,马老师和我们合影,我妈看到照片后,到处说,阿里巴巴很大,她数了好几遍,30多个员工。

马云、张勇、邵晓锋(花名:郭靖,阿里巴巴集团秘书长,电影《功守道》中,扮演被打的警察)与阿里巴巴"百年湖畔"35期学员合影。

20年前,马云的梦想是:总有一天,阿里帐下美女如云、良将如潮。

从"十八罗汉"起步,到2017年阿里巴巴十八周年年会当天,阿里拥有来自40多个国家和地区的54000名员工,截至2017年年底,员工增至6万人左右,到2019年,员工超过10万人。

都这么多人了,马云还说:"阿里巴巴的每一名员工都是独一无二的。"他说过无数次,阿里最主要的资产是员工,在他的眼里,阿里员工像《阿诗玛》的歌词:"上山能打虎,弯弓能射雕,跳舞百花开,笛响百鸟来。"不会夸奖孩子的父母不是好父母,不舍得夸奖员工的老板不会成为伟大的老板。

那么,阿里巴巴到底是一家怎样的公司?逍遥子说,阿里是个江湖。

江湖不单是以武侠命名的场所,也不单是武侠花名,更不是真的打打杀杀、占山为王。"阿里江湖简单直接,不安分,充满好奇心,归到终极是人情、人性和人心,是侠心义胆,是真善美。"逍遥子这样来定义。

既然是江湖,就得讲究个辈分,辈分按工号论。每一个入职阿里的人,都会拿到一个工号和工牌,工号永久保留。马云的工号是1,彭蕾是大名鼎鼎的007,蔡崇信是19。有些奇怪,明明是阿里十八罗汉,蔡崇信的工号咋会排到19?因为15号空缺,阿里"百事通"张桥刚(花名:小桥,工号:2175)说,或是雷文超,很快离职。

工　号	姓　　名	花名、英文名或外号
1	马　云	风清扬
2	张　英	Cathy
3	孙彤宇	财神
4	吴泳铭	东邪
5	盛一飞	蓬莱大仙
6	楼文胜	Rick Lou
7	彭　蕾	Lucy
8	麻长炜	二当家
9	韩　敏	任盈盈
10	谢世煌	Simon Xie
11	戴　珊	苏荃
12	金建杭	大脚
13	蒋　芳	姐姐
14	周悦虹	一指
15	?	?
16	师昱峰	虚竹
17	饶彤彤	Tony
18	金媛影	小孩
19	蔡崇信	Joe

阿里巴巴十八罗汉

阿里巴巴第 20 个工号，发给了华蕾，这是阿里十八罗汉之后招募的第一名员工，入职时间为 1999 年 9 月 9 日。她是和十八罗汉相处最久的员工。"000020"与我的"124270"，相距 17 年，相隔万重山，一脉相传的是"阿里味"。

华蕾入职时，刚从天津商学院企业管理系毕业，家住杭州滨江四桥，每天早上骑自行车一个多小时，穿越一片田地，来湖畔花园风荷院 16 幢 1 单元 202 室上班，这里是马云的家。其实，华蕾 1999 年 8 月就上班了，"阿里巴巴拿到工商营业执照的时间是 1999 年 9 月 10 日，所以，之前所有员

2 工号也是企业核心文化 | 015

工入职日都写为1999年9月9日"。

18年后,华蕾在蚂蚁金服4号楼8楼宽敞明亮的会议室见到我,连连感叹:"人世间,一切故事的主题都是时间。"

"第一次到湖畔花园,门口保安说,阿里巴巴?那是一个网吧。"她走上二楼左手边,门口堆满乱七八糟的鞋子,十几台电脑零散地摆在客厅各个角落。

面试者谢世煌,"穿着大裤衩,坐在沙发上,跷着二郎腿,和我瞎聊。"谢世煌说:"明天来上班吧。"临走前,彭蕾提醒她:"带双拖鞋来。"后来,她听说,彭蕾教育谢世煌说,以后面试穿得正经点,别吓着小姑娘。

后来,她才知道,员工进门脱鞋,是为了保护地毯下的电线,也为了干净,那时没有钱请保洁,卫生靠员工轮流打扫,马云也轮值,主要是往楼下送垃圾。

按照华蕾当时的学历,本可以找到一个大企业或国有企业,"去面试了一些,森严、压抑,就到这个小民房,感觉一下放松了,都是年轻人,好玩,关键还能玩电脑,上网不花钱。"华蕾之后,是杨宁和浪子,后离职。23号是绿柳,她来湖畔花园看到的也是十几台电脑,新加入的同学,除了做技术开发和做设计的,都要发 offer。

华蕾印象很深的一件事,那时所有规章制度都在墙上贴着。"也没几条,最重要的就是再三强调保护电脑,毕竟那是最值钱的办公用品。"为了保护这些"宝贝",工程师们详细地向大家介绍,每天下班哪几个电源绝对不能关。华蕾每次开关灯都得仔细想清楚了,才敢下手。

和她相隔几天来了一个男孩，条件很优秀，阿里这边赶紧同意了，到了报到时间没见人，马春（当时是英语老师，来阿里帮忙）打电话，对方说，我是大公司出来的，你这个地方太小了。大家也挺理解，实情嘛，议论了一番，说，我们好好干吧，把公司做大，就好招人了。那时，的确难招人，马云说，跑到大街上，到处看电线杆上的应聘信息。

当时的阿里巴巴出现了一个有意思的现象：应聘者，留下的基本都是内心单纯、简单快乐，对未来和前程没有太多考虑的人；走的很多是思维缜密、想法较多，小小年纪就考虑几十年后咋养老的人。

华蕾在大学是系学生会团支部副书记，一到阿里感觉没出校门，一直在"学生会"工作，心里特舒坦，"耳朵边上听的都是蒋芳一会儿喊马老师，一会儿喊张老师。"

18年来，华蕾的办公地点，从湖畔花园，到华星科技大厦，再到杭州创业大厦，最后在蚂蚁金服Z空间；服务过的项目从阿里巴巴国际站、中国供应商、诚信通再到支付宝。先是叫别人师傅，后来别人叫她师傅，再后来，她的徒弟带徒弟，徒弟的徒弟又带徒弟——她的工号如此之早，每次换新岗位都注定是"拓荒牛"。

金建芳的工号是29，比华蕾晚到一个多月。10年后，小二林珊珊特别好奇地在内网发文：金建杭（阿里巴巴合伙人、总裁）和金建芳有血缘关系吗？跟帖颇有阿里江湖搞笑风格：这个可以有；这个真没有；我们都是来自东非草原上的猴子；那，金建琴呢，金建法呢……彭蕾出来说话了：负责任地说，没有。倩男跟帖：绯闻就是这样出来的。

52号员工是阿里巴巴第一个美国籍员工黄明威，做过一年旧金山市长助理，他主要扑着蔡崇信来，"Joe是一个非常聪明的人，他不会加入没有前途的公司。"

62号员工也是老外,名叫Daniel,澳大利亚人,外号"大妞"。当年,他在湖畔花园是个有故事的"妞"。他不爱说话,大家"背后"议论他,以为他听不懂中文,一天,他突然用中文说:"你们为什么说我坏话?"大家又改用杭州话"欺负"他,不料,不仅杭州话,绍兴话他也通。他进湖畔花园的第一眼:房间里挤着30多人,穿着大衣,戴着帽子和手套,天这么冷,不开空调?面试官说,开空调,电压负荷太高,电脑和服务器受不了。他觉得,这帮人有激情,值得加入。

倪亮(工号:91)2000年4月4日加入公司,黄樱是99号员工,比倪亮晚来不到半个月,这个时期入职的员工都有一个共同的遗憾,工号稍早一点的员工讲述在湖畔花园的故事,他们"只能托着下巴无限神往,叹息咋不再早几天到阿里"。因为从2000年3月开始,无人再有入职湖畔花园的"神圣"经历,阿里已经租住到华星大厦,全面进入"华星磨剑"时代。至少在外观上,阿里开始有点企业的模样了,用马云的话说,以前,开会吆喝一嗓子就行,现在员工过百,需要靠制度管理了。

华蕾有体会,在湖畔花园开会,不用起身,马云在哪里,她把椅子转向哪里。倪亮入公司不久,在华星大厦9楼最西头会议室(当时最大)开会,坐满了所有阿里"华星时代"的员工。马云说,这么多人啦。徐喆昊(花名:若骥)[①] 2015年6月9日入职,工号100000,从一个侧面意味着,阿里跃升为大型企业。

在阿里,看到一万之内的工号,我们晚辈会"肃然起敬"——不在级别高低、能力强弱,只在于拓荒者理应受到"武林后人"的致敬。

---

① 阿里巴巴花名有简体字,也有繁体字,全文同。

有一次，我因年龄大被邀请到子公司介绍"人生经验"，五典三坟，滔滔不绝间，瞥见最后角落坐着一个人，刘国峰，工号838。当时，一阵脸红，内心深处的敬佩感油然而生，一个在公司待了15年的老阿里人，跑来听124270号员工的"人生分享课"，本身就证明他身上纯正的阿里价值观：拥抱变化。

闲暇时，我花了很多时间，研究1号和124270号的差别。最大差别是，马老师是创始人、是老板，我是大树底下好乘凉的小二一名。也有很多地方相同：我们都是阿里小二，每人只能有一个工号和花名；在阿里，马云是老大，出阿里，我们一样代表阿里的形象，没有谁比谁更重。

——对此，我没有丝毫怀疑。

外面经常有人找阿里小二，想走捷径办业务，我常说，你找我就对了，和找马云一样，他们大惊，我接着说，反正谁都帮不上忙。

工号本来只是一个数字，一旦赋予了它仪式感，就有了文化内涵，价值就会异常庞大——这简直刷新了我过往对此所有的认知。

曾经，我认为工号唯一有用的地方，可能是在监狱，《267号牢房》有一句名言：从门口到窗户七步，从窗户到门口七步。

到了阿里，才慢慢琢磨到一个简单工号背后的韵味绵长。

从1号到23万余号，意味着历史变迁，20年来，一批批先行者流着汗水和泪水，从无到有，从小到大，创建了和创建着阿里巴巴。这是怎样的梦想者和磨难者，又是怎样的痛苦者和幸福者！

在阿里，实习生也有工号，与正式员工一起编排。郑恬（花名：夏诺，工号：17675）2009年大学毕业，工号比一起入职的同学早10000多号，因为他从2008年就开始实习了。

阿里18周年年会,马云专门感谢哪怕只工作过半小时的离职员工,他们的工号同样永久留存(花名保留一年,好花名就像好车牌,稀缺)。

阿里有个组织,叫校友会,会员不是按毕业学校划分,它是所有离职者在阿里的"家",阿里定期请离职者回公司做客,还专门给校友会设立网站(xiaoyou.alibaba.com)。离职者自发成立一个组织,叫前橙会,橙色是阿里LOGO的颜色,前橙会还能为阿里系创业者牵线搭桥,引入融资。

上一次校友会聚会,我站在一个角落,看完全场。所有来宾重新拿到曾经属于他们的工号和工牌,会场座位按工号先后排定。最前排的"保温杯"大叔和最后排的"小鲜肉"对比鲜明,凸显着阿里日新月异的蝶变。一位头发花白的老哥上台讲话:长江后浪推前浪,前浪死在前排座位上。

很难想象一家企业能把离职员工定期请回来看看,逍遥子和高管们几乎全来了,马云在国外,发回感谢视频;更难想象,几千名离职员工和现任员工拥抱在一起,流着热泪齐唱《真心英雄》……

2017年9月9日,阿里巴巴B2B员工大会上演温馨一幕。B2B四名离职老员工黄榕光(老黄)、

2016年,欢迎阿里人回家的海报。

俞朝翎（俞头）、雷雁群（雷帅）、朱志华（朱头）从四面八方赶回杭州参加聚会，一起为马云捧上一个生日蛋糕，提前一天祝马老师生日快乐。

人生总有离合，起起伏伏，莫过于一句情义无价。

老黄说："我无论如何也要回杭州给马总送个蛋糕，我离职后在广州过生日，绝没想到他专门给我发了一个祝贺视频。"

和工号相连的是阿里工牌。刚来时，公司邮箱通知提交照片做工牌，印象中，工牌照和身份证一样，正襟危坐，愁眉苦脸。翻阅了以前无数照片，最终找出一张头发不盖耳朵、一本正经的人头照，一提交就被退回来了。

"亲，不要这么古板啦，生活照，最靓的那一种，正面、侧面，随你喜欢，和老婆孩子的合影，也很好，对着天空大喊的，也好啊，伤心照，也可以啊……"一张小小工牌照，对我内心冲击很大，阿里要的是个性张扬的自我，要的是本性释放、心灵不设防。

拿到工牌，又惊一跳：照片在工牌上装满，名字、花名嵌入照片里面，远远望去，像明星签名照。后来，在北京拜访一位朋友，他带着工牌，比画着说："我们的工牌和你们阿里相比，差别很大，我们是一张一寸照片，面无表情，你们的照片那么大，表情那么放荡不羁。"

"有区别吗？"我问。

"也许这个工牌的差别决定了公司和公司的差别，你们开放，成了全球最厉害的互联网公司之一，我们封闭，至今还在原地徘徊。"

阿里小二大多都有"恋牌"情节，工牌挂在脖子上，洗脸、尿尿都戴着。或为门禁刷卡，或为自我介绍方便，也或只为一份自豪感。挂上工牌，心情的确很好，走到园区外面，外人总会投来尊敬的目光。一个企业是否伟大的标志，不是看企业有多少钱，而是看员工在外面是否受到尊重。

在阿里园区附近各类小餐馆中，持阿里工牌可享受折扣，附近宾馆，有的可打九折。一个工牌逐渐衍生出一套打折生意经。也有逆向思维者，有一个卖烤红薯的老板，见阿里工牌加一块钱，理由是：这些人有钱。以至于，我们去买烤红薯之前都得把工牌藏起来。园区周围居民出租房向阿里小二敞开怀抱，不过，最好，你别说你是阿里员工，也不要让他们看见工牌，否则租金可能一下会上涨10%~20%。

说到钱，替我们小二解释几句，就以我为例吧。进阿里之前，我从媒体总编辑岗位离职失业，期间，有两大变化：一是，一些原本开口闭口喊赵总的，突然改口叫老赵，可以理解，不在其位嘛；二是，有的人突然联系不上了，发信息也不回，遁形了，也可以理解。到阿里后，消失的哥们都回来了，还责问：这么长时间，到处联系不上你，想死你了。隔三岔五来借钱，一哥们开口借 100 万元，他 18 年前向我借的 1000 元还没还呢。

还是老家好，村里人对我一直寄托着很高的期望：以前，说我是记者，见官大三级，专门采访中央首长；现在到阿里了，说我和马云一个办公室，马云是首富，我起码是个二富、三富。"你现在年薪肯定上千万元，捐点给老家吧。"一个长辈说。

所有小二可能都面临过这种尴尬，我这点事还不算啥。蚂蚁金服副总裁陈亮（花名：关胜，工号：15819）摊上大事了。胡润研究院 2017 年 10 月 12 日发布百富榜，他身价高达 34 亿元，比逍遥子还多 14 亿元。幸亏陈亮公关出身，以戏谑口吻写了一篇《我是陈亮，我真的没有 34 亿元》，贴了钉钉截图，说同事们已经开始孤立他了。陈亮被逼发毒誓，真有这些钱，买锅炖自己，还说，买锅时，给韩歆毅（工号：49470）捎一口，"胡润榜"给他的估值高达 140 亿元。韩歆毅在网上回应：我没有 140 亿元，只有 140 斤，还专门"@"他的上司井贤栋和逍遥子。

——比领导多这么多钱，是得解释一下。

被胡润公布身价为 400 亿元的彭蕾最后发话：赶紧回家跪搓板吧，想想咋解释多出来的那些"0"。

道可道 2

公司是江湖，工号就是辈分，它代表着公司的传承，一个工号是一段历史，也象征着每一个员工的独一无二。

3　一九九九

1999 那年将要毕业之际

我做了一个决定

决定带着我的 Guitar

到很远的地方去

……

这是马来西亚女歌手戴佩妮经典歌曲《1999》中的一段歌词。

20 年前,中国大地刚刚苏醒,沉浸于改革开放的寂静和躁动之中,寂静地能听到自己的心跳,躁动地能听到生命的种子艰难而执着的抽芽声。

时光定格到 1999 年。

初春,即将大学毕业,为找工作,我借钱配了一个数字传呼机(不能显示汉字,只能显示对方电话号码),传呼费一天一块钱。后来特意找人,把传呼号和名字捆绑在一起,找我的人,不用记传呼号,拿起电话直接拨打 126,显摆地说,"呼'赵先超'。"

那时的街头到处是公共电话亭,听腰上的传呼机一响,就直奔电话亭回复电话。配传呼机之前,用过一次大哥大,急事,借一大款的,打电话前打了草稿,尽量控制在一分钟之内说完,挂断之际,大款说跳到了第二分钟,多收5元,还说给便宜了。

第一次见到手机也是在1999年,爱立信牌,我借同学的,打到老家村委,村领导用大广播匣子把我妈叫去,说了几句,我妈说还是写信吧,打电话太贵了。很久以后,我妈说,去村委接电话,村领导脸不是脸,鼻子不是鼻子,"这电话能是村民随便用的吗",她离开前,还让交了一块钱的"电话接听费"。多少年后,我妈用上了手机,学会了上网,互联网让她得到了尊严,体会到了平等。

1999年的互联网很小,小到传统社会视而不见,马云逢人就宣传互联网,哪怕在杭州街头大排档,也能见到他的身影。

我第一次看见电脑是在大学最新的教室,486电脑,不用时用红布虔诚地罩住。作为文科生,我写出了第一个也是唯一一个程序,算命的。输入性别,男的,结果是"坏人""流氓"啥的;女的,则显示"窈窕淑女""风韵犹存""潘金莲"之类。老师苦口婆心地找我谈了半天:两性关系不能用编程这样区分,感情的事,谁说得准,你说苏格拉底的老婆是好还是坏,你说我喝醉酒你师娘不让回家是对还是错……

1999年,网吧兴起,一小时两块钱,悲哀的是,一小时过去了可能还没连上网。我的最爱还是到学校外面臭味熏天的录像厅,曾经一周连看七遍《英雄本色》,一晚一遍。有个经典镜头:梅艳芳突然转头,枪指开怀大笑的周润发和梁家辉,气氛骤然凝固,梅女神随即扔出几摞钞票,大气地说:"这么冒险,当然要拿佣金了,要不为什么呢?"后来,梅艳芳举办告别演唱会,永远告别了那个时代,那是一个属于香港天王的时代,一个全民追港星的时代,报纸、电视一统江山的时代。

其实,这种生活方式和几百年前没有本质区别。

1999年的大学生,听老师说得最多的一句话是:你们太幸运了,是跨世纪的一代,但我没有感受到生活有任何不同。我一直爱听收音机里的《两性悄悄话》,我们的班花到处炫耀她的索尼随身听,她最爱张信哲的《爱如潮水》。

那一年,周星驰《喜剧之王》上演,我晚上到海边喊"努力,奋斗",仅有的一双皮鞋被海水灌湿,太阳一晒,泛白碱,没法再穿。那一年,林妙可、王俊凯出生,韩寒一鸣惊人,成为新生代作家。

大学毕业那天,拿出身上几乎所有的钱请同学吃饭,留了2元去报社报到。转正后拿到第一个月的工资和奖金8000元,那时房价1000元1平方米。看着那些钱,傻笑了一下午,数了很多次,心中一遍遍播放梅女神甩钞票的镜头。那时,我认为,这就是我想要的生活,依玉树,步金莲,凿井耕田,美哉妙哉,全然不知山外青山楼外楼。

事后回望,1999,像一条旷阔的大河,大部分人只是看到了河面的平静,总有一些人不同寻常,看到了河底的波涛汹涌以及伴随时光飞逝裹挟而来的巨大变革。

这一年大年初五,也就是1999年2月20日,杭州湖畔花园,马云为首的十八罗汉开了第一次全体大会,他站在这群年轻人中间,讲了近3个小时的"天书"。

1666年,那个历史上最著名的苹果落下来,打在牛顿头上,23岁的他发现了万有引力;1823年,歌德写完《玛丽恩巴德悲歌》,自此从狂热走向平静、柔和,成就了下一个创作高峰;1999年,马云从湖畔花园起步,走向了一个遥远的未知世界。

多少次，想回到1999，那里有爱人最年轻的笑容，我想经历这里曾经发生的一切，我想画出你最初始、最完整的面目。摄于杭州湖畔花园南门。

　　尼葛洛庞帝，1996年出版了《数字化生存》一书，20年后，书中预言全部成真，亘古未有的想象不经意间变成了我们的日常生活。

　　他书中那句"未来所有商品可以直接网上订购"在当时被认为是"天方夜谭"。

　　1999年世界互联网大佬当属微软，比尔·盖茨在这一年写了一本书《以思想的速度经商》，预言未来一定会出现社交网站，Facebook创始人扎克伯格这时还在上小学。

　　这一年，谷歌推出了我们现在熟知的谷歌LOGO，有了自己的办公室——帕罗奥图大学路165号，这座楼还孕育了PayPal。搬进新家的谷歌没有半点兴奋，急欲"卖身"，要价100万美元，对方只出75万美元，只好继续"硬撑"。

1999年是亚马逊的分水岭，此前，贝索斯每年都要向投资人说同一句高深莫测的话：一个伟大企业必须会烧钱。之后，他终于可以向别人介绍一个伟大企业是如何赢利的了。

1999年，28岁的马斯克身价已经高达4亿美元。他刚刚卖掉Zip2，投身于网络支付。再后来，他以特立独行的思维方式、颠覆想象的"脑洞"，创立了特斯拉和SpaceX。

这一年，对乔布斯至关重要，他重返苹果两年，历经几次整顿，苹果终于松了口气，宣布扭亏为盈。乔布斯是个不折不扣的预言家，早在1985年，连美国人也不知道何为互联网时，他说，美国如火如荼的电视购物必将被互联网购物所取代。

同是1999年，远在美国硅谷的李彦宏携带搜索引擎专利回到北京，在租赁的一个宾馆房间，准备大干一场，公司名字想了良久。

那时的我，刚刚考过中国古代汉语词典查询工具书考试，这门拗口的考试其实就是在不向一般人开放的古籍图书室里，教你查询和使用各类"人迹罕至"的古近代大辞典，全是繁体字，参加这门考试意味着会成为老师眼里的特殊学生，因为，这是自古以来知识分子在搜索知识上的"特权"。

不料，互联网让知识特权和阅读鸿沟迅速消失殆尽。

1999年，深圳的马化腾被创办十几个月的腾讯折腾得够呛，刚刚上线的QQ免费使用，他在饥寒交迫中到处融资。

这一年恰逢中国互联网泡沫前夕，诱惑仍在，危机四伏，从北到南的三个互联网新秀百度、阿里、腾讯，尚不能抵挡新浪、搜狐、网易等门户网站的大放异彩，所幸，他们都活着，其他很多的互联网企业即将倒下。

门户网站虽然看上去风风光光，却也刚刚起步。他们几乎不约而同选择在1998年创建，不是英雄所见略同，是因为中国1998年决定正式开放网络产业，并在全国26个省会城市开通ISDN（综合业务数字网）。

推动互联网迅速个人化的一个重要事件，也发生在1999年：微软发布Windows 98，实现了家庭和个人联网。

这个短暂的时期是中国互联网企业的分水岭，之后创建的企业相对顺风顺水，之前创建的企业因为没有"出生证"，注定命运多舛，马云的"中国黄页"创建于1995年，承受的各种磨难不言而喻。

有一次，他在北京口干舌燥地向一批媒体老板宣传互联网，这批人确实有着常人没有的敏感和好奇，他们十分感兴趣，都留出了第二天见报的版面。马云万分兴奋，在畅想第二天媒体铺天盖地的报道场面。深夜，接到电话，对方说，互联网是洪水猛兽，还是利国利民，尚无定论。翌日清早，他看到，所有媒体准备好的版面全部撤掉了。多少年后，马云在云栖大会演唱《我终于失去了你》。"当所有的人离开我的时候，你劝我要耐心等候……当所有的人靠近我的时候，你要我安静从容。"字里行间透露出一颗历经风雨之后的平淡之心。

彭蕾很多年后回忆她印象最深刻的事情：1999年的每件事情。

斯蒂芬·茨威格写《人类的群星闪耀时》时说："那些平时顺序和并列发生的事，都压缩在这样一个决定一切的短暂时刻表现出来。这一时刻对世世代代做出不可改变的决定，它决定着一个人的生死、一个民族的存亡甚至整个人类的命运。"

1999年，不以人为意志而转移，长风猎猎，呼呼走过。

那时，美国传统商场如日中天，梅西百货、沃尔玛屡屡被写进教科书，中国现代零售体系逐渐出现，冷漠式柜台营销的百货大楼还在无数个城市被复制，购物中心逐渐成为冉冉升起的商业新星。

今天，中国线下零售面积每千人不到20平方米，与美国的1200平方米仍旧相差悬殊，但是，中国移动支付金额竟是美国的70~80倍，网购占社会零售总额的比例是美国的1.5倍。

2017年中秋节，我在温哥华一家Costco，远远看着收银台排着长队，只有现金和刷卡两种支付方式，恍然间觉得，这是一个距离中国已经很遥远的远古社会。网络支付，中国无疑已经走在世界最前列，犹如遥远的唐宋。古老的华夏大地在移动智能领域变道超车，谁又能说不与1999年那几个人的互联网实验和创业有着一些至关重要的关联呢？

《造梦者》对中国20世纪90年代的论述非常精辟：发展，成为一个国家的共识。马云在湖畔花园办公室的墙上抄写了一句话：发展是硬道理。

少年马云痴迷英语，骑着自行车在西湖边逛荡，以免费导游的名义跟外国人学英语，坚持了8年，结识了2000多名老外。

在西湖边学英语的人不在少数，为什么马云能踏准中国千载难逢的转型机遇，竭尽全力把目光放眼世界，极其艰难地触摸到Internet，并带领阿里巴巴创造了互联网电子商务、大数据与云计算的奇迹？

都说冯唐易老、李广难封，其实，时代赋予每一个人基本大致相同的时代空间，上帝为你关上这扇门，总会为你打开那扇窗。不同的是，面对机遇，尤其是引领进化和变革的重大机遇，有的人紧紧抓住了，打死都不放手，最终，他们成了放风筝的人；有的人没有看见、熟视无睹或者中途放弃，于是，成了看风筝的人。

大千世界，无外乎这两种人，放风筝者，精彩绝伦，也暗存断线的风险；看风筝者，可以看到别人的精彩，却不能亲身参与其中。

驿旅客逢梅子雨，池亭人抱藕花风。

透过历史发现，逢99的年份往往有大事件发生。1799年，乾隆皇帝和华盛顿总统相继去世。乾隆之后，清王朝极盛而衰，美国极弱而强。1899年，义和团运动发起，清王朝风雨飘摇之下不堪一击。同年的日本，已经是明治维新32年，成为全面西方化国家，NEC公司成为其经典标志。

1999年，在中国历史长河中只是刹那，历史的拐点往往隐而不现，或因一些偶然因素突然呈现，每个人可以感慨万千，却无半点办法改变。这是跨世纪的片刻历史记忆，也是中国互联网的初启之时。1999年，那个看似寻常的年份，已经注定一个新的时代逐渐开始向中国倾斜。

道可道 3

> 重大机遇往往隐而不现，所有人打开门看到光明时，一切已经尘埃落定。

4　十八罗汉的阿里巴巴前传

在阿里，我们小二听到的励志故事很多，十八罗汉的创业故事始终最为动人，流传也最为广泛。

2009年9月10日，阿里巴巴创立十周年年会，十八罗汉一起辞掉创始人身份，阿里从此迈入合伙人时代。十八罗汉身上凝聚的简单、拼搏、激情、敬业和乐观的革命主义精神，一定会影响和引领阿里巴巴102年的生命愿景。

——这是无可置疑的。

一个时代的结束，也是一个时代的开始。阿里巴巴十周年年会上十八罗汉牵手辞别创始人身份。（视觉中国供图）

1999年的杭州湖畔花园风荷院16幢1单元202室，俨然一个小"梁山"，楼前的草坪就是"聚义厅"。18个人在这里组成阿里巴巴的"星星之火"。他们的传奇故事则要往前说起，那是阿里巴巴前传。

在阿里之前，马云已创办过两家公司，1992年当大学老师时，创办杭州海博翻译社，为了支付高昂租金，背着大麻袋到广州、义乌进货，卖礼品、鲜花，还销售过一年的医药，推销对象上至大医院，下到赤脚医生。

1995年5月创办中国黄页，此时距离中国接入互联网还有2个多月。

马云的罗汉们几乎全部起步于中国黄页，成长在阿里巴巴。

张英，马云妻子，202室房主。阿里小二给她起了一个外号M11，因为马云是M10。孙彤宇，原本在杭州一家广告公司工作，找马云拉广告，广告没拉成，1996年被马云拉进了中国黄页。正是他领着七八个年轻人在湖畔花园闭关苦修，"炼"出淘宝。孙彤宇还有一个重大贡献，给如今的阿里巴巴贡献了一位合伙人——彭蕾（Lucy），他当时的女友，后来的妻子。彭蕾毕业于杭州商学院（现浙江工商大学），在浙江财经学院（现浙江财经大学）当了4年教师，她到男朋友的公司玩，"玩"进了中国黄页。

吴泳铭，1996年浙江工业大学毕业后加入中国黄页。工作之余，爱和马云、张英等人打"三扣一"，曾是阿里员工宿舍舍长，被称"吴妈"。2009年，在辞去创始人身份的公开信中，"吴妈"出了一道题：

$18 \times ?=17000$。

他说，这道题留给当时的17000名阿里员工，"因为每个阿里人都在创造历史，创造未来。"

被叫"妈"的还有盛一飞，他也是舍长，叫"盛妈"。1995年大学毕业后，花了1600元钱自费学电脑，在"第一届上海电视节"项目招标中知道了中国黄页。1996年，成为中国黄页第一个设计师。盛一飞认识马云时，还是毛头小伙，二十岁出头，什么都不太懂。马云和他聊天时喜欢说："男儿就要闯天下。"还对他说"打消动不动想要开公司的念头"。

盛一飞极为闪亮的一笔是，他为阿里巴巴设计了LOGO。他不喜欢别人总提这件事，"这些年大家只记得LOGO这件事，好像其他事啥都没干。"

阿里创意LOGO时，大家争论几十个方案后，盛一飞捧出字母"a"形"图案，就像其花名"蓬莱大仙"的意境，立刻得到一致赞同。"a"是阿里巴巴首个字母，更是一张"思无邪"式笑脸。有人开玩笑，这个图案明显参考了孙彤宇的侧脸。对比一下，真的很像。后来，盛一飞还原了当时的场景："设计这个LOGO时，'二当家'麻长炜坐在我旁边，只能看到他的脸。但是，后来大家都说像孙彤宇，因为他俩都是'地包天'，哈哈！"

笑脸是阿里巴巴一直倡导的文化品牌。马云说，一个公司是否优秀，不是看有多少名牌大学毕业生，而是

射灯投射下的阿里巴巴LOGO，手机摄于阿里巴巴西溪园区9号馆。

看员工工作是否开心，是否笑眯眯地下班回家。一次，有人问，阿里巴巴是不是也得做工装。马云说，阿里不需要衣服上的整齐划一，只需要笑容的丰富多彩。的确，如果到阿里你见到的是一样的工装，这将失去一个五

彩缤纷的世界。

蒋芳对这个 LOGO 的解读是，阿里出发时，又穷，又年轻，又有梦想，最核心的资源是能非常开心地往前过日子。

释迦牟尼拈花，只有迦叶微笑，佛祖把衣钵传给了迦叶。有句阿里土话：微笑能解决的事，何必严肃。

十八罗汉中，还有一对夫妻，师昱峰和金媛影。师昱峰，原在中央气象局工作，和吴泳铭是网友，常在一起交流互联网经验，某日，在北京孔乙己餐厅，见到了马云，后加入团队。金媛影，马云的学生，在北京五道口听研究生课时，常到潘家园去看同学和老师，马云问她对这个团队啥感觉？她说：不像个公司，像个家庭。最终她加入团队。金媛影的父亲听说女儿要到阿里巴巴，担心受骗，亲自跑来查看，知道马云是女儿的老师后才放心了。

周悦虹，也是马云的学生，Java 架构师，先后搞出 Webx、Antx。编程小二经常在代码签名中看到的"Michael Zhou"就是他。2010 年 4 月 13 日，在阿里巴巴组织部采茶故事会上，周悦虹画了一台电脑，一个人的大脑袋，还有大汗珠，后面是白云、小鸟。这是他的人生写照，从初二开始喜欢电脑，梦想能有台电脑天天背在身上。

周悦虹在十八罗汉中有一个别人没有的独特经历。阿里最初的工程师一共四位，分别是吴泳铭、师昱峰、饶彤彤和周悦虹。周悦虹是第一个走进湖畔花园的工程师，他用"Perl"脚本语言，建立起阿里巴巴早期网站，并用一套程序支持了中英双语——这对于刚毕业的一个大学生来说，是非常了不起的创举。"也成为后来我在相当长时间内裹足不前的一个隐患。"周悦虹说。

随着网站访问量的暴增，系统很快难以为继，"Perl"门槛极高，更新改造困难。马云决定派四位工程师到美国硅谷学习，待了40多天，无功而返。马云又决定让美国工程师来杭州现场办公，他们提出彻底重新写整个系统，改用当时最先进的"Java"技术。

"说实在的，我非常失望，重写系统，意味着我以前可以骄傲的资本，都将变成历史。"周悦虹说。他开始消极对抗，上班迟到，不参与项目讨论，一种情绪逐渐在办公室传开：创始人就可以这样吗？

终于事发。

美国工程师宣布某个周六冻结代码，所有人必须现场守候，一有问题随时解决。周悦虹自认为他的代码绝对没问题，去旅游了，恰恰他的代码出现了问题，他的手机没电了，所有人找他都找疯了。大家直接质问：创始人可以开除吗？马云说：可以。

周悦虹忐忑不安地走到马云的办公室，他正在看着一个相框，里面有周悦虹的合影。周悦虹接到的是解聘通知，"所有的委屈、不平衡化作眼泪流下来。"痛定思痛，他想明白了，给马云写邮件认错，希望从头开始，做一个新员工。几天后，蔡崇信和吴炯找他面谈。他成了一名新员工，工资减半，试用期三个月。放下所有包袱，突然感觉很轻松，他开始悉心研究"Java"，2002年，成为阿里第一批技术专家，如今是阿里巴巴顾问。

十八罗汉中，马云的学生一共5位，除了金媛影、周悦虹，还有蒋芳、韩敏、戴珊。

蒋芳，四川人，考入杭州电子工业学院，是工业外贸92级学生。大一有一门专业课"英语精读"，老师是马云。大四毕业时，给老师打告别电话，要回成都就业，得知老师创建了一家叫作中国黄页的公司，她也不知道公司做什么,就冲动地说:"马老师,我就跟你一起干吧。"

——有事没事给老师打个电话是多么重要。

韩敏,是"媒婆",先后把金媛影和戴珊介绍到中国黄页。

戴珊,说话非常流利、逻辑极为清楚。我入职阿里时,有一个流程,行政人员讲解入职事项,一个特别漂亮的妹妹姗姗而来,我悄悄问这位妹妹叫啥名,答曰:"MM。"

我说:"我问她的名字。"

"MM 啦。"

无语。

会散,经过 3 号楼楼前墙柱,见一张照片:阿里巴巴资深副总裁戴珊(MM)为"五年陈"受戒。恍然大悟,也颇感意外:原来她就叫 MM。这么大的领导,亲自去给十几个新员工讲解入职事项。

蒋芳 1996 年加入中国黄页时,马云和她说:"我们非常有机会做一个优秀的网站。"并把"优秀"定性为世界第一。"做中国黄页,一山又一山,一河又一河,一坑又一坑。"蒋芳 20 年后在"阿里之旅"大会上这样感慨。

1995 年,中国没有人有互联网概念,马云的商业逻辑是,拿到中国中小企业的信息,发给美国合作伙伴,他们制作网页上网。马云和同事每天夹着公文包出去敲门陌拜,里面是一摞 A4 纸,全是打印出来的英文网页,即"Pages",因为客户没有互联网,无法直接现场演示,只能给人家一张张的打印纸,见到客户基本是这样的推销话术:

你如果做这样一个网页,我们会发布在一个叫"Internet"的机器上,你肯定没碰过，但是这个东西的确存在，我绝不会骗你，全世界的人，无论谁，鼠标一点，就能获取你的信息，然后跨洋联络你，甚至和你做生意。"

"很多次这样的描述，得到的不是更多的响应，而是更多的拒绝。"蒋芳说，敲一百次门九十次不开，开门的一听，基本全都拒绝，拒绝的方式只有两种：礼貌的和粗鲁的。这种拒绝还直接形成对人品的质疑，感觉他们完全是编造故事，还编得天花乱坠。被敲过门的企业互相传一句话：马云是骗子。

很多年后，外界说，这群最早试水中国互联网商业的人，预判准确，占尽先机，天时地利人和……却没想到当时在完全没有互联网商业基因的土壤中，去推广中国黄页是多么艰难。

在一万次的敲门中，总会遇到一个胆大的。杭州望湖宾馆（今温德姆酒店）以高度怀疑的态度答应让他们一试，前提是必须确定客户可以通过互联网找到宾馆，才能付钱。幸运的是，宾馆真接到了老外的订房传真。周岚（工号：48）原本是望湖宾馆大堂副经理，她说，那年恰逢联合国妇女大会在北京召开，外国代表上网查中国宾馆，只有这一家，就定了，结果发现宾馆不在北京，他们在北京开完会后，专程飞到杭州住了两晚。

1995年7月，上海开通互联网专线，马云找来一台486电脑，"从杭州拨号上网，望湖宾馆第一次看到了互联网上的自己。"周岚说，"真是激动坏了，兴奋不已。"周岚2000年1月3日加入阿里，马云一度和关明生合用一个秘书，就是她。

从望湖宾馆项目开始，马云小团队的盈利模式诞生了。1996年下半年，他们逐渐告别生存困境，并已清楚地知道帮中国千千万万家中小企业做网页是一条非常有前景的道路。但是，竞争与生俱来。中国黄页上线两个月时，为浙江省外宣办做出一个网站"金鸽工程",引出一批竞争者。伴随着中国黄页的迅速发展,1996年3月,杭州有一家电信部门,做出了一个一样的网站,也叫中国黄页。两家几番大战,对方是国有资本,实力雄厚。马云无奈选择合作:他的黄页作价60万元,占股30%。对方派出一名副总裁,他没有耕耘过互联网领域,以电信的思维运营中国黄页。

马云说,兄弟们,好好干,今年增长300%。对方一听就恼:太夸张了,增长60%就很好了。双方对如何运营、如何抓住商业机会,以及在战略规划和执行上都存在重大分歧,这对于一个初创公司来说,非常危险,员工不知道听谁的。马云股份少,在董事会不占多数席位,有想法通过不了,注定了日后的分裂。

1997年冬天,马云突然接到一个来自北京的电话,邀请他去参加外经贸部电子商务司司长的座谈会。那时的马云非常年轻,中国黄页也非常小,与北京部委没有任何交集。

马云飞去北京,原来不是座谈,是面试。他回杭州告诉大家原委:吴仪(时任外经贸部部长)很敏锐地发现电子商务对中国外贸合作的重大前景,并成立了外经贸部电子商务司。部门成立了,没有人会做电子商务,大学没有这个专业,全国没有电子商务人才,寻来觅去,不知谁把马云列入考察名单。

1997年11月,马云决定离开中国黄页,北上外经贸部,出任中国国际电子商务中心国富通信息技术发展有限公司总经理,主要开发外经贸部官方网站及网上广交会等产品。

此前,外经贸部很实在地告诉马云,你把一个小公司做到现在不容易,也知道当了老板肯定不愿再给人打工,宁做鸡头,不做凤尾嘛,所以,你就提条件吧。他们以为马云肯定会在轿车、年薪、年终奖上提要求。马云开出了他的条件：方向和目标，外经贸部定。他必须有自由经营的空间，经营权归他。这对外经贸部来说，一点都不难，正好他们也不知道如何经营。双方一谈即妥。

跟随马云第一批北上的有张英、孙彤宇、吴泳铭、盛一飞、麻长炜、楼文胜、谢世煌。熟悉情况后，彭蕾、韩敏、戴珊和周悦虹也"会师"北京，师昱峰、金媛影相继加入，业务开展后，又从社会上招聘了一些新人。

蒋芳回忆，马云北上时，他们留在中国黄页的同事特别伤心，"马总为啥要去北京，为啥不要我们了？我们干得好好的，业务蒸蒸日上。"当时，没有员工知道马云有多艰难，跟大股东的分歧，马云从未告诉员工，从来也未因自己的困境向员工发牢骚。所以，一线员工都在按照既定目标一步步推进自己的工作，对他的离开自然搞不明白缘由。

"直到他决定去北京，也没说是因为股东分歧问题。他说，要到北京寻求更大的互联网空间，为更多中小企业服务。"

马云告诉中国黄页的同事，即使去北京也不是一种抛弃，他永远不抛弃、不放弃，千万别觉得去北京了，好像跟这个公司分开了，其实，大家是一个方向，当更高水准的企业发现互联网是个方向，并向这个方向奔跑时，所有这个行业的企业都会受益。

马云北上约半年后，有些家在杭州的同事因家庭等原因，又回到中国黄页。1998年春夏之交，马云回了一趟中国黄页，说了北京的困难和机遇，找原来跟他干的员工，想让他们一起北上。

"一年前，他走时，大家还哭得稀里哗啦。"蒋芳说，"等马总真回来叫了，都冷静了，不再'叽叽歪歪'了。"马云也找了蒋芳。在见马云的前一个晚上,她告诉同事不去北京,因为在中国黄页,她已是一个科组负责人,有很多活要做。没想到,她和马云谈了半小时,就"交枪"了。她出来告诉同事,要去北京了,同事说,就知道你说不过他。

蒋芳说:"我这个人,很多时候都是感觉别人说的话很有道理,也就不再坚持自己的道理。"落地北京,张英热烈欢迎,说:"总算杭州来了一个人,其他人都拒绝了,来一个也是收获。"张英带她去见马云,他正在学车,四根杆子被他碰得乱七八糟。他下车告诉蒋芳,来了,就好好干,然后又钻进车里,第二天就要考试了。蒋芳说,来了,肯定得好好干,马云都在全身心干。

"马云的团队,从中国黄页到国富通,再到阿里巴巴,基本都是这样的——只知道上班,经常忘了下班。"

对蒋芳而言,刚出校门,很适应这种压力和节奏。20年后同学会上,有人问她,你现在一天工作多久,她说,至少12个小时吧。同学大吃一惊,原本以为她到单位点个卯,到处打高尔夫呢。她反问,这种生活有何不好呢?

蒋芳是喜欢平淡的人,原本想回到成都,守着父母,一家人一起吃晚饭,也不追求了不起的财富,过平凡的日子,没想到两次小小的选择,完全改变了人生轨迹。给老师打了一次电话进入中国黄页,和老师半小时的谈话又进入国富通以及后来的阿里巴巴。

"找到一个什么样的团队,跟什么样的人工作,跟什么人长期在一起,太重要了,很幸运,我遇到了这么厚重的人生内容。"在北京,马云的风格和在杭州一样,不停地工作,大家周末至少加班一天,蒋芳说:"在北京待了一年,名胜古迹几乎没去看过。"

金建杭，杭州人，复旦大学毕业。从浙江日报社到北京《国际商报》，后任外经贸部官网首席主编，1996年7月曾在杭州采访过马云，写过一篇《中国黄页：贸易加油站》。在北京，金建杭成为马云团队的朋友，常常请他们去岳红酒楼吃饭。"这帮人过得比较清苦，我当时做两件事，一是帮他们做宣传，二是请他们吃饭，每次点很多肉菜，点多少吃多少。"后来，他加入马云团队，正如其名，从北京回老家"建杭"。

纵观十八罗汉以及后来很多高管，往往不是马云直接砸钱挖来的，而是机缘巧合，通过一些合作，有了相互了解，他们开始认同马云的理念，最终追随马云创业的。

了解过程有的时间很短，比如王帅（工号：1815），他来阿里是因为一篇稿子，马云说，这是写马云写得最真实的一篇文章，就找人联系到王帅。王帅说："能不真实吗，我又没见过他本人，是听着同事的录音笔写的。"王帅跟随马云从上海一起来杭州入职，他看马云开的是宝马，过了好几年才知道那叫斯柯达。

有的时间很长，比如邵晓锋（工号：3239），他和马云一起考警察，他考上了，马云没考上，两人长期交往，他加入阿里是2005年，此时已经当了20年的刑警。

谢世煌在我们小二眼里，是神一般的存在，他是创始人，但不是合伙人，"深藏不露"，掌管着阿里大笔投资。他原本是国企职员，在中国电信杭州发展总公司做投资。第一次见马云是在杭州国际大厦，一起吃火锅。听了马云激情洋溢的介绍，他想：原来工作还可以是这种状态，跟这样的人创业，一定很有激情！1997年年底，马云和十几位中国黄页同事在杭州一家酒店吃告别餐，谢世煌也参加了。

"外面下着很大的雨,大家一起唱《真心英雄》(这首歌后来成为每届阿里年会最后一个曲目),英雄此去,壮怀激烈。那个场面深深感动了我,就在那时,我毅然决定辞职,跟随马云去北京。"

谢世煌的这个决定,深深改变了自己的职业生涯。不过他没想到,北上一年后,马云决定放弃国富通,从北京返回杭州,开始第三次创业,这一次是阿里巴巴。

在国富通,吴泳铭和周悦虹编程序,孙彤宇负责推广,楼文胜写文案,谢世煌管财务,张英和彭蕾做编辑、行政和服务。工作数月后,韩敏留守大本营,其他人搬迁到外面办公。每天下班,她一个人孤独地赶到大家的合租房吃饭。"每天,一见面,就感觉见到了亲人,回到了家。"

那段日子,这个大家庭凝聚了很深的亲情,也干出了很大的成绩,马云团队首年利润达到287万元,大家的月薪开始高涨,有时能过万元,那时互联网企业还都在烧钱。他们制作了广交会的网站,"今天广交会的网站的LOGO、颜色等还是我们设计时的样子。"蒋芳说。

马云有经营自主权,他极其大胆地在外经贸部网站上开出广告位卖广告,竟然还卖出去了——当时互联网都是免费的。他们畅想着,这样干下去明年可以大展宏图。

1998年临近年底,外经贸部电子商务司一名领导找马云,去之前,看着他的背影,大家笑着喊:马总,别忘了跟领导申请一下年终奖。马云挥手打了一个OK手势,表示绝对拿下。他们上岗前没提过年终奖的事,大家坐在办公室畅想,这次年终奖应该不少。马云去了,直到下班也没回来,晚上,他们在宿舍一直等到很晚。

马云回来说,谈得不好。

领导跟马云说了两个事：一是你们团队今年非常不错，一年下来很辛苦；二是恭喜你们，明年你们以网站更新为主，工作压力不用这么大了。领导嘴里的好消息，对马云来说是晴天霹雳。他把中国黄页放下，离开故土，前往北京是寻求梦想的，做大互联网的梦想，而不是过朝九晚五的日子。他们发生了激烈的争执，他不认同网站只做更新，他要做很多商业尝试，要做大做强。

当马云回来说谈得不好时，大家心里一惊：完了，年终奖出问题了，早知道，干活前谈妥就好了。他们劝马云说，也没啥，以后提前说好就行了。所有人都没想到，马云说，他决定不在北京干了，要回杭州。

他来国富通要的唯一条件就是自主经营权，这个没有了，没法继续做。网站更新随便找个人就做了，他要做的是互联网商业模式的创新和探索。大家当时的抵触心理肯定会有，毕竟好不容易混进了大首都，收入这么高，为何瞬间抛弃眼前的一切？

马云给大家指了三条明路。第一，国富通会继续要人，领导也说了明年加工资，减工作量，想谋求稳定的员工留下来，不会有错，国家部委投资的公司一定也会长期要人。

"马老师说的一点没错，国富通到现在也很好，当时新招的同事有的留下来，至今在那里工作。"蒋芳说。

第二，如果大家觉得自己年轻，又想在北京工作，他可以联系推荐去新浪、搜狐、网易、雅虎中国等大公司工作，当时这些公司大都拿到了风投，正在大量招人，工资很高，势头很猛。

第三，跟他回杭州创业。回杭州也不可能重新回到中国黄页，他们离开后，人员早已补位，不可能回去说"哎呀，我在北京混得不好，哥们，让一下位置,我再回来"。

马云说:"我肯定回杭州,做什么我要想一想。"他也给了大家三天考虑时间。然后,离开了说话的房间。

"当时都蒙掉了,他去找领导的时候是阳光明媚的下午,我们原本心里想的都是年终奖,结果像坐过山车一样,一下子沦落到不知道明天在哪里。"蒋芳说,落差非常之大,但这就是互联网,你希望稳定,却从来得不到喘息的机会。

事后,很多媒体报道,马云说完3分钟内,团队所有人去敲马云的门说,老大,我们决定一起回杭州。这个场景想想有点不太符合常理,毕竟是人生重要抉择。一方面是北京优厚的工资待遇和首都大都市的便利生活环境,另一方面是回到杭州一切前途未卜,每个人心里必定是难以抉择的。

蒋芳二十出头,没有什么好想的,也想不到要思索什么方向。第二天,就去问其他人,每个人都想听听别人的想法。有同事说,他打算跟马云回杭州,北京人生地不熟,因为跟马云来的,一起工作很开心,有奔头,既然走,就跟着一起走。

其实,大家基本也是这样想的,只不过需要有一个人带头说出来。或者说,他们内心深处的潜意识已经告诉自己要走,但是大家要一起找一个走的理由。马云听说大家的这个决定后非常意外,他想过会有人跟他走,绝没想过,从杭州一起来的又全部一起回去。

他有些惊愕地问:"你们都想好了?""当时,大家没啥好想的,就告诉马总'都想好了'。"蒋芳说。从杭州到北京,从中国黄页到国富通,再从北京两手空空回到杭州。这一次,这个团队没有任何后路了。"再失败,我们也不知道怎么办了,可能就得到大街上看招聘信息了。"蒋芳说,不能多想,不敢多想,反正要试一次,那就全心全意拼一次。

前面虽然没成功，但不是商业赢利模式问题，也不是员工问题，都有想法，只是得不到实施。他们对自己，对做事的意义和价值，还是有信心的——这也是大家客观上跟马云再来一次的原因。离开北京前，大部队决定吃饯别晚餐，喝了好多酒，外面下着很大的雪。

"当时，一种莫名其妙的悲壮，让我伏地大哭了一场。"谢世煌至今还隐约记得，有一个路过的老太太劝慰，"小伙子，想开点，好姑娘多着呢！"

麻长炜成为十八罗汉，是因为看电视偶然看到马云的身影，他和朋友说："我一定要跟他。"他很快北上共事，代价是谈了6年的女友分手。他的花名是"二当家"，有诗人气质，曾这样描述马云团队的北京时光：

有风雪的夜晚，大口喝酒，大口吃肉，在张狂不羁的北京小店；也有抱着吉他，床前轻声弹唱的思乡之情；更有卷起裤脚，手拉手，在外经贸部年会上合唱《真心英雄》的豪迈气势。直至纵马游香山，长城上振臂一呼，真正揭开了阿里巴巴创业路上的精彩。

麻长炜提及的吉他主人是楼文胜，他原本在广东工作，从媒体上看到马云和中国黄页的报道，直接赶到杭州，第二天就上班了。在北京时，楼文胜苦中作乐，常常给大家弹上几曲，还能免费点唱。2000年，楼文胜带领三人，历经千辛万苦，拿下阿里巴巴第一个客户：江苏连云港翠苑食品有限公司。

十八罗汉中，楼文胜年龄最大，他曾带头做了一件大事：上书马云。2000年春天，团队壮大的阿里巴巴从湖畔花园租住到华星大厦。人多了，部门开始多，18个创始人第一次提干：孙彤宇、张英和彭蕾，擢升部门经理。这自然打破了一种平衡，以往，大家都是集体商议、平等决策。

不久，其他十几个创始人聚到一起发泄不满。楼文胜倡议：写信给马云。大家一致同意，他执笔，当晚发给马云一封长信——在阿里，就这样，好多问题不过夜。翌日，马云召集大家说："所有人都在，一个个骂过来，所有矛盾摊在桌面上，不摊完别走！"

从晚上9点到凌晨5点，大家逐渐说出心中所有不快，言辞激烈，有的痛哭失声。天亮时分，怨言化解干净，该"干嘛干嘛"去了。

事后，吴泳铭说："大家敢联名写信给马云，说明十八罗汉是一支团结的团队。"如果不这样，矛盾蔓延，积少成多，十八罗汉的励志故事恐怕早已灰飞烟灭。

有事摆在桌面，有意见直接找当事人，把矛盾解决在萌芽状态，然后忘掉它，放松心情工作——人际关系简单化，逐渐演化成阿里巴巴一大工作方针。马云解释，什么叫"简单"，我对你有意见，就应该找到你，找到门口，谈俩小时，要么打一场，要么闹一场，把问题解决。如果你对我有意见，不来找我，而去找第三方抱怨，你就应该退出这个团队。

麻长炜描写的"长城一呼"，在阿里历史上颇为精彩。"我们在北京14个月没爬过长城，爬上去，大家特别沮丧，从1995年创业到1998年年底，觉得该收获了，却还是老样子，不知道路在哪里，不知道该怎么弄。"

马云事后对媒体这样说。

在长城，他们拍了一张特别经典的照片，后被媒体无数次用过，今天，放大后，油画般悬挂在阿里巴巴9号展览馆的入口正墙上。

媒体在报道中，总是说，在长城上的十八罗汉意气风发。

"意气风发说不上，只有我们当事人知道，那时是百般滋味，非常困扰，不知道等待我们的是什么样的命运。"蒋芳说，"东想西想，日子也是流淌，所以有一点非常明确——往前闯。"

后排左起：马云、孙彤宇、吴泳铭、盛一飞、韩敏，前排左起：谢世煌、麻长炜。

  马云决定回杭州，不是一拍屁股走人，尽管他也可以这么做。他们先招人，培训交接完一个，撤一个，以便国富通业务顺利过渡。前前后后用了好几个月，直到 1999 年 3 月底才撤离完毕。

  蒋芳等人最早回杭州，她一直有一个心愿：不到长城非好汉，不能窝囊着回来，就叮嘱还在北京的同事走前一定去长城拍照合影。拍完当天，用电子邮件传到杭州，蒋芳设置成电脑桌面图，"这是为给各种原因不能到长城的员工拍的一张安慰照。"她此后去了很多次北京，至今没有时间去长城一趟。

就在长城上,马云他们看到有人在墙砖上写下的"到此一游",他们议论,你看,中国人最喜欢留名,我们要做一个网站,就做专门发布信息的 BBS。

有分析说,马云团队通过"到此一游"建立了阿里巴巴商业模式,有些言过其实,但是,至少可以说明一点,他们一直积极地看待这个世界,从现实环境发散思维,解决社会问题,创造新的未来。

1998 年平安夜,张英、蒋芳返回杭州。出火车站,两人嫌打车贵,坐公交车从 11 路转 10 路,一路颠簸,扛着大箱子回到湖畔花园。周悦虹一回来,赶紧去电脑市场"攒电脑"(买配件回来组装,这样便宜),他有些颤抖地在湖畔花园插入与世界互联的第一根网线。谢世煌回来带着大家东拼西凑的钱也去跑电脑市场。张英与蒋芳去买破旧桌椅,和送货师傅商量了半小时,省了 6 元,她俩美得一路小跑。

十八罗汉部分成员从北京返回湖畔花园小区。视频截图。

"那个冬天,刚过完春节,一群年轻人从外地回来,兴高采烈地跑回湖畔花园,那间空旷的屋子重新热闹起来,感觉真的是久别的亲人又聚在一起了。"张英说。

回杭后,马云召开十八罗汉第一次全体会议之前,招呼大家一共凑了50万元,让大家忘掉这些钱,安心工作。马云当时提出两条"自我融资"的要求。第一,一定不能借钱,因为借钱就急躁,一旦有大的融资进来,就想全部卖掉还钱。第二,不准任何人互相打听别人的融资额。

慢慢地,蒋芳明白了其中的含义——人性。要是知道别人的数额,一旦将来公司好了,可能后悔不迭,你看,我咋就投这么一点钱;一旦公司坏了,又感觉这么倒霉,投了这么多。

现在,阿里也有一条规定,任何员工不得打听别人的收入,也不得把自己的收入告诉任何人。事后,很多人分析,当时对马云来说,50万元的启动资金,要是从亲戚朋友东借西凑,应该也能拿出来,而他选择大家一起出钱,一起创业。一个老板想赚钱还是想做事,一目了然,后边的结果也大相径庭。

在十八罗汉第一次会议上,彭蕾回忆,大家翻白眼,搞不清马云要干啥。金建杭录制了整个会议过程,他的感受只有两个字:"迷茫。"

蒋芳回忆:"马老师专注讲梦想,不好意思打断他,理智和逻辑都推断不出这个梦想和我们有任何关系。"这些"罗汉"们不知道马云要干什么,更不知道他们携手从此开辟了一个中国前所未有的征程,这段征程是星辰大海,也是惊涛拍岸。

回杭州第一件大事就是做自己的网站——阿里巴巴,这才是马云真正的创业理想,此时距离创办中国黄页已经过去了4年。其实,这个时候不是介入互联网的最佳时机,国际资本早已大举进军中国互联网,并已完成跑马圈地。一定程度上,十八罗汉起了个大早,赶了个晚集,留给他们的生存空间已经不多了。

1999年5月10日，阿里巴巴上线。

张英、蒋芳和戴珊做英文站offer，彭蕾、韩敏和金媛影做中文站offer，金媛影还在国际站做了9个月客服，华蕾一入职就是跟着她干。

没有任何借鉴，天天为了一个业务细节争吵得面红耳赤，甚至拍桌而起。这种"争吵"慢慢成为阿里探讨业务发展的一大工作思路，名曰"三部曲"：充分争吵，达成一致，拼命往前冲。

多少年后，王小军（花名：查天，工号：108717）说，他们探讨淘宝大学业务路径时，从争论不休到共识达成，整整一个月，每晚6点到12点，逻辑理顺了，工作就可以畅通无阻地开展。

回杭初期，谢世煌做财务，彭蕾兼出纳。经常因为零头错误，彭蕾拿着一个记着流水账的破本子冲他叫："小谢，又轧不平了！"

外出拦出租车，大家常常为错把富康当作夏利多付2元而懊恼不已，这种节俭传统一直保持到现在。马云和同事有一次不小心伸手拦下一辆最贵的出租车——桑塔纳，不约而同，把头转到后边，手顺势放下，就像做了一个挠头的动作，直到车子离去。

"我想，节俭度日，也是我们在互联网泡沫时依然生存的重要原因。"谢世煌说。

马云也曾说："我们放鞭炮，也要等别人放完后才放。"

创业初期，马云非常艰辛，有一次，阑尾炎发作，到医院挂了个吊瓶，拿着吊瓶回来开会。他告诉大家，阿里巴巴是非常有希望的，然后又把美好的未来描绘了一番。大家看着吊瓶，非常有压力地听着，各自在心里想：

我们可能真的是很有希望的……

蒋芳说，创业团队一定要有信心，在极少的收入下，在毛坯房里办公，在根本没有人理解和支持的商业环境下做事，阿里巴巴也可以保持高昂的士气，马云也可以对未来如此充满信心，团队之间也可以如此信任。

"在后来的工作中，有人找我说，团队带不好，主要是薪资不够高。"蒋芳说，"如果没有经历过最早的创业期，我会认为很有道理，有道理到'只能如此'。"

再回杭州，蒋芳父母有些担心，都毕业几年了，东跑西颠，也挣不了几个钱。他父亲问，你到底在啥公司？她说，在阿里巴巴。是正经公司吗？这么奇怪的名字。其实，他相信自己的女儿，也就逐渐相信这家公司了，问题是邻居总是质疑：老蒋，你女儿的工作靠谱吗？

马云当时说每人每月 500 元的工资，经常发工资困难，大家拿到工资后留点生活费，又往往把钱交回去，借给公司，作为下一个月的工资储备金。

蒋芳一般每月就留下一百多元生活费，有一次，发工资，她脱口而出，不是刚交了吗？他们一般都是盒饭为生。蒋芳的大学同学一起出去玩、过生日、唱卡拉 OK，她均回复"去不了"，没有时间，也没有钱。

蒋芳学外贸，她们班同学大部分到外贸企业，毕业三年后，都混得挺好了，只有她还在吃着盒饭，算计着每个月怎样花这点钱，还得把大头准备着交房租。有一次，同学说她，你辞掉这份工作，随便出去找一个活也比在这里强，你到底在这里图啥？

"我要告诉同学，马老师说了，我们要做世界上最牛的网站，全球第一，在当时的场景下，谁信？人家肯定大笑，说了也白说。"

那时都是年轻人，其他人也和蒋芳一样，有时不免有些委屈，这样的日子何时是尽头？马云告诉他们，是啊，现在这么拼，你们失去了很多看电影、游山玩水的机会，但是，你们想30岁以后就退休吗，就去找海滩晒太阳吗？大家一听，心情一下舒畅了，电影可以错过，30岁退休可不能错过。过了30岁，蒋芳他们还真去问马云："说过的话还算数吗？"

其实，他们那时早已明白马云说这话时的意图。

"每个人都需要阶段性的向往和鼓励，能不能实现不重要，让自己对未来充满信心很重要。"蒋芳说，"那些东西只不过是引领你前行路上闪光的小星星而已。"

马云召集大家凑的50万元融资，很快就花完了，他没有和任何人提及此事，大家不知道其中缘由，每天乐呵呵。他也不可能批评员工：都发不出工资了，你们还在这里嘻嘻哈哈。

1999年夏天开始，很多说英文的人来了，他们是投资者。十八罗汉已经融资过一次，平时每月还经常把工资又交回去，一分钱都拿不出来了，只能从外部融资。大家问马云，要想被投资者看上，该做些什么，他说，该做啥做啥，该说啥说啥，实话实说，不知道就说不知道，绝不允许添油加醋。蒋芳身边经常有西服笔挺的人，问她很"low"的问题，比如客户邮件咋回复。

"他们那些人，坐在我们边上，马老师'吹'他们都是牛津、剑桥、哈佛的毕业生，我们这批人是创业失败好几次、前途未卜的小团队，觉得人家非常牛。"蒋芳说。

吃饭时，蒋芳和同事说，你看这些人，问几个浅显的问题，回去整个报告就决定是否投资，这次创业再失败，我们也去做投资得了。一个段子，就彻底解压了。"无论什么事情,就算很苦,我们总能快速找个方式排解掉。"

9月初,马云说,共有5家风投公司看上了阿里。他拿投资有个先决条件:不管对方占股份多少,经营权必须在马云团队手中,再也不能吃以前"说了不算"的哑巴亏。

蒋芳回忆:"在湖畔花园的一个房间里,大家都坐在地上,见过'世面'的马老师跟没见过世面的我们进行了第一次'风投'谈话。"马云说,只拿三家的投资,现在团队太年轻,刚起步,不要拿太多钱。大家就不明白了,这有什么?你是不相信我们年轻人?你就拿更多的钱来考验我们嘛。

马云说,我们都没有经历过这么多钱,这种高兴程度可能会聚焦在如何花钱上,而忘了做事情。最终,阿里拿了500万美元的投资,这对当时的团队来说是他们从未见过的一笔巨款,钱一到,大家就开会研究怎么花钱。七嘴八舌,有人建议必须先吃一顿,想吃啥就点啥。有的想唱卡拉OK,有的想旅游,还有的说换电脑。

突然有年长者说,万一,以后真像马总说的那么成功,新同事将来要问起,你们拿到的第一笔风投资金干了什么,我们说大吃了一顿不好吧。吃很重要,"面子"也很重要,必须做一件事让后来者认为前辈做的是一件高瞻远瞩的事情,想来想去,他们一致认定:招人。于是,他们就去《钱江晚报》打招聘广告,去了才知道,阿里巴巴风投都拿到了,竟然还没有营业执照,于是赶紧去工商局办理,1999年9月10日拿到执照。

这一天是教师节,是马云生日,后来,外界有人说,你看,阿里搞个人崇拜,企业选在马云生日创办。"纯属巧合。"蒋芳说。

这次招聘广告一下子花了8万元,大家说,得吃多少顿盒饭。后来又自我安慰说,有钱了,就得做些有钱的事情。

张璞（工号：38），就是看到这个广告来面试的,这张报纸也是他保存的。上面清楚地记载着，广告刊发于 1999 年 9 月 14 日，张璞 16 日寄出了自己的简历，21 日面试。

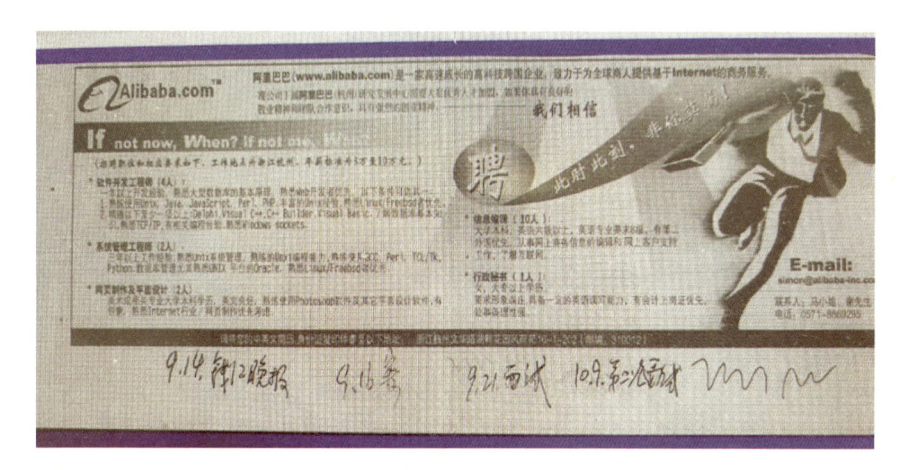

这是阿里巴巴第一次走进媒体的视野，尽管是以广告的形式。

他当时做外贸，做得很舒服，也很难再有更高的空间，看着广告上写着：跨国、高科技，又是互联网，还有高薪……脑海里幻化出这样的场景：西装笔挺，喝着咖啡，聊着英语，女同事穿着职业裙，贼俊贼俊的……

他打车经过一片片农田，尘土飞扬，怎么找，也找不到湖畔花园，连打几次电话，电话那端，一口一个张先生："这里稍微有一点点偏僻，再往前走走，你可一定来，我们等着你。"他本来想回去，又觉得出租车钱都花了，不甘心。终于敲开湖畔花园 202 室的门，里面有人极其热情地一把就把他拉进去了，"张先生，你可来了。"

他后来说，开门第一个念头，挣脱开，逃离。无奈，里面人手疾眼快，他已经被拖进去了。为啥要逃离？他看见了很多的鞋子堆在门口，球鞋、布鞋、破皮鞋,脏兮兮的,和想象中的跨国企业相差太大了。

他怀着高度的警惕心面试完,飞也似逃走,再也不想来了。10月9日,他接到二面电话,突然犹豫万分,因为他经常想起HR亮晶晶的眼睛看着他说"我们要做伟大的事业"。久经职场的他,很少见到这么纯净的眼神和这么单纯的憧憬。当然,还有一个原因,第一次面试,他高度警惕,根本没听人家说啥。好奇心作怪,想来看看,这家叫阿里巴巴的公司到底是干啥业务的。二面结束,他告诉HR,想随便找个员工聊聊,聊完,第二天,加入阿里。

蒋芳说,阿里刚开始,不是那种一开始就让人看好的公司,但是,哪一个公司不是这样起步的呢?

十八罗汉中有两位港台同胞。台湾人蔡崇信(Joe),1999年10月1日入职,他辞掉70万美元年薪的工作到阿里拿500元月薪的创业故事在网络上汗牛充栋,他把国际大公司的管理理念引入阿里,亲历了阿里每一次战略融资以及上市等重要事件。

香港人饶彤彤(Tony)的故事,知道的人不是太多。饶彤彤比蔡崇信入职稍早,当时是香港IT高手,他父亲和马云是朋友,就把孩子亲手送进了"火坑"。阿里"史料"记载,饶彤彤一听500元月薪,快疯掉了,还不够他给加拿大女朋友打电话的费用,但还是留下来了。他租住在一个家徒四壁、黑咕隆咚的毛坯房里,尤其让这个香港人受不了的是杭州冬夜刺骨寒冷,那个年代,内地和香港的生活条件相差极大……

从马云成立中国黄页到1999年10月1日蔡崇信到位,来自五湖四海的十八罗汉齐聚杭州湖畔花园。十八般武艺各显神通,舞台是100多平方米的一处民宅。冥冥中,似乎看到电影《荆轲刺秦王》中梁朝伟操剑在沙中写下的两个大字:"天下"。

很多年后,蒋芳回首1999年,"那一年,与其说是创业,不如说是有人花钱把我送进一个学校,专门学习一个可能性很小的事情是如何逐渐发展壮大的。"她坦陈,她原本是个相对悲观的人,一件小事,一句话,一个小困难,都觉得苦恼、压抑,但是到了马云团队,在行走过程中,豁达了很多,一切的一切,又能怎样?面对了就过去了,能解决的解决掉,能解决一部分的解决一部分,不能解决的先忍忍。

"非常幸运,在大学毕业面对的无数可能性中误打误撞选择了马云团队,今天能成为这样的个体,是受周围人的影响。"她说。

马云在1999年面对创业困境从来没有让员工分担,他一心做的是和大家一起分享未来。这个世界上,极少数人活在未来观察现在,大部分人活在现在想象未来。

十八罗汉"又傻又天真"地跟定了马云。又如《尘埃落定》所说,人人都认定的傻子与现实生活格格不入,却冥冥中有着超越时代的预感和举止。当时,他们或许还意识不到,这个群体已经具备了创造世界的两个看似最简单也最重要的条件:一是能吃苦,二是玩得嗨。

网上很多评论一味地放大了十八罗汉创业时的艰苦,事实上,一个只有苦难的团队创造不了历史,唯有快乐才能有激情和创意,才能走向高远。就像长征,一个记者非得让一位老红军讲述长征如何艰苦,老红军不高兴了,"长征很苦,但走着走着就到了,因为心中有理想,整个组织有快乐,否则不会诞生那么多波澜壮阔的歌曲,毛主席也不会写出那么多浪漫主义诗歌。"

——这就是革命的乐观主义精神。

外界还有一个误区，认为这18个人普遍文化程度不高，碰上了狗屎运，一鸣惊人。看学历，他们几乎都是大学生；看籍贯，来自全国各地；说运气，从中国黄页到阿里巴巴，很多人因为各种原因提前离职，坚持下来的都是信念异常坚定的人。

他们还有一个共同点，都非循规蹈矩之人，敢于尝试，敢于冒险和创新。最重要的是，敢于一次次归零，重新来过。用逍遥子的话说，阿里人基本都是跳出藩篱寻找自我的人。

这就是当年中国黄页的员工，也是阿里巴巴的十八罗汉。

外界朋友经常和我聊起，他们感觉有点不可思议，十八罗汉18年来无一辞职，不管风吹浪打，紧紧追随马云。有人问过蒋芳，18年前你眼光咋就那么好认定了马云？她说："要是有那么好的眼光可能早离开阿里巴巴了。"

"不是眼光，是血浓于水的情感，我们是一家人，烂也要烂在一起。"一家人，平时打打闹闹，一旦遇到危机和灾难，就会合体，爆发出巨大的能力。"因为是一家人，每个人深信不疑，马老师做的决定以及大家做的行动，都不是自私的，都是为这个家好，都是利他的，都是为这个社会好。"蒋芳说。

家人在阿里还有一个称呼：同学。同学之间，是最纯真的友谊，有着共同的经历和精神追求，没有利益冲突，简单单纯、互相帮助、共克时艰。

想起刚到阿里时在某个角落看到的一句话：同学，如果没人帮你，你就去帮别人。

多少年来，外界对阿里巴巴十八罗汉创业的成功分析了很多原因，我觉得三方面至关重要。

一是，得益于马云的经历，十八罗汉中，他的学生占了接近1/3，夫妻占了四对，阿里巴巴传承的就是师生文化，单纯，可信任，这恰恰是初创公司避免解体的核心要素——这和蒋芳说的"一家人"一脉相承。

二是，马云不懂技术，但对互联网有着超前的预判以及独特的领导胸怀和魅力，是凝聚18人团队的灵魂力量。他对阿里的影响无疑是巨大的，甚至渗透于每一个细节中，比如，他时时刻刻在做的公益行动，所有员工跟着做；比如，他写文章喜欢三个句号连用，现在几乎成了阿里人行文风格……

美国有的媒体认为，马云，是无法复制的，即便在全世界，也是独一无二的，因为马云比起美国互联网的创始人更神奇，更不容易，更有新闻传播价值，更有榜样力量。

乔布斯、扎克伯格他们都有现成的创业氛围和土壤，一定程度上讲，他们不成功，别人也会成功；马云是真正从零开始，从一个梦开始，先有一棵树，再去找适合的土壤。

三是，得益于浙江浓厚的创业文化和政府对民营企业的宽容及扶持。浙江民间资本流动性高，合作性强，创业心大。更得益于这个伟大的时代，伟大的企业家需要伟大的时代，伟大的时代缔造伟大的企业家。

讲一个小故事。曾经有一个老板，领着几个人，辛辛苦苦，总算挣了几个钱，大家也能正常发出工资，老板突然说不干了，要换个城市打拼，这时，你跟不跟他？

换个城市，再打拼，辛辛苦苦，又挣了钱，工资还挺高。老板突然又说不干了，要重新回到原来城市打拼，月工资只开500元，这时，你跟不跟他？

这就是马云和十八罗汉的故事。

道可道 4

一个人奋斗靠现实主义；一群人奋斗靠理想主义。

一个人需要梦想，梦想可以随时变。一群人需要理想，理想是永恒的坚守。

理想需要高调喊出来，让大家帮你、监督你。

5　阿里曾经只有5个月活命期

2017年9月8日晚，杭州黄龙体育场，阿里巴巴18周年年会举行。马云意味深长地对现场4万名员工说，坚持理想主义使阿里巴巴走到了今天。阿里巴巴，未来可以失去一切，但不能失去理想主义。

时光回到千禧年，全球风光无限的互联网产业突遭当头一棒。2000年3月10日，美国纳斯达克指数从5048.62的高点暴跌，6天跌掉900点，到2001年最低跌至1114.11点。5万亿美元市值蒸发，200多家互联网公司倒闭。著名的全球首家时装网站Boo.com于2000年5月关闭。

毫无疑问，世界互联网进入寒冬。纳斯达克指数暴跌后，在美国上市的新浪、网易、搜狐等企业纷纷跌破发行价，融资亿元的瀛海威和融资5000万美元的美商网宣布倒闭……

互联网泡沫以悲剧的残酷，理性地终结了人们想象中的千禧年狂欢。

阿里巴巴1999年10月和2000年1月分别拿下高盛500万美元和软银2000万美元融资。2000年3月，阿里高高兴兴地搬入华星科技大厦，员工们还没完全感受到互联网泡沫狂风欲来，刚拿到融资原本可以搬到更好的大厦办公，他们还是选择了华星科技大厦，这是华星村开发的，尚无人租用，比较便宜。

蒋芳说，从湖畔花园出来，感觉以后肯定顺当多了，不料，后来才知道，湖畔花园的小挫折根本是毛毛雨，华星时代才真正迎来巨大的困境。

2000年9月10日，阿里组织"西湖论剑"，在金庸的见证下，马云英气奋发，和王志东、丁磊、张朝阳、王峻涛一并成为"新网侠"。此前两个月，身穿方格衣、双手握拳，一脸憧憬的他刚刚登上《福布斯》封面。然而，"西湖论剑"的剑锋刚刚入鞘，马云就不得不在10天后宣布阿里巴巴进入紧急状态："未来半年非常严峻，阿里要随时做好准备。"

当时，先期投放500万美元的风投公司，直接表示不会有第二轮投资，要求阿里自救，救不了就自生自灭。马云宣布，M4以上及所有创始人降薪，年底没有奖金，一线员工的奖金也寥寥无几。纳斯达克指数还在狂泻，种种迹象表明，阿里前途堪忧。

"那个时候，阿里失去了大量员工。"蒋芳说，很多人加入时信心满满，第一个大浪打来，就赶紧撤退了，离职邮件中，因为家庭、出国读书等种种原因要离开的人很多，其实，谁都知道，离开的人是担心阿里这艘船扛不住了。

周义兰（工号：321）在这个时候来了，当时，她在深圳卖药，看到一家名字很奇怪的公司招销售，且注明：名额不限。她加入阿里深圳团队，与陆兆禧等10个人挤在一间小小的办公室。正逢互联网泡沫，根本拿不到订单，还得支付高额交通费，但她选择坚持，因为"当医药代表，见客户就谈回扣，心态不好，到了阿里光明正大谈业务，心情阳光"。

马云鼓励留下的人要乐观看待困境，这个时期，诞生了他那句在互联网上流传至今的名言：今天很残酷，明天更残酷，后天很美好。这句话原本有尾句：绝大多数人都死在明天晚上，只有真正的英雄才能见到后天的太阳。

老阿里人大多都知道，2000年10月1日—3日，阿里巴巴召开了阿里历史上具有转折意义的会议，马云做出三个"B2C"战略决定：

Back to China（回到中国），全面收缩，从海外扩张回归到立足本土；

Back to Coast（回到沿海），抓住中国市场，服务于经济发达的沿海中小企业；

Back to Center（回到中心），贴近市场，回到杭州。

会上，还探讨了公司的赢利模式，列出来十几种，包括马云提到的三种，这些模式中有一个叫"中国供应商"的产品，被确定为主打产品，并确定用直销方式，马云点将李琪（工号：59，现为阿里巴巴顾问）组建直销团队。会后，阿里把所有销售人员集中起来，李琪总管，孙彤宇管后台，李旭辉主导前台。

在阿里巴巴和其他互联网企业一样面对生死攸关的时刻，来了一个人，工号300，名叫关明生（Savio），当时已在GE服务15年。关明生应聘阿里巴巴COO的经历颇有故事情节。

在北京，聊着聊着，马云求贤若渴，直接说："你面试不迟到，大衣叠成方块，办事井井有条，和我天马行空的个性正相反，可以互补，阿里巴巴现在就需要条理和系统。"关明生非常爽快地答应了，当时，他全家定居伦敦，为来杭州创业，他先跑到香港买了房子。

2001年1月6日，关明生跟随蔡崇信从香港飞到杭州。"出了老旧的机场，打上一辆破的士，去了一个地方，我问Joe，你这个地址真的对吗？

他说对。"两人走进了一条臭水沟旁边的小弄堂,有一个饭店叫招商宾馆,120元一夜。他的朋友都说,关明生疯了,"你在 GE 住饭店,可是2000元人民币一个晚上。"

两天后,关明生正式上班,马云把自己的办公室分出一半给他,刚开始,两人用一个秘书。一周后的星期六,马云、蔡崇信、吴炯、金建杭、彭蕾,还有关明生,一起开会商议如何度过互联网"严冬"。"马云很能讲,这么困难的时候,他讲前景如何美好,这是一种精神。"关明生记忆犹新。

当时,阿里巴巴拿到的两笔融资已经花掉1500万美元。

马云说:"Savio,我们很有钱。"

关明生问多少钱?他说:"1000万美元。"

蔡崇信补充:"我们烧钱很高。"

当时,关明生还不懂啥叫"烧钱",蔡崇信说:"这是网络潮语,就是说不赚钱就会烧钱,我们一个月要烧掉200万美元,只有五个月可以活命了。"

"当时,我整个人都傻了。"关明生说。

他们拿出的"救急"方案是:"杀人放火"(裁员、节流)。从大年初一开始,美国、韩国一直到国内,以蔡崇信、关明生为首,进行了阿里巴巴至今为止最大规模的裁员,总员工数从300人减少至100人左右,每月烧钱从200万美元减至50万美元。也就是说,阿里巴巴可以得到18个月的喘息机会了。

马云后来回忆,当时有一个正在家吃春节团圆饭的员工接到被辞退的电话,大哭:"你们怎能这样,能不能先让我过好这个春节?"那是马云一个非常痛苦的时期,阿里巴巴前副总裁波特在一部纪录片里提及,马云给他打电话，声音颤抖："波特，我是不是一个坏人？"波特隐约听到电话那一端的抽噎。马云特别嘱咐，这次裁员与员工没有关系，一定要补偿到位，整个裁员补偿费高达100万美元。

多少年后，有人问关明生，你刚来阿里时做得最满意的一件事是什么？他没有直接回答，讲了一个小故事。

一名外籍员工在杭州阿里工作，年薪是6位数的美元，当时，阿里高层带头减薪，并且提出零预算：不打广告、出差只能住三星级宾馆、公关部预算为零。蒋芳说，原本几千元的工资瞬间砍去了一半。关明生找这个小伙子，问他愿不愿意工资减半，股权涨到三倍，对方坚决不同意，关明生立刻把他解职。

"我是在考验他，看他是不是相信公司有未来。"

就在这个极其艰难的时刻，马云、关明生和蔡崇信又开了一个至关重要的会，在一个很冷的地方，都穿着大衣，因为没钱，不想开暖气。会议主题只有一个，就是直销"中国供应商"产品给不给客户回扣。给回扣可能有条生路，外面都这么干，不给回扣可能连一点生意都没有。那时，公司销售业绩为零。

他们谈了半天，"在灵魂深处讨论这个事情"。

马云说："如果给回扣，发生了事，谁坐牢？"

关明生和蔡崇信一起指着他："你坐牢。"

关明生又说："马云，你要是坐牢的话，我和Joe先进去，你后面跟着来而已。"

马云问："要是我先坐牢，你们会不会来看我？"

"我们肯定会在里面相聚的。"

看似一番玩笑，他们那天定下了公司的高压线：坚决不给客户任何回扣，永不行贿。

就像一个伤员，"裁员"是止血，要想恢复健康体魄，对身处互联网寒冬的阿里巴巴来说，必须另辟蹊径。2000年下半年到2001年年底，阿里巴巴启动了著名的三大运动，"统一价值观""员工培训""打造'中供铁军'"。那时，公司员工都知道两个著名的口号，一个是"跪着过冬"，就是说，站不住了也得跪着，不要躺下，坚持到底就是胜利。第二个口号是，如果所有的互联网公司都要死的话，阿里希望是最后一个，甚至还有员工有趣地分享了阿里的各种死法。两个口号其实就俩字：活着。

"统一价值观"，马云提出阿里巴巴的共同目标是做一家102年的企业，成为世界10大网站，只要是商人都要用阿里巴巴。阿里还首次确定了阿里巴巴的价值观——"独孤九剑"。

——不管多艰难，一个人不要降低自己的志向。

"员工培训"从2001年4月开始，阿里勒紧裤腰带，投资100万元培训员工和管理层团队。"中国供应商"直销团队开设的培训班后来改名为"百年大计"，为期一个月，全脱产，工资800元，包吃包住，每期培训花费在20万—30万元之间。彭蕾说，这对当时的阿里巴巴来说，是一笔很大的开支。

课程设计为两部分：价值观培训占60%，马云和关明生主讲公司愿景、使命和价值观；彭蕾讲阿里巴巴历史；销售业务占40%，李琪、李旭辉、孙彤宇上阵主讲。马云提了一个理念，销售人员不要盯着客户口袋里的5元钱，要帮助客户把5元钱变成50元钱，然后从中拿回5元钱。

2001年10月底，第一届"百年大计"毕业，从"百年大计"开始，阿里逐步建立起一套培训体系，直到今天的"百年阿里""百年湖畔""侠客行"和"技术大学"等。

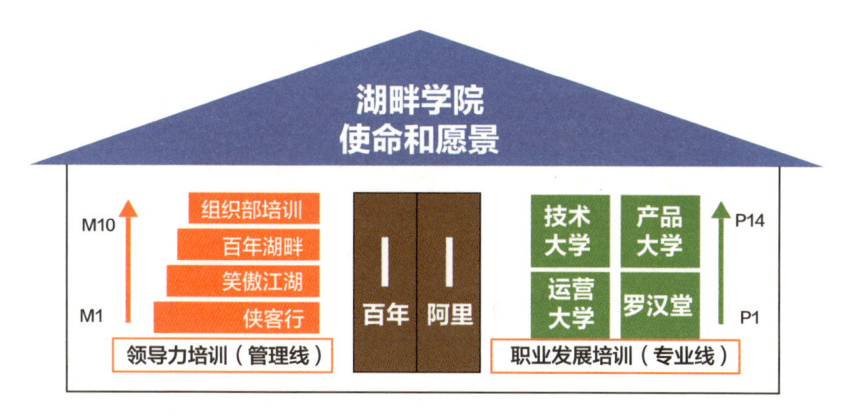

```
                    湖畔学院
                    使命和愿景

M10 ↑  组织部培训                    技术    产品     ↑ P14
       百年湖畔                      大学    大学
       笑傲江湖           百年 阿里
M1     侠客行                        运营    罗汉堂    P1
                                     大学
       领导力培训（管理线）           职业发展培训（专业线）
```

阿里巴巴学习平台。

打造"中供铁军"。"中国供应商"产品定位是帮助中小出口企业找到国际贸易机会，这个产品放在阿里巴巴英文网站（alibaba.com）上，会员制，年费至少1.8万元。2000年底，"中供"组建起30人的直销团队，这支衣衫褴褛的队伍，靠着"南泥湾开荒"的精神，和2002年成立的"诚信通"（1688.com）内贸团队，内外合璧，一步步让阿里艰难地走出互联网寒冬。

2001年，关明生跟马云爬杭州玉皇山，山上有一座庙，他俩带着瓜子上去的，买了一杯茶，这杯茶从早上冲到下午关庙。他俩密谋了一个事：2002年，阿里必须赚钱。马云说，不能告诉大家要赚钱，要说赚一元钱。

"马云是天才，赚钱和赚一元钱有很大区别，赚一元钱，闻得到，摸得到，想象得到。"关明生说。

2002年10月，干嘉伟（阿干）从苏州打车跑回杭州交了4万元，实现了马云"赚一元钱"的"大目标"。很快,马云向团队宣布阿里巴巴赢利 50 万元,大家欢呼雀跃,关明生也跳了起来。

纪录片《扬子江大鳄》用了这样一句话:这是激动人心的时刻,我们不仅从互联网泡沫中生存下来,还为更好的发展而蓄势待发。

互联网泡沫,可以看作是少年阿里起步阶段遭遇的一个生死攸关的大坎。

曾经沧海难为水,除却巫山不是云。令人欣慰的是,阿里人像重庆棒棒一样,压下去时是忍耐,弹上来时是重新来过的豪情壮志。

20 年来,阿里巴巴遭遇很多磨难,如果复盘 20 年,会发现,2011 年果真是阿里"本命年",用马云的话说:"本命年,麻烦多,但没想到这么多、这么痛、这么苦。"这一年,先后经历 B2B 商户欺诈、支付宝 VIE 风波以及淘宝商城"十月围城"等重大事件。

当年 2 月 21 日,阿里巴巴 B2B 发布公告,董事会批准 B2B 公司 CEO 卫哲、COO 李旭晖引咎辞职,原 B2B 公司人事资深副总裁邓康明引咎辞去集团 CPO,降级另用。同时,约有百名员工被开除。马云在内部公开信中说,"中国供应商"签约客户中,2000 多家涉嫌欺诈,利用我们 12 年呕心沥血建造的网络平台向国外买家行骗,近百名员工为追求高业绩,明知是骗子客户也签约。

"我们必须捍卫阿里巴巴价值观,所有直接或间接参与的同事都将为此承担责任,B2B 管理层更将承担主要责任。"马云说,这个世界不需要再多一家会挣钱的公司,而是需要一家更加负责任的公司。

B2B 欺诈事件,在社会引发很长时间议论,涉及当事人之多,影响之大,甚至到今天还未结束。有人认为小题大做,有人认为杀鸡儆猴,还有的搬出"阴谋论"。阿里小二深深知道,在阿里,诚信是价值观红线,坚守价值观是公司最大的原则,这个原则不会因人而异。苗人凤就说,这件事让他深刻地理解了阿里巴巴不可撼动的价值观精神。

蒋芳在查处这个事件时,向马云要求,没有人能有"治外法权",马云说:"这家公司除了我,不是,包括我,有问题都可以查,一查到底。"

马云第一次听说欺诈事件,是2011年1月22日蒋芳发给他一封邮件,邮件中直接用了"他妈的"三个字,马云立刻拿起电话打给蒋芳。一个月后,水落石出。那一个月,马云极为痛苦。

"我当时常常在想,如果这个是真的怎么办?"马云说,"砍掉左膀右臂,我比谁都难受。"面对现实,他告诉团队,必须勇于担当,要有刮骨疗伤的勇气。

B2B客户欺诈事件风波未了,阿里巴巴再次陷入舆论漩涡,这次,社会影响面更大。10月10日,淘宝商城发布商家招商续签及规则调整公告,技术服务年费从6000元提高至3万元和6万元两个档次,并提高保证金。逍遥子当时的想法是,借此进行平台升级,建立一个非常严格的入驻门槛,让淘宝商城成为品质商城。

不料,此举被解读为抛弃小卖家。

11日,韩都衣舍、欧莎、七格格等大卖家遭遇"拍商品、给差评、拒付款"等恶意操作行为,多达5.5万人组成的"反淘宝联盟"制造了"十月围城"事件。12日,马云微博发文,做商人难,做诚信商人更难,建立商业信任体系难上难。

逍遥子回应,对互联网暴力,对恶意攻击其他商家的行为,不会容忍,也绝不会妥协。随后几天,形势不断恶化,淘宝商城频遭恶意购买,小二被威胁"小心你全家",阿里巴巴总部数次被围攻。

马云再次发声:"看着家人的眼泪,听着同事们疲惫的声音,心酸了,真累了。心里无数次责问自己,我们为了什么?"最终,商务部介入,15日,淘宝商城出台5项新政,危机逐渐化解。

2017年年初,逍遥子接受记者采访又提及此事,他坦言,自己在决策过程中也会犯错,最大的一个,就是"十月围城"。"这件事以后,我最大的体会和收获就是,阿里巴巴做得已经不是一个生意,我们的平台已经有了社会公共属性。"

阿里为数亿名消费者和上千万家商家服务,一个企业背后是一家人,是一个团队,是一门生意,是它的身家性命。评价一个企业是否优秀绝不会以它经历多少磨难为依据,但是,磨难可以让优秀企业后面的道路更为宽广。就像唐玄奘西天取经,不历经九九八十一难,无法修成正果。

互联网寒冬、B2B客户欺诈、十月围城,看似三个毫不关联的事件,

人生本就坎坷,静思,破茧,成蝶。摄于阿里西溪园区。

其实有着内在必然联系：

熬过互联网寒冬，让阿里巴巴知道了怎样存活；客户欺诈事件，从反面告诉阿里巴巴，什么可以让企业瞬间死掉；"十月围城"第一次清晰地让阿里人知道，一个企业一旦做大，做出的每一项商业规定，不再是单纯的企业行为，必须考虑社会承受和融合能力，否则，这个企业一样难以走远。

道可道 5

至暗时刻必是黎明。

最难受的时候，往往是成长最快的时候。

不难，要我干嘛？

6　让每个小二成为更优秀的自己

2017 年麻省理工学院评出全球 35 位具有杰出贡献的青年科学家，阿里占据两席，分别是阿里巴巴人工智能实验室首席科学家王刚和阿里云首席安全科学家吴翰清。同年 6 月 13 日，亚马逊最高级别的华人科学家任小枫加入阿里。

同年 10 月 11 日，阿里巴巴宣布成立"达摩院"，6 天后，微软亚洲研究院首席研究员聂再清博士、谷歌 Tango 和 DayDream 项目技术主管李名杨博士入职阿里……

阿里聚集了很多科学家、工程师，也聚集了很多老师、诗人、警察、保险员、空姐、厨师、推销员、保安，甚至还有醉驾被拘役过 6 个月的高晓松……

还有我，文化水平不高还有点书生的迂腐，年过四十身体羸弱还梦想仗剑走天涯。这样的人也能来，说明阿里用人的胸怀，真的是足够宽广。在我看来，阿里用人，讲"专业对口"，更讲"理想对口"。

王坚（工号：18929，中国工程院院士、阿里云创始人），工程心理学博士，2008 年入职前在微软亚洲研究院工作，再之前是浙江大学心理系教授、博导。他和马云第一次见面是 2008 年 5 月，他俩一起参加"改革开放三十周年浙江青年群英会"。他说，加入微软，是做更正确的事；加入阿里，是做更有影响力的事。他认为，阿里巴巴有独特的商业模式和宽广的业务链，必将深刻影响人类社会。

当年 8 月，他决定离开微软，去波士顿交接工作，到一个中餐厅吃饭，服务生照例端上一份小饼干，里面都会放一张写着诸如吉祥如意的小纸条，他打开一看：你不应该错过你一生中只有一次的 offer。从不迷信的他会心一笑。

王坚一入职就列席总裁会，马云说，我们请王坚来做阿里云，云计算能帮客户做什么，我不知道，能帮国家做什么，我不知道，但是我觉得我们应该开始做了。

马云又说，这个项目好比是"奔月"。王坚说，马总，你想让我做"奔月"，还是"登月"。大家一听，这不是一样吗？王坚严谨地说，"奔月"是不用回来的，比如嫦娥，"登月"是需要回来的。陈伟（工号：16558）说，这件事干砸了叫"奔月"，干对了就是"登月"。

阿里人都知道，王坚的演讲，不好懂。陈伟有自己独特的解释：20% 能听懂的部分是让你明白如何工作，不懂的 80% 让你相信这个公司有我们意想不到的未来。王坚演讲有时也会突然间特别好懂，就像感冒的鼻子一下子通气了。2017 年，他去淘宝大学讲课，他说数据改变商业本质。这句话，不太好理解，他用了三个比喻：

第一，数据是望远镜，让你发现一处又一处完全不同的商业边界，就像伽利略望远镜不是因为想看清楚远方的东西，而是不知道远方有啥东西；

第二，数据是显微镜，可以判断肉眼看不到或者注意不到的消费和生活行为；

第三，数据是雷达，帮你提前预测未来的行为。

从这三个比喻看，"互联网 + 计算 + 数据"可以重构所有的东西。

他还说，在数据前面加个"大"字是不自信的表现，我们讲"大"字太多了,讲"数据"太少了。互联网变成和水、空气一样的基础设施后,数据就会以更低的成本自然沉淀,成为生产资料。

马云曾连用数个"第一次"描述王坚:

第一次见博士,震撼于他对互联网发展的理解,有相见恨晚的感觉;

第一次在集团战略会议听博士谈未来数据时代,惊叹他对数据技术的理解和执着;

第一次听博士要进行云 OS 研发,我几乎是愤怒地惊讶他的胆识……

王坚是个"怪才",毕业于杭州大学,在校旁听计算机课程,1999 年出版国内人机交互领域第一本著作《人机交互和多通道用户界面》。刚来阿里时,众小二一见博士,很是喜欢。一个小姑娘与他偶遇,回到工位兴奋地说:"我见到博士了,心中的大男孩啊。"

当时,全世界云计算垄断在谷歌和亚马逊手里,前者计算能力强,不对外,后者对外服务,计算能力弱,他想玩的是"二合一",还要做去"IOE"的自主知识产权云计算平台。这在当时的中国,没有人敢吃这个"螃蟹"。阿里巴巴的"智库"——曾鸣教授(工号:7013,阿里巴巴总参谋长)最初也看不懂他在玩什么。

在学校时,王坚喜欢独行、思考。2016 年出版一本书,叫《在线》,第一章是:困惑、错位和纠结。开篇第一句话:50 万年前的关键词是光明与黑暗;50 年前的关键词是数字与模拟,今天的关键词是在线和离线。原浙江省省长李强为他作序说,跟马云聊天的收获是"原来可以这样看问题",和王坚聊天的收获是"未来可能真的会这样"。

王坚不仅写书,也爱看书,有记者在他办公室看到三本书《丰乳肥臀》《史蒂夫·乔布斯传》《分布式系统原理与范型》,三本书摆在右侧第三排,这是常看书籍的摆放位。记者进一步解读,王坚用魔幻现实主义色彩带领团队,用"神仙"冠名阿里云产品:飞天、女娲、盘古……

在阿里,叫博士的,只有一人,就是王坚,虽为博士,却非程序员出身,是学心理学的——典型地体现了阿里用人的"不拘一格"。马云在《在线》序中写道:假如王坚是技术出身,阿里巴巴的 CTO 将和其他公司 CTO 没有任何区别。他又说,阿里巴巴了不起之处就是把看上去当不了"O"的人培养成一个个独特的"O"。

王坚 2016 年在一次会议上感慨万千:"今天这个会,蛮有意思,我看见前员工林晨曦,他最早带阿里云技术团队,在北京一个小屋子里,冬天没有空调,过年后第一天,自己带着茶叶来上班,几十个人在那边写下阿里云第一行代码。"就在那个小屋,阿里云拿下第一个客户,他的名字叫胡晓明(花名:孙权,工号:3782)。结果出人意料,林晨曦离开了,胡晓明进来了。胡晓明原在银行工作,从阿里客户变成员工,一步步变成合伙人、阿里云总裁,后任蚂蚁金服总裁。

胡晓明为什么会成为阿里云总裁?

王坚讲了一个故事,胡晓明进阿里做的是阿里金融,和阿里云合作。阿里云出了点情况,导致阿里金融业务"200 多天起夜 300 多次",胡晓明跑到阿里云,给王坚他们鞠了一个躬,说:"我宁愿阿里金融做死了,也不要把阿里云做死。"

故事还没完。刘振飞(花名:振飞,工号:6306)听完胡晓明的话说,如果服务不好阿里金融,阿里云也就完蛋了。"振飞认认真真地托了一把阿里云,我们才活到了今天。"王坚说。刘振飞现为阿里巴巴首席风险官、阿里巴巴合伙人。

博士的"门生"吴瀚清,同样是阿里的一个传奇人物。2005 年,作为西安交大少年班的大学毕业生,20 岁的吴瀚清入职阿里,号称阿里巴巴"资深白帽子"。

2009年，阿里云团队组建，他给王坚"扛活"，2010年夏天，作为集团工程师代表，与马老师共进午餐——吃盒饭。他没有准备类似"中国商业未来在哪里"之类的宏观问题，他问马云，公司开会太多，降低了效率，你有啥办法？马老师就是见过大世面，告诉他：定闹钟。

两年后，他选择离开阿里，博士挽留，他说："还是要走，但我还信你。"又两年，"胡汉三"回来了，跟着博士玩"云盾"。

2017年2月8日，网上突然刷屏了一篇文章《重回阿里的29个月》，文章出自一个微信公众号，叫"道哥的黑板报"，这个公号的LOGO是个"刺"字，江湖人称刺总，也有人叫他"道哥"。此人正是吴瀚清。重回阿里，道路并非一帆风顺，因为安全故障，得了两次3.25（阿里KPI绩效考评大体分为三档：3.75为优秀，3.5为合格，3.25不合格），2015年发生的故障是阿里云历史上最大一次故障，大量客户业务中断。后来，他说："我们总是在不断犯错中前行，没有错误，就不会有进步。"

有意思的是，吴瀚清离职前干的最后一件事情，是立项了一个WAF产品，他回来"接着原来的干"，两年后，WAF成了爆款。就像小时候我们听爷爷讲故事：很久以前，山里有座庙，庙里有一盘没下完的棋，等着一个千年后的少年，少年来时，茶水还冒着热气……

在阿里，叫博士的只有王坚，叫教授的只有曾鸣。学识深厚，喜欢站在未来考虑现在，经常用"终局判断"来定性一个事物。比如，"B2C"出现，这种模式到底是不是未来趋势，他说，他研究了两年，认定"C2B"才是未来。

当年，王坚坚持做云计算。教授说，有三个人坚定不移支持云计算：

王坚从技术角度认定未来必然这样；曾鸣从终局判断认定，就像电的发展，从企业自己发电迈向中央电厂统一供电，云计算亦然；马云则从"让天下没有难做的生意"的使命出发，认为云计算可以大大降低企业创新成本。

教授，蛮好玩。有一段时间，工作忙，没时间锻炼，他发明了一套健身"太极"：每天早上拎着几个包子，围着大楼走。还整了个健身口号：让天下没有难锻炼的身体。教授来上班的第一天，一下飞机，没有等到预想之内的接机。马云说，你打车过来，等你吃饭。当时总共四人就餐，饭是拉面，一碗18元。吃完，马云说，我们本来都是AA制，你第一天来，我们三个就把你这一份AA了吧。

多隆（真名：蔡景现，工号：615），淘宝关于他的传说能装一火车。2000年8月1日入职，在淘宝，被誉为"大牛中的大牛"。范禹（阿里巴巴合伙人）说，之前，淘宝人有个习惯，搞不定的技术问题，就找多隆。

他不是科班出身，1995年上大学，专业是生命科学，一有空，就去图书馆找计算机书籍，然后写一些小程序，慢慢上手了。毕业后在一家公司上班，阿里巴巴正好就在楼上，"然后，就上来了"，成为淘宝网第一代工程师，多隆这个花名，是小宝帮他起的。

2008年做"五彩石"项目时，多隆完成了淘宝商城搜索的Dump逻辑设计，如果没有多隆，整个项目需要延后两周。程序员对他的评价是，多隆对计算机知识融会贯通，解决问题的手段没有定式，出手速度极快，解决问题速度极快。淘宝曾有个Session故障，一堆人一起排查了一天，最后，多隆查到了问题。

多隆长得很帅，显得很年轻，他的解释是"没有到社会去混过，比较幼稚一点"。多隆现在是阿里巴巴合伙人，每天还是和其他小二一样，上班下班，为人低调，简单务实，埋头研究学问，修补BUG，两耳不闻窗外事。

问题来了，这样的技术大牛，有没有他解决不了的BUG？他说，这个世界上，他搞不懂的东西太多了。多隆腼腆羞涩，有同学有一次好奇地在网上发问：所有带"女"字旁的字，多隆都不认识，看到女的就发慌，不知道这么多年了，是否依然这样？在最近的一次视频采访中，他说，他早已结婚，让摄像师多拍一下他身边的一名小伙子，帮他相亲。

多隆是"跨"专业成了技术大牛，鲁肃（真名：程立，工号：3896）是从"外包"人员一步步成长为技术大牛的。2004年2月，他以"外包"身份兼职做淘宝新架构一期。虽然只是个"外包"，但在思考问题时，会站在网站未来发展的角度做事，而不是作为一个简单的外包来完成一个上级交代的任务。

一天，他和小伙伴们讨论技术问题时，淘宝这边的负责人说："程立，我看你一点不像个外包，不如来我们公司吧。"当年年底，他以实习生身份加入阿里，2005年7月22日正式入职支付宝，岗位级别是P4，相当于公司"起步价"。

刚加入时，他还是上海交通大学的在读博士生，后来慢慢发现"在阿里学到的东西比学校更多，做的事情比写博士论文更有价值"，就放弃了博士学位。

鲁肃在阿里内网的标签有一句"除了神想不起别的"。鲁肃"封神"源于2008年"停机发布"的"力挽狂澜"。所谓停机发布，就是支付宝网站对外暂停业务进行技术升级。当时因发布"财务三期"，支付宝宣布停机发布8小时，不料状况百出，15小时后，仍在停机发布中，外部舆论开始疯传谣言，甚至说财务携款潜逃⋯⋯

大家焦急万分，鲁肃从人群中挤出来，敲了快两小时的键盘，系统恢复平稳，支付宝长达17小时的停机发布终于结束。从外包工程师到蚂蚁金服CTO，一路走来并非一帆风顺，他印象中经历过两个大的瓶颈。

一是，如何从开发工程师转型为架构师。2006年下半年，主管告诉他，鲁肃，你要少写代码，要看支付宝系统长远发展，看大问题，并解决大问题，支持好团队。"我发现我失去了方向，不写代码，我不知道自己应该做什么。"那次，他的绩效是3.25。

"确确实实做不出能拿出手的东西，当时我想到了离职。"鲁肃说，"那是我到阿里这么多年唯一一次想离职，不是公司不给机会，是我感觉为公司创造不了价值。"大约3个月后，慢慢找到了感觉，以架构师的方式思考问题，把虚事做实，做出结果，做出成绩。

二是，作为"码农"如何学会带团队。鲁肃2005年时带过两个人，一个季度后，给一个打了4分，另一个打了3.75分，主管便不再让他带团队了。"确实，当时完全没有带团队的感觉。"2010年再次带团队，对他是一个挑战，尝试了很多办法，甚至用做架构的方式，把团队看成一个系统去运作，不断调整调优。"慢慢地，我意识到人和系统的差别，知道了该做什么不该做什么，一路过来，就是不断突破自我的过程。"

支付宝的口号是"因为信任，所以简单"，鲁肃2009年在内网发布了一篇文章《因为简单，所以幸福》，回顾了他和老婆的美好爱情。

"每年我过生日那天，她都会起个大早，煮两个熟鸡蛋，在我睡意朦胧时，拿滚烫的鸡蛋在我手心滚动，边滚边认真地说祝老公健健康康、长命百岁，这一刻，我幸福得像一个小孩。"

"我来杭州工作，她毫不犹豫地辞掉工作，往杭州搬家的那一天，司机迟到了，深夜才出发，在黑漆漆的高速公路上，司机不断地打瞌睡，我们紧紧靠在一起，不断提醒司机别睡着……"

鲁肃的师傅是苗人凤，2000年从浙江财经学院会计专业毕业，自学计算机。从会计转行到计算机，有点跨界的感觉，他说，这算啥，阿里工程师啥出身都有，还有学厨师的。苗人凤毕业后在一个网络公司工作，这家公司在华星科技大厦十楼，阿里巴巴在九楼。

"没有任何交集，也没有想过来阿里工作，那时的阿里巴巴已经名声在外，我觉得我进不来。"2001年到2002年，他去绍兴跟朋友创业，失败，重返杭州，在一个医药企业工作，做技术开发与维护，"做着做着感觉看到头了。"他上浙江人才网投了简历，第二天，接到阿里HR电话，面试时，HR问他愿意到淘宝工作吗？他问，淘宝是阿里的吗，只要是，就可以。

2004年，支付宝公司成立，他从淘宝借调到支付宝，从此"一借不还"。苗人凤是非常严谨的人，几次跟我说，外界传他是写下支付宝第一行代码的人，他说不是，都解释多少次了，还有人这么说。他用极为准确的词汇定位自己：他是支付宝公司第一个工程师，他接手时的支付宝交易代码有两人的名字，一个是他师傅"茅十八"，一个是多隆。当时的代码很简单，只能实现交易功能，连退款功能都没有。

交谈间，能感受到他和师傅感情很深，"那时，师徒之间有正儿八经的拜师仪式。"他传承师傅的衣钵，又传给鲁肃，后来，胡喜又担起大任。如今，他领导的支付宝技术部就有2000多名工程师，整个蚂蚁金服，工程师已经是浩浩荡荡的大团队。

支付宝的愿景是"给世界带来更多平等的机会"。老苗说，当初，大家去问马云，支付宝的愿景是什么？马云说，用一句话他可能形容不出来，通俗讲，让80岁的邻居老太太和工商银行行长享受一样的金融服务，这就是支付宝的愿景。为了这个"平等"的思想，苗人凤和他的团队已经奔走了十多年，期间，遇到最大的技术难题是如何解决互联网金融的对冲性，金融的特点是稳定、高效、安全、准确，互联网的特点是创新、开放、灵活、多变。"两者是对冲的，整合在一个平台上，这是最难的。"

从 2006 年开始，他和鲁肃就开始考虑如何建立两者之间的平衡点。2010 年下半年，他们确立了支付宝第三代技术架构建设思想，就此找到了答案。"今天，在互联网和金融的结合技术上，在中国，乃至全世界，支付宝无疑是最好的，毫无疑问。"

余锋（花名：褚霸，工号：37469），2010 年 5 月到阿里。他好奇的是，淘宝是一个卖货公司，咋能叫淘宝软件有限公司。当时，他和章文嵩聊了十几分钟，然后，多隆领他去吃饭。他从三个备选花名选了"褚霸"，一开始还以为念"zhu 霸"。他入职的第一个岗位是淘宝核心系统。褚霸说："主管之所以是主管，一定有值得学习的地方，我从主管身上学习到一点，做人和做技术一样，要做到极致。"有一天，主管问他会数据库吗？他回答会，随后就开始做数据库。2013 年 5 月，他调到阿里云（多隆解决夸父，他解决女娲 5K 问题），经历了阿里云从小到大、从弱到强的过程。褚霸初学计算机时，简历常写"精通 C 语言"，时间长了，只敢说"略会一点点"，因为简单背后是复杂。

2017 年，褚霸代表阿里巴巴工程师担任冬奥会火炬手。

阿里人才使用也"不拘一格"。在公关部，向王帅直接汇报的有P11（等同于M6，其他级别类推），有P10、P9、P8甚至是P7。没有严格的岗位汇报级别之分，一切根据实际情况。王帅说，在公关团队，不是那么强调上下级和组织结构，更看重无形的凝聚力和全面的透明和协同。"仅仅从组织结构上打通和协同是不够的，更要强调的是，一致的认同感和敢于把后背托付给伙伴的信任感。"

晋升可以跳级，公关部杨树（花名：冻鹤，工号：41049）从P7直接晋升至P9，她和团队通过一个个现实生活中的具体案例或故事，让消费者感受到淘宝的温情、温暖和温馨。

在阿里，P是技术序列，M是管理序列，两者无严格区分，今天是P，明天可能调整为M。即便是同样级别，有的可能"孤家寡人"，有的则是"号令千军"；有的级别很高，可能已经是副总裁，只管着几十号人，有的级别不高，一个P7领着几百人。"孤家寡人"明天可能"号令千军"，"号令千军"的也可能突然变成"孤家寡人"。

同级管同级，更是普遍现象。如果你被任命为项目PM，可以协同级别比你高很多的人，因为是PM负责制。各个公司、各个主管，各自有不同的玩法，江湖嘛，不求风格雷同，只求效果最佳。你会看到，每一次阿里巴巴人事调整，都会注明向谁汇报，这个解决了，下面不管跟着多少个集团军，自然"各就各位，清清爽爽"。

在我看来，阿里用人，因人制宜，或英豪，或"草寇"，或正当风光，或郁郁不得志，四面八方，汇集而来，阿里总能想方设法"让你变成一个更优秀的自己"。或用其"专"：黄海飞进入阿里之前，干了30年厨师，如今穿梭在阿里写字楼和盒马厨房；或用其"巧"：吴支当了23年的广州交警，广州市区交通在全国最为复杂，他熟悉每一个路口情况，到了高德地图……

阿里用人还有一个独特之道。邵晓锋在给我们讲课时说："革命就是一块砖，哪里需要哪里搬。"他脱下警服进入阿里，从网络安全部总监、淘宝网副总裁、支付宝总裁、B2B中国事业部总经理、到阿里巴巴集团秘书长兼集团党委书记。期间，还组建过阿里巴巴大文娱。他几乎干过阿里巴巴的所有部门。

不仅邵晓锋、陆兆禧、彭蕾等很多阿里高管都走过很多部门，阿里还特意实行"轮岗"制，轮岗是充分地信任大家，激发员工自己看不到的能量。轮岗能否胜任？纵观阿里业务，纷繁复杂，但是，无论做什么，目标是一致的——都是客户价值。

凡事有例外，一次，王帅去找马云，你看咱集团的领导层都轮岗了，"就我没轮过"。马云说："我也没轮过。"他还告诉王帅，两种情况可以离开，要么干不动了，要么干不了了。

菜鸟搬新家，董事长童文红（兼任阿里巴巴CPO）跟大家说，我们每一个人都不是最优秀的人，但是阿里了不起之处就是它总能聚集起一群看上去不优秀的人干出最优秀的事。

童文红，从行政前台一步步走向阿里合伙人。2000年，童文红生完孩子，上网找工作，看到阿里巴巴的招聘信息。面试时，下了很大的雨，她求职目标本来是东信。去面试时先路过东信大厦，感慨了一下，啥时可以进东信工作？一进阿里，办公室没装修，黑乎乎的，发慌，怎么是这么一个地方。纳闷着，遇到彭蕾，面试英语不够好，没被录取。一个月后，阿里 HR 却打电话让童文红入职，做前台，工号是 116。

刚来，张英让她做一个表格，手忙脚乱才做好，经常转错电话，没多少天，决定撂挑子。几天后，彭蕾打电话给她，说再聊聊，原因竟然是——她是阿里巴巴第一个主动提出辞职的员工，所以一定要了解清楚原因。

"彭蕾会游说人。"

"你看你刚刚搬家，正好搬到咱公司边上，这个活也不难，学学就会了……"

二进宫，童文红给自己定下了在阿里的第一个小目标：行政助理。

"很多变化都是来自你自己。"

张桥刚进阿里用一句话可以形容："天降大雨于斯人也"。他是浙江横店人，想离家近一点工作，从广东离职回到杭州，在华星大厦周边租房，天降大雨，跑到华星一楼躲雨，雨一直不停，百无聊赖之际，看到阿里巴巴招客服经理的信息，就跑到阿里巴巴所在的九楼去看看，现场填写简历，面试官是华蕾。聊了半小时，华蕾说客服经理满了，他有点生气："不要我，为啥聊这么久？"华蕾说："我觉得你经历丰富，可以去旁边的电销团队试试。"

他入职阿里巴巴 B2B "诚信通"。从早晨 6 点干到晚上 10 点，平均 100 个电话成一单，很是辛苦。当时，阿里巴巴付费业务只有两个：中国供应商和诚信通，前者是直销，员工奔赴在全国各地，后者是电话销售，整整齐齐坐在座位上，电话声此起彼伏，蔚为壮观。这个团队自然成了当时外界参观阿里的必到之处。

张桥刚为了讲话有激情和感染力，站着打电话，嗓门最大。马云领着参观队伍不自觉地会停到他身边。于是，张桥刚工位成了离名人最近的地方，比如杨澜、李连杰等。

刚来阿里时，我坐在3号楼5楼的墙角，经常听到一双拐杖清脆的敲击声，抬头望去，一个红衣年轻人拄拐走过。后来，换了很多次工位，总忘不了那双拐杖的声音，纯粹、有力。我想认识他，有一次去了他们团队，没有找到他。

总算有一天，知道了他的名字：郭百岭，花名笑舒，工号：72440，数据工程师，湖北人。零星听到他的一些事，一岁患小儿麻痹症，父母务农，父亲骑三轮车送他上下学，一直到高中，父亲告诉他"只要肯学，一定供你读书"。我想，用这几十个文字描述他过往的生活已经足够，因为，我们能想象到他有多么艰难和坚定。

2008年考入湖北工业大学，2012年考上华中科技大学研究生。这句话描述他的学业，已经足够，因为，我们能想象到他是多么艰难和优秀。毕业后，一心想在武汉找工作，但是都以"身体原因"被婉拒。2014年，进入阿里巴巴。

在阿里，他和同事做的是数据模型，是世界上以前没有的。这句话描述他的工作，也已足够。这是一个普通农家子弟用一双拐杖敲击世界的声音。

在阿里园区，和一般大企业有一个很大的不同，很多残疾员工分布在不同的岗位。我想知道有多少残疾人，他们在工作中集团有怎样的特殊政策，找了很多部门，没人知道。最后，我找到阿里"百事通"小桥打听，恍然大悟，在阿里人力资源看来，没有"残疾"员工和正常员工的区别，也不会特意进行区分对待。

一视同仁，才是最大的尊重。

……

一个个原本平凡的人,怀着热血和梦想来到阿里,阿里巴巴的机遇和平台让他们快速成长起来,反过来说,又是他们建设了中国最大的电子商务平台,铸就了世界"第21大经济体"。

马云说,主宰非洲草原的不是狮子,是土壤里的微生物。决定公司成功的不是老板的英明,是一线员工的素质和能力。阿里最大的资产不是股票,是人。马云告诉HR,人也要做年度预算,一年过去,必须看看员工成长了多少,这也是阿里的"利润",而且是核心"利润"。

道可道 6

▌企业文化的核心目标是让员工成为更优秀的自己。

▌一家优秀的公司,员工在这里熬的不是时间,是实践,不是履历,是经历。入职是开课,离职是毕业,工作三年就是拿了一个MBA证。

▌主管刚来,可以骂手下都是混蛋,过了一年,还骂,主管才是真正的混蛋。

7 很傻很天真

杭州市余杭区文一西路 969 号,阿里巴巴西溪园区总部门口,每天早晨 9 点,约有 15000 名员工鱼贯而入,门卫跟每一名员工说"早上好"。从北一门进入园区,楼墙上都是涂鸦,有点像玛吉阿米的留言簿。涂鸦中,一句话很显眼:"很傻很天真。"这句话,在阿里滨江园区,在蚂蚁金服 Z 空间,在钉钉、在飞猪、在菜鸟的办公区都有出现。

摄于阿里滨江园区。

一天说上万遍"早上好"的门卫，日复一日干好这一件事，或许，就是对"很傻很天真"最直接的注解。"傻"，就会"天真"，天真就会有梦想，阿里巴巴的梦想与生俱来。

刚创业时，马云把大家叫一起，"500 万元年终奖，你们怎么花？"大家"畅想"了一个小时。马云说："干活吧，你们说的都会实现。"马云那时对员工没有物质奖励，就给大家"加寿"，你加 200 岁，他加 300 岁，最多的当上了"九千岁"……

回望 2001 年到 2002 年前后，互联网陷入谷底。"觉得电子商务不靠谱的员工都走了，"马云说，"能干的被挖走了，聪明的创业了。'傻'的留在公司，结果，一群平凡的人做了一件不平凡的事。"

童文红和菜鸟的同学分享时说，有时候，人需要傻一点，要相信自己的脑子是有限的，不用担心这事怎么可能实现，历史上有多少你想不到的事都发生了，尤其面对困难时，傻一点，坚定不移地沿着方向走，踏踏实实地做事情，就会有一个好的结果。这个世界上，聪明的人走着走着，做了很多傻事；傻的人，走着走着做了聪明的事。

贺学友，阿里巴巴 B2B 早期员工，来阿里之前已经做过 18 种工作，有关他的"傻帽"段子有两个。第一个是拎着竹箱跑业务。当时，他们需要扫街跑销售，一台电脑 9000 多元，生怕弄坏了，就买了一个竹箱，把电脑装进去，不怕刮碰。第二个段子，更有意思，在卢洋婚礼上打赌输了跳西湖的主角就是他。

2003 年 2 月，贺学友和马云打赌他能否拿到"78% 续签率 +365 万元到账业绩"，就是这个大胆的赌注让他成了公司名人。贺学友对马云说："如果我达成目标，你要在全世界任何一个城市单独请我吃饭，城市我来选。如果其中任何一个目标没达成，算我输，我脱光衣服跳西湖，时间由你定。"

造化弄人，差了两个百分点的续签率。2004年2月7日，一个很冷的冬天。在参加卢洋的婚礼宴会上，他遇到马云，马云突然想起了赌注。愿赌服输，酒后大家一起去香格里拉酒店旁边的西湖，老贺两任经理到场观摩，马云要求他们陪老贺一起"陪脱"。

陈庆探（花名：步惊云，工号：350）是"陪脱"经理的其中一个。"陪脱"的目的很明显，肝胆相照，生死与共。老贺在湖边先跑了1公里，热身后，只穿短裤，毅然决然，纵身跳下，就像失恋的小伙。马云发表临时讲话："今天这个日子值得纪念，它已成为阿里巴巴历史上非常重要的事件：第一，体现了诚信，承诺就要兑现，奖罚分明；第二，体现了团队精神，我非常钦佩他们。"

阿里巴巴起步于中国黄页，那个年代，没有人知道电子商务，即便阿里成立几年后，还有人以为是卖芝麻的。因为没有知名度，柴栋入职时，他妈哭了一个晚上，他之前在香格里拉工作了七年，他妈说："你怎么会到这个小公司，不会是皮包公司骗人的吧？"柴栋，就这样放弃了高大上的香格里拉，"傻傻"地来到了当时默默无名的阿里巴巴。

陈伟见证过1995年中国黄页的招聘，"空空荡荡地摆了一张课桌和一把椅子，像小孩过家家。"有意思的是，马云第一任秘书李芸就是那天招进来的。她是马老师在夜校的学生，1997年，跟随马云短暂北上北京，因结婚返回杭州，后来离职。

据说，阿里成立后，马云打电话叫她回来，种种原因未果。马云回忆起来总是感觉遗憾，李芸后来回忆这段历史也很动情，甚至潸然泪下，或许终归缘分不够，她没有进入阿里巴巴工作。

遥想1997年，马云带领中国黄页所有人到桐庐"团建"，酒过三巡，他突然宣布要去北京外经贸部发展。刚刚还把酒言欢的喜悦，一下子沉静下来，继而有女孩开始抽泣。此后，这个团队分成了两拨，一路北上，一路留杭，慢慢地，各自走上不同的人生道路。《萍聚》成了那次团建的真实写照："别管以后将如何结束，至少我们曾经相聚过……"

阿里巴巴第一个成规模的业务团队是B2B"中国供应商"团队，号称"中供铁军"，挂着互联网的名气，用最传统、最"傻帽"的地推方式，沿街推广叫卖。

中国互联网平台很多都是通过"地推"来圈定版图的。从"中供铁军"走出一批批中国互联网创业人，比如，滴滴出行程维以及干嘉伟、吕广渝、陈国环等。

金建杭曾介绍，"铁军"走访的都是中小民营企业，大门口养狗，进门先过狗关，他们不得不买硬壳皮包挡狗，没有人懂"中国供应商"是什么，长三角地区出现了一个顺口溜："防火防盗防阿里。""中供铁军"这个最有阿里味的群体，吃最多的是方便面，每晚回到出租房，"花一毛钱打一壶热水，半壶泡脚，半壶泡面"。

被称作"中供铁军"
The salesmen doing this job are known as the Iron Army.

深夜街头，赤裸上身，比赛俯卧撑，青春的热血凝聚成阿里人对"中供铁军"的集体记忆。《造梦者》视频截屏。

编辑注：本书涉及十余张老照片，有的截取自视频资料，导致清晰度不够，比较遗憾。

方永新（大炮），工号：471。1999年杭州商学院毕业进入杭州伟业网络有限公司。2000年，公司被阿里收购，这也是阿里巴巴收购的第一家公司，一起进入阿里巴巴的有十几人，包括陆兆禧、李琪、陈航、俞朝翎、张敬、金建钢、陈海强、雷雁群、罗建陆等。

"马云是非常有眼光的，阿里收购伟业，我认为不是看中了业务，而是看中了这个公司的人，尤其是李琪和陆兆禧。"方永新说。

在阿里，人人皆知方永新的花名叫大炮，其实，大炮不是他的花名，是绰号。绰号来历有三。一是，当时他每次报的业务目标很高，但完不成。二是，李琪说过，"你想让别人知道但又不方便自己说出来的话，不妨告诉方永新，他知道，公司每个人就都知道了。"三是，方永新说话直来直去，不管对方感受，心中想说什么就表达什么。

2008年，大炮从阿里巴巴B2B中国供应商服务部北京区经理调任中西部大区HR大政委。胡彦辉、姜中华是小政委，搭档了一年多，两人分别被叫"二炮""三炮"，还有一名小政委叫马春云，是"四炮"，因为是女孩，没有传播开来。

大炮，籍贯是浙江省杭州市淳安县千岛湖镇樟树下村。村子里原来有一棵1000多年的樟树，八个人都抱不过来。他是村里第一个本科生，1995年考入杭州商学院企业管理专业，当时村委还给了100元的红包。小时候，大炮家以养鱼为生，没米吃饭时，就去亲戚家借粮食，他和两个弟弟时不时也去乡里卖鱼。每次外出远门，他妈妈总是一句话："到外面去一定不要害人，多帮助别人。"

在B2B"中供铁军"，大炮一干干了17年，从销售专员（P4）一直干到资深总监（P10）。

入职一年后，升为主管，负责浙江金华及安徽全省，面积很大，交通不便，经常长达10多个小时跑在路上。"我和徐文玲两个人在义乌北苑经济开发区一家一家企业陌生拜访，地面温度60多度，提着20斤的公文包，里面是宣传资料和电脑，一天拜访8家。"大炮说。到了吃饭点，他们就在街边小吃摊吃饭，大炮饭量大，大碗米饭吃一碗，方便面得两桶，"方便面吃了好几年，后来，经济条件好点了，才逐渐不吃了。"

2001年，大炮和孙利军、金建刚、赵丽辉一起租住在义乌乐乐幼儿园的一间房子里面，房租3000元一年，办公吃住在一起。他们经常赶最早的火车去金华跑客户，晚上最后一班绿皮火车返回义乌，回到出租房吃盒饭。大炮是主管，那时他不会想到，十几年后，四个人里面就出了两名阿里巴巴合伙人。

在义乌，晚上大家会遛园区，看谁家灯亮，就去聊聊。浙江金华长弓日用品有限公司就是他们在晚上11点去上门拜访谈下来的客户，这家客户与阿里巴巴一直合作到现在，2016年中供铁军15周年大会，还放了这家客户的视频。

俞朝翎当时是大炮的主管，他每次到义乌，住在隔壁的一个很简陋的宾馆。所有员工集体去看望"领导"，其实是为了去洗澡，每人跟宾馆要一次浴巾，宾馆都懵了：这个客人，一天咋洗这么多次澡，还每一次都换一次浴巾。

十几年来，大炮先后跟过的主管有俞朝翎、王刚、吕广渝等。王刚后来投资了滴滴出行、运满满，吕广渝现任猩便利CEO。跟他干过的人有程维、赵丽辉、陈杰等。

这是大炮在义乌时的办公室，左前一为大炮。

他们当时改善生活的大餐，两分钟不到就一抢而光了。

2014年,大炮成为阿里巴巴合伙人。大家问他啥感受?他说:"我接到马总秘书的电话,通知我去开一个什么会,当时还以为自己犯错了,紧张得不得了。到了会上,马总把这个消息一说,我整个人都呆掉了,觉得压力很大。"

集团对方永新担任合伙人给出的评价是这样的:他是个很独特的人,阿里味很足,在组织里面特别有影响力。他对人的敏感度很高,很能闻味道,由于他的真实真诚,很多人都愿意和他说真话,所以他能够听到组织最真实的声音。同时,他也完全没有边界意识,从来都是好事之人,经常会管别人、别的团队的"闲事"。由于他的坦荡无私,虽然他的话有时候不太好听,但大家都不怪他,也听得进他的话。

大炮当选合伙人后,彭蕾在一次"五年陈"会议上这样说——合伙人究竟看重的是什么?毫无疑问,阿里巴巴完全是梦想驱动、使命驱动、理想主义驱动的公司,所以精神力量是我们最看重的。你是否热爱,你是否愿意很傻很天真地坚持,你是否可以做一件事情纯粹到忘了外面,也忘了自己,这是一个非常重要的前提。

"在团队中,有人会觉得这样讲是不是靠谱,是不是'太二',或者别人挑战两句就受不了了,总是给自己设限,"彭蕾说,"大炮是数十年如一日的大炮,觉得他好像不讲两句,今天这个会没开完。他讲了以后,很多同学觉得他哪怕有些时候讲的话很难听,但是心里还不能不服,那是什么,那是一种对阿里味道真正的'又傻又天真'的坚持。"

很多阿里小二都喜欢邂逅大炮,"隔很远都能'闻'到他身上那股'中供铁军'特有的醇正的阿里味。"钉钉副总裁白惠源说。

"中供铁军"的精神不仅在阿里内部影响深远,还被借鉴到外面很多企业。2019年10月14日,与钉钉有合作项目的河南联通参照阿里"中供铁军"体系，打造了一支河南联通"钉钉铁军"。"采用阿里式管理，加上联通自身的国企使命，这支团队又傻又天真，又猛又持久。"河南联通政企客户事业部副总经理尚小强说。

尚小强负责这支"铁军"的统筹管理，疫情发生后，河南联通联合阿里巴巴推出全省第一个市级健康码——"洛康码"；河南联通以钉钉为依托，为全省中小学架起"空中课堂"，助力24365所学校停课不停学，保障全省1580万名学生在线学习。

"又傻又天真"对于刚刚起步的阿里来说尤为重要。

彭蕾当时和谢世煌在香港跑业务，备感艰难。打电话开始声音很响，说到公司，声音一下子就小了，因为，不管怎样解释，香港人不知道阿里巴巴是谁，是做什么的。

谢世煌想了一个主意，在香港搞了一个很小的新闻发布会，发了一篇豆腐干大小的文章，只拿到一份复印件，皱皱巴巴的，文字都看不清楚，一见客户，就诚惶诚恐地掏出来："您看，我们公司很有名气的，真的。"

2000年，阿里巴巴从湖畔花园搬迁到华星科技大厦，员工们过上了"红草莓+东方威尼斯"的日子。第一次看到这个组合，我以为，红草莓是饭后水果，东方威尼斯是西餐。

2017年阿里18周年年会前夕，张桥刚在内网发起一场忆苦思甜活动，让大家回忆华星创业时期吃了什么，跟帖多达9页。大家记忆最深的是红草莓——盒饭，东方威尼斯——蛋饼。

王时月（花名：逸姿，工号：4240）感慨地说："在华星科技大厦，挥不去的是红草莓的盒饭味道，当时我的电话量很多，中午吃饭只有15分钟，每当午饭时间，红草莓盒饭在办公室某个角落堆得很高。"

陈央（工号：1137）回忆，那时发红草莓饭票，每个月分不同颜色，每到中午12点就去门口领饭，三种任选，去晚了就有啥吃啥。钱黎霞（花名：阿朱，工号：1869）第一次吃到红草莓盒饭，还跟同事说挺好吃，不久就吃腻了。那就换口味，一次，乔峰说点外卖，钱黎霞立刻点了煎包，说，来20笼，卖家听成了20箱。"活生生等了1个小时，饿得眼发昏，送过来了，一共400个包子，直接'挂'了。"

鲁肃回忆，2005年初，他们跟"吴妈"在华星科技大厦做支付宝项目。周六中午，吴妈一般会带他们吃顿好的。"差不多吃遍了附近的馆子，尤其喜欢古墩路上陕西面馆的羊肉泡馍和肉夹馍，还有华星边上一家餐厅的一道硬菜——龙骨桶。"

周明（工号：4515）持续多年的一个习惯是，每天早上上班路上，沿街来一碗馄饨，再加一屉小笼包，再加一勺辣椒，"那个爽啊。"苗人凤，最想念红草莓，除此，想念华星路和万塘路交叉口的一个夜宵店，"支撑了每天晚上的加班。"山火（真名：徐斌，工号：4123）感叹万分：红草莓，多么有时代意义的一个符号，养育了多少淳朴的老阿里。

吃饭还好解决，愁的是杭州限电，为保证电脑有电，空调电扇不能启用，行政人员在塑料桶中放冰块降温，有人把西瓜埋进冰块中，那真是一个爽。周六周日值班，冰就没有了。"完全靠'人力'发电，一边扇扇子，一边点鼠标，但也其乐无穷。"陈央说。

翁梅霞（工号：2220）2004年在杭州入职，但在桐庐上班，她们的条件更为艰苦。上岗第一个月和两名女同学一起打地铺睡草席。"刚开始做业务，积蓄不多，为了省钱，有时只吃馒头和榨菜。"他们团队有个霸气又土气的名字：土匪队。口号是：我是土匪我怕谁，Who！Who！Who！后来大家一起吃饭，一个菜上来，十几双筷子同时下去，动作一慢，一口吃不上,真像"土匪","但抢起来的感觉好开心。"被狗追、被老板娘赶、被客户嘲笑阿里巴巴是"四十大盗"……那些不开心的事,都在吃饭那一刻宣泄出来。就这样,他们团队走遍桐庐的大街小巷。

"任何一个企业都是从零起步,回头看当年微不足道,但大家都是这么过来的,经过岁月沉淀,经过很多的成长和改变,就会不一样。"彭蕾说。

"很傻很天真"的另外一层含义是"很猛很持久"。

"猛"是力量。2004年,eBay声势浩大,把自己的广告直接放在阿里巴巴公司对面。淘宝迎难而上,猛烈出击,攻城略地,2006年年底,eBay无奈退出中国市场。

"久"是耐心,是青黄不接中默默无语的坚守。阿里云,低调成立于2009年,连续数年只投入、无产出,年投入高达数亿元,如今,阿里云今天在中国独占鳌头,英国金融时报称,阿里云与亚马逊、微软"3A"(Alibaba,Aws,Azure)鼎立。2017年1月24日,阿里巴巴公布第三季度财报,阿里云计算同比增长115%,付费客户76.5万个。2020年2月13日,阿里巴巴发布财报,阿里云单季度营收破百亿元。

"傻"坚持比小聪明走得更远。就像赫拉克勒斯做12项"不可能完成"的任务,又像成吉思汗一路西征,心无旁骛,按照自己的想法走着走着就到了。双11从2009年第一届到2019年第十一届,不仅仅是销售额从0.5亿元到2684亿元的巨量攀升,更是数万名员工年复一年呕心沥血、风雨无阻的坚持。

这种咬牙坚持的风格,或许早已成为阿里巴巴的企业烙印。刚创业时,每人500元月薪,还不能按时兑现。马云经常风尘仆仆回到公司,说他又拒绝了一家风险投资。阿里巴巴上市后,彭蕾揭秘,马云被风投拒绝了37次,但他总乐呵呵地安慰大家说是他拒绝了别人37次。

多少年后，马云在公司内部会议上说，胜利往往赢在最后一秒的坚持，他特意举了拳王阿里的故事，拳王和对手连打八个回合，第九个回合都打不动了，都想到了认输，就在拳王决定扔出白毛巾时，对方早一秒扔了，拳王赢了。

最后一秒的坚持源于信仰，再多一秒的坚持带来改变。逍遥子说，面对困难就像手碰到火，本能地会缩回来，但是，核心是坚持，走向成功的都是因为不停地坚持。

"如果没有这种内心的坚持，我们就如同塑料花，美丽但没有香味。如果没有内心的情怀，你做的就是一份工作而已。"王帅说。

漫步阿里巴巴，就像在大学校园，员工就是大学生，眼里没有看破红尘的浑浊。我常常静静地坐在湖边，听爽朗无比的笑声，看行走有力的背影。很傻很天真的透明单纯，很猛很持久的厚积薄发，渐渐演变成为企业的价值观源泉。

这就是中国的阿里巴巴。这就是阿里巴巴的世界。

道可道 7

事实的逻辑是思想，事实的结果是行动。

一流的点子三流的执行，远不如三流的点子一流的执行。

永远不要跟别人比幸运和聪明，这个世界上，比我们幸运和聪明的人太多了，要比毅力，看谁能再多坚持一秒钟。

8　胸怀是委屈"撑"大的

外人看到的往往是光鲜的一面，其实，哪一个光鲜的外表不曾被命运万般蹂躏？

今天，马云无论到哪里演讲，都是座无虚席，饭店爆满，机票难抢。可曾知，创业时到欧洲演讲，推开门，里面只有五六个人。那是2002年，长途奔波，身心俱累，马云还是兴致勃勃地赶到会场，不料，千人会场空空荡荡。"失落、失望、尴尬。"马云说。

同事提议取消演讲，他觉得任何事物都有一个被接受的过程。那天站在空阔的大厅，马云认认真真演讲了45分钟。13年后，马云乘飞机再次降落德国汉诺威机场。

"这么多年过去了，我特别感谢那几位听众，他们鼓励我的眼神和掌声伴我走了那么久。"

那次演讲，他呼吁这几名听众关注中国，到中国感受巨大的市场潜力。多少年后，他在美国底特律，面对水泄不通的人群，依旧认认真真演讲，一样大声呼喊：请发现中国。

所有人都记住了，马云六分钟搞定孙正义2000万美元的融资，但很少有人知道，他和蔡崇信曾经跑到硅谷，七天找了40多家风投公司，没有一家答应投资，还有一家直接说：你们回去想明白了商业逻辑再回来。

阿里巴巴在纽交所敲钟上市时光彩照人，但创业时的步履维艰绝非常人所能忍受和理解的。曾几何时，北京车水马龙的夜晚，马云一脸沮丧却仍不失大气地说："即便我不成功，总会有人成功，我希望中国人早一天成功……"

彭蕾现在是全球杰出商业女性，十几年前，她戴着小红帽，穿着小马甲，在广州、杭州等城市街头发传单推销阿里的产品。

阿里巴巴合伙人张宇（花名：语嫣，工号：1972）在分享大麦网加入阿里8个月来的心路历程时说，这几个月由于系统问题，内外交困，阿里内网中小二批评大麦网的帖子也让大家感觉很受伤。

"我们所有的进步都是在高速路上换轮胎，开着飞机换引擎。"她说，"在提高能力过程中被骂，会难过，但很正常，在阿里要习惯，要在被骂中发现改进的机会，总有一天，我们会让大家骄傲。"

王坚，作为阿里云领头人，曾饱受争议。外号"王坚强"，因为阿里云曾是阿里"老大难"，花了好多钱，"连个响屁都没有"。阿里内网曾有这么一句话：每年都以为王坚会走，但他就是"赖着"不走。"王博士摇摇欲坠，就是不坠。"这是他的下属吴瀚清曾经的评价。

博士学的是心理学，这也成为日后各方诟病阿里云的一个说辞，"一个学心理学的书生，怎么会玩云计算？"王坚在2010年一次内部会议上说："我们目前主要的任务是打消别人对我们的怀疑。"他的口头禅也逐渐被人熟知：知道我的意思吗？或是：我说清楚了没有？

怨言逐渐弥漫，2012年8月，王坚被任命为阿里巴巴CTO，这个任命立刻成为导火索，小二公开在内网群起攻之。有人直接告诉马云，不要听王坚胡扯，他就是个骗子。王坚无法阻止别人骂他，他把所有骂阿里云的技术文章，打印出来，起名为"进步集"。

大家骂王坚最狠的时候，马云出来站台，说："博士的问题，你们都看到了，他的优点，你们知道得不多……"2012 年阿里云年会上，博士放声痛哭："这几年，我挨的骂比过去半辈子都多，但我不后悔。"马云安慰："博士是人不是神，阿里集团没有人天生可以胜任 CTO、CFO、CEO。对博士，我们不仅仅是看他本人多努力，还在于你我有多大能量帮助他、支持他。"

阿里云2012"飞天"年会视频截屏。

2013 年，对阿里云至关重要。5 月 17 日，阿里最后一台 IBM 小机下线；7 月 10 日，淘宝最后一个 Oracle 数据库下线，"去 IOE"取得关键性成功；8 月 15 日，"飞天 5K"正式运营；双 11，阿里云处理了 75% 的订单，无一故障。

"坚持你相信的，相信你坚持的。"同年 10 月 24 日，王坚在杭州为"飞天 5K"雕塑揭幕时这样说。从 2009 年阿里云创建开始，这句话或许早已深刻烙进他的内心。

2016 年 1 月，王坚赶到迪拜，与 2020 年世博会组委会洽谈云计算合作业务。站在一片荒芜的戈壁滩上，他说，芝加哥世博会彻底改变了电的应用，迪拜世博会要推动云计算的全行业应用。2017 年 12 月 3 日，第四届世界互联网大会向全球发布世界互联网领先科技成果，阿里云 ET 大脑获奖。

成功的花儿，人们都会羡慕它的惊艳，却不知当初留下多少血汗、委屈和辛酸。阿里小二是一个有情有义的群体，该质疑的质疑，该拥抱的拥抱。就在阿里云年会上，博士台上"飙泪"，我们听到的是台下高呼"博士别哭"。之后很长一段时间，在阿里内部，这四个字成为互相安慰、互相鼓励的"代名词"。

刘浩（花名：诺虎，工号：53158）说，看到博士哭泣的视频，他的眼泪瞬间滑落，每位阿里人从上到下，无不承受巨大的压力、委屈和指责。的确，在阿里，谁不曾在默默中煎熬甚至黯然伤神过。

潇康（工号：80844），中国社科院法学博士，2014年，踌躇满志来到阿里法务部，准备凭借12年的部委工作经验大干一场。入职3个月未能转正，延期3个月后，HR希望她留下来，岗位级别从P9降到P8。这对于当惯学霸、顺风顺水的高考状元来说，无异于当头一棒。离开容易，认输不甘心，她无数次告诉自己：我不知道在阿里能做什么，但我知道一定能做些什么。

2015年冬天，一个阴雨绵绵的日子，潇康与无招在龙章大厦四楼厕所门口一个露着大洞的沙发上聊了5分钟，她转岗到钉钉做BD业务。第一个活就是巨大"惊喜"：钉钉爆款产品——免费电话必须在1个月内强制关停。"我和易统在马路牙子上呆呆地坐了3个小时，心凉透了。"就这一个月，他们疯狂地拜访运营商，早晨坐火车去外地，当晚赶回杭州，最终碰壁10多次后，达成与联通的合作。当年9月18日钉钉3.0发布会，主题是"呼吸"，发布智能办公电话。"那一刻，活过来，深深吸了一口新鲜的空气。"

从法学学究，到懂产品、懂运营的阿里小二，潇康收获了一群可以背靠背的战友。2016年，熬通宵筹备新品发布，得了带状疱疹，需要穿宽松衣服，她跟同事开玩笑说："我明天要穿睡衣来上班。"第二天到项目室，一群老穿公司T恤的码农们穿了一堆花花绿绿的睡衣，有戴兔子耳朵的、有印小花的、有毛茸茸的。"那一屋子的睡衣，是我久久不息的动力……阿里足够大，只要你有好奇心，只要你肯学，只要你坚持，总会慢慢发现自己强大的潜力，强大到你自己都不敢相信。"

从入职 P9 降到 P8，再升回 P9，心路跌宕起伏，外人难以体会其中的失落和挣扎。2019 年 9 月 1 日，钉钉推来几个字："亲，恭喜你，五周年快乐。" 潇康突然脑袋空白，准确说，是心中呈现一片清澈的天空，宁静开阔。"没有奔流而出的眼泪，没有想象中的百感交集，我轻轻地对自己露出一个浅浅的微笑。"

我入职后，一直没有活儿，躲在一个角落看书，快一个月的时候，去卫生间碰见帅总，他问：在晃荡呢？我回：嗯。他说：继续晃。把楼层图书角的所有图书翻遍了，每天看着大家热火朝天的样子，心中越发忐忑，有时干脆听一曲龚琳娜的《忐忑》。

入职两个月，写信给帅总，提了一些部门发展建议，写信不是目的，目的是提醒老板，还有个人在这里候着呢。结果，没有回复。有时，一个周不说一句话。偶尔手机响起，是推销产品的，也和人家聊半天，还告诉对方电话销售应该如何讲究技巧，害得有家公司打了两次电话叫我去他们公司做电销。

我一度认为，自己可能很没有用。但是周星驰说过，一块卫生纸、一条内裤都有它的用途。后来，浮躁的心慢慢静了下来。本希望到阿里大干一场，晃荡了三个月，希望没了，失望也就没了。这时，突然安排干活儿了，一干一大堆。

入职快一年时，帅总在一次会中突然说："每个人的情况不同，长勺一来阿里，就被我一脚'踹'走，我相信，那几个月，他绝对生不如死，来阿里是想干活的，不是为了拿工资的……"我的眼睛当时有点儿湿润。

其实，在晃荡时，我已经慢慢体会到他的意图，他要先打磨掉我身上存留的过去种种所谓的那点自豪感和成就感。不管以前啥情况，到了阿里，必须放下身段，忘掉过去，从内心深处真正觉得你就是一个普通小二，才可以大踏步干活。

自信，让你知道你是谁；委屈，让你知道你能承受多大压力，能在压力之下做什么，能做好什么。

尼克胡哲，先天没有四肢，他忍受着常人难以理解的委屈，献给这个世界的是永远的微笑，他用自己的经历激励每一个人。他在给自己的信中写道："每一个人都有一段沉默的时光，付出了很多努力，忍受了很多孤独和寂寞，不抱怨，不诉苦，只有自己知道，当日后说起，连自己都感动。"

B2B 速卖通团队跻身俄罗斯最大的电子商务平台，但你可知道，他们团队曾经背负着 3.25 的绩效默默坚持。农村淘宝等项目，开拓之时，一边留着无尽汗水，一边背负着来自外界的各种质疑和骂名。所有得过 3.25 后又成长起来的小二，都会反复跟我说，在阿里，必须有一颗顶着 3.25 的绩效坚持继续做事的心。

马云说，你来阿里工作，我们不承诺有房子、有汽车、有很多钱，只承诺你会很委屈、很冤枉，有无数麻烦，有了这些，走出去之后，你啥也不会害怕了。

高晓松，毕业于清华大学，歌唱得好，节目主持得好，几乎是人人宠着的明星。戴着"名人"标签入职阿里，刚来时，"不自觉地牛哄哄"。他慢慢发现小二不虚荣，也不嘚瑟，没有几个人在乎他的名头，他和所有普通员工一样从零开始干起。"我融进了一个能量密度特别大的群体，过去那种公子哥式的、懒散的、没事儿在那嘚瑟的感觉渐渐没了。"

王帅对高晓松的话进行了提炼，什么是一家厉害的公司？厉害的公司会让厉害的人不断修正以前自己的看法，对旁边的人，对我们要做的事情产生新的认识。

中国互联网从 2013 年到 2017 年，是从 PC 端跳转手机端最关键的四年，几乎是以迅雷不及掩耳之势完成了"调频"。"这四年，酸甜苦辣自己知道。"

樊路远调任阿里影业之前，一直在支付宝，他说，支付宝这些年来一直争议不断，大家老感觉支付宝不停地在改版。版本从 7.0 一直改到 10.0，改一次，被大骂一次，从外界到阿里员工，因为它改变了用户的习惯。为什么说"拥抱变化"最难受，因为要革自己的命，要改变自己已有的习惯。

支付宝改版争议最大的是版本 9.0，因为里面加了"口碑"和关系链。用户纷纷说，支付宝你就不能安安静静做一个钱包吗？今天反论，如果不把支付宝从钱包工具转型成一个应用，再从应用升级为一个开放平台，还会有今天的支付宝？

"如果真的安安静静只做一个钱包，我们就真的死了。"樊路远说。当时，为了鼓励 PC 端用户转向手机端，支付宝决定对 PC 端用户转账收费。"大家骂疯了，做这个决定的压力是难以想象的。"推余额宝时，把 18 位密码改成 6 位，80% 的用户几乎是痛斥："你改成 6 位密码，不安全咋办？"

"今天如果还是 18 位密码，大家会用支付宝吗？谁能记得住？"樊路远说，创新就要承受委屈，当时，对于他们团队来说，只能一面顶着骂声，一面艰难往前走。"我在蚂蚁金服这十年，酸甜苦辣都经历过，特别觉得，人一定要对自己有信心，你看，像老樊这样的，都是晃晃悠悠站起来了。"

——烂公司长年龄，好公司长脑子。

阿里在人才招募阶段，就很看重员工能否忍受委屈，能否具备抗打击能力。用 HR 的话说，看这个人是不是"皮实"。"皮实"也是检验一个员工能否担任领导的重要指标。

HR 的战略任务是推动业务从战略、战术到目标形成闭环，看清链路，把最合适的人放在最合适的放置。一名资深 HR 说，她招人"一看一不看"。"看"是着重考察应聘者业务思考能力，比如，仔细了解一个人的履历，就会捋出他在执行能力、闭环思考、情商高低等方面的表现。她经常问应聘者：

你遇到的最大困难是什么？吃过的最大苦头是什么？通过什么方式来解决？问题看似简单，如果一个人没有经历复杂的事件，就很难解决复杂问题。"不看"是指，不重点考虑应聘者的年龄、学历。有一次，应聘者说，他吃过的一个最大苦头是自己买了返乡火车票，以前都是父母买……

彭蕾曾和阿里小二分享阿里要找什么样的人才？她总结出了4个词、8个字。

一是，聪明。包括两个方面，智商和情商。智商是你总要有两把刷子，有些专业知识，否则就是瞎掰。情商，不是说跟别人自来熟，或者说这个人会来事，是一个人知道用哪种方式和别人建立连接，很容易走进别人的内心，感同身受，别人不会觉得你颐指气使，拥有别人愿意和你在一起的气场。智商是硬的，能干活、能创造；情商是软的，能开放、能交流。

二是，皮实。彭蕾风趣地解释，皮实就是耐磨，既指经得起折腾和摔打；也指不但能经得起"棒杀"，还经得起"捧杀"。彭蕾举例，皮实的画风，像《射雕英雄传》里的陈玄风，浑身上下练得所有命门都没了，不管别人赞扬还是羞辱，内心知道自己是谁，外界的状况不会伤害到你，这是真正皮实的状态。

三是，乐观。你身边永远会有这样一些人，只看到坏的，一直抱怨，一见面就是孩子不听话，在公司被谁搞了……从困难中发现光明和希望，乐观每一天，这才是良性的生活方式。

四是，自省。很多人不知自省，永远都觉得是别人的错，永远都不会觉得自己哪里做得不够，这种"永远对"先生，会越来越自大、傲慢、自以为是，这等于把他的门全部关死了，别人看不到他，他自己也看不到自己，丧失了自我感知能力。

在阿里，一个员工光有敢于忍受委屈的想法远远不够，忍受委屈不是目的，只是历练的过程。实际工作中，必须学会一招必杀技：承受压力，自我驱动。

阿里巴巴立志要做服务全球 20 亿名消费者、让 1000 万家企业赢利、创造 1 亿个就业机会的世界"第 5 大经济体"——这对于目前的每一名小二来说，压力山大。

2011 年双 11 前一晚上，逍遥子回家看了一场亚冠足球赛。他说，大战前夕，需要放松，以最好的状态迎接双 11。

南天（真名：庄卓然，工号：24840），2011 年 11 月 6 日结婚，当晚从北京飞回杭州备战双 11。

"那年准备了 20 多个系统预案，但是根据墨菲定律，担心的地方永远会出问题。"11 月 10 日 23:00，距离双 11 只有一个小时，万事俱备只欠开张的时刻，有人反馈 3 折优惠写成了 0.3 折。半小时后，紧急决定下架折扣 0.5% 以下的商品，执行到一半，发现商家把优惠价格理解错了，不得不下架折扣 1.1% 以下的商品。由于之前的操作已经执行，先要回滚，再全部推送，23:45，回滚，23:55，推送。11 日 0:10，推送完成，刚想歇口气，发现优惠计算突然出现系统问题，致使所有操作过的商品尺码、颜色等 SKU 属性误删，商家卖出去的很多商品根本不知道是 42 码还是 43 码，白色还是红色。意味着，买家下单后，卖家无法发货。

这是一个非常严重的问题，当时唯一能做的是通知所有问题商家下架。南天和脱欢（真名：蔡勇，工号：26714）把自己关在小会议室里，"逍遥子经过会议室，都不敢进来……如果那一关过不去，从会议室所在的 23 楼跳下去的心都有了"。

1:00，找到错误代码，5:00，修复。通知商家重新上架，那时很多商家已经急得满头大汗，他们已经耽误了 5 个小时。双 11 结束后，他们俩人抱头痛哭。这次事件，逍遥子记忆犹新，他称之为"午夜惊魂"。当时，他压力更大,技术团队紧张修复的同时,他需要判断:是否要大规模通知商家停止发货,甚至停止双 11 活动,幸好,最坏的打算没有变成现实。

正如马云所说,要做与众不同的公司,就要有与众不同的付出。自我驱动是释放压力的有效途径,不要让事情找你,你要自己找到事情。

王鹏(花名:云数,工号:118961),入职第 5 天,就在"阿里内外"发表了他的感慨,工作效率太快了,很多事情的推进都是自我驱动,没人告诉你做什么,自己寻找哪些"坑"需要"填"。

自下而上、自我驱动和自上而下、行政强推,效果迥然不同。阿里全力做"来往"时,甚至和每个员工年终奖的考核挂钩,结果失败了;脱胎于"来往"的钉钉是无招等人自下而上坚持做的,结果成功了。在自我驱动的环境下,员工素质表现得更加优秀,在阿里园区,没有插队现象,没有失盗发生,没有一点乱丢的垃圾。

自我驱动表现在晋升上,阿里有句话很形象:没有坑,就先让自己成为萝卜。在 2009 年一次部门管理论坛上,有小二问晋升的话题,主管打了个比喻。先得有一个坑,你刚好优秀,合适这个坑,才可能晋升。反过来说,并不是你优秀就一定能晋升,如果没有坑,再优秀也没用。没有坑咋办?就让自己先成为萝卜,是萝卜,遇到一个坑,是迟早的事。要成为萝卜,就需要自我驱动,不能等别人把你培养成萝卜,还给你挖好一个坑——这个闭环,不知道我说清楚了没有。

或者可以用马云的一句话来解释:怀才和怀孕一样,时间久了,就一定能被发现。自我驱动的反面是被动等待,这只会产生抱怨。马云说,人是严重退化的动物,跟豹子比,"弱肢",和狗比,"闻盲",但人类"进化"了抱怨,偶尔为之无大碍,抱怨成习惯,就如喝海水,喝得越多,渴得越厉害。

走在成功路上的都是不抱怨的"傻子",世界不会记得你说了什么,但一定不会忘记你做了什么以及做的过程经历的委屈。

一个人有委屈、有压力很正常,更好的办法是有效排解,王帅、蒋芳、高晓松在阿里巴巴 2017 讲师大会上，给大家分享了如何化解忧虑和压力。

一是要有一样特别远离本职工作的爱好，这是西方人的办法，比如弹琴，尤其弹不好的时候，特别解压，弹好了，就走神了，走神了，就又想起 KPI。

二是读历史。高晓松说，为什么我节目里面讲那么多历史，"一读历史，你会发现你这点事算个啥呀。"我非常同意这个观点，有实例为证。一日，我的美女搭档张晶晶找我说："老赵，我内心深处很委屈，干了这么多，别人不理解。"说着说着大哭。我在身后的黑板上，写了几个人名：武则天、韦庄、徐渭、司马迁。我说，你今天回家看看这几个人的履历，咱俩明天再仔细聊聊你的事。第二天，她化了妆，美滋滋地推开门，说，跟他们比，我这点小破事，算个屁啊，说完，上班去了。

马云说，有人因为事业或感情挫折看破红尘，要去削发为僧尼，如果寺庙里全是痴男怨女，如何能静下心来普度众生？真正的佛法是在凡间诱惑和压力下修炼的。

世上没有武陵源，桃花源还是有两处的，一处在家，另一处在公司。苏轼和唐寅的在家，苏格拉底的在街上，街就是他的公司。心中若有桃花源，必是身遭蹂躏不忘悠哉乐活的人，这或许就是阿里巴巴倡导的"认真生活、快乐工作"吧。

道可道 8

▎ 一万次跌倒，一万零一次站起来。不怕站得难看，就怕站不起来。

9　一位小二父亲的铮铮"预言"

2017年5月10日。西溪园区摇身一变，成了"三生三世十里桃花"，桃花丛中，102对新人参加阿里巴巴第12届集体婚礼。每年5月10日，是阿里日。集体婚礼是阿里日的重头大戏。

本届集体婚礼玩的是地道中国味，新人全部穿唐装，新婚仪式按照老辈规矩进行，双职工24对，90后占比42%、技术岗位占比49%。还首次邀请了12对生态伙伴新人，有B2B和淘宝的卖家，也有蚂蚁和优酷的会员用户。

马云最爱给新人证婚，2016年集体婚礼，他说，我们阿里巴巴立志做102年，还有85年的路要走，我证婚的期限也是85年，这个时间内你们永远不要说离婚，过了85年，你们想咋样就咋样吧。

马氏幽默浸透于各种场合、各种时刻，他告诉新人"幸福是创造出来的，爱是做出来的"。他还把价值观融入其中。阿里巴巴价值观第一条是"客户第一"。他说，婚姻需要运营，必须把另一半当"客户"，客户永远是对的。如果你是产品经理，就让你的产品尖叫；你是程序员，就不要把问题留到明天。

2017年集体婚礼，马云在国外出差，逍遥子的证婚同样精彩。

"今天真是一个好日子，老天特别帮忙，前面下雨，后面也下雨，阿里日，万里无云，天空晴朗。"他不忘先涮马云一把，"以前，马老师当证婚人的时候一直说，今天是他难过的日子，因为他看到那么多美丽的阿里女孩子嫁出去了。"

有一件事，逍遥子感觉挺可乐，证婚前一天，他突然想，如果阿里日阿里巴巴股票能到3000亿美元，那真是双喜临门。"今天起来一看，股市果真赏脸，冲上了3000亿美元的高点。"事后看，3000亿美元也不过是一个平常数字而已。

还有一件事更可乐，很快在小二的钉钉中传开。阿里日当天，前来参观的阿里员工亲友团中，一位女士随手叫住一位工作人员帮她拍了5分钟的照片，因为一直不太满意效果，这位工作人员就不停地帮她重拍。这位工作人员就是逍遥子。

逍遥子借马云的"五新"战略（新技术、新零售、新制造、新能源、新金融），向新人提出"五心"战略：忠诚心、责任心、包容心、孝敬心和感恩心。这次证婚，老逍还传递了一个大新闻，这个新闻彰显了阿里巴巴强大的生产力：2016年，阿里巴巴诞生了8000个阿里宝宝。

阿里日，是集体婚礼日，也是员工"亲友日"，家属都可来参观，还是离职同学"回家日"。阿里日是阿里园区非常快乐的一天，源头却是阿里人一个生死攸关的命门。

2003年4月18日，宋洁（工号：118）从广州出差回到杭州。5月2日，发烧、咳嗽，三天后，被确定为"非典"疑似病人。当时去广州有两个原因，一是已经答应客户，要遵守承诺，二是当时广州政府对外宣传已经没有问题。这是紧张的一幕，也是经典的一幕。6日下午4点，马云戴着口罩，站在华星大厦网站工作区说,宋洁已经住院,情况会比较糟糕,我们采取紧急方案——整个公司要隔离。

《造梦者》视频截图。

短短两个小时内,400名员工离开公司,回家上班。"一切有条不紊,甚至没有主管安排,大家都知道自己做什么。"彭蕾说。

此前,还有一个重要情节。当时,阿里巴巴面临四大压力:一是舆论压力,外界说,阿里为何让员工去广州;二是政府压力,宋洁回来为什么没有隔离;三是内部压力,担心宋洁万一有啥事;四是工作压力,阿里接下来怎么办。

马云当即做了两个决定:一是,他和彭蕾到华星科技大厦其他公司道歉,并和防疫站积极沟通;二是,公司全员隔离。

5月7日,是阿里人在家上班第一天,外界浑然不知。3天后,在湖畔花园,"www.taobao.com"正式上线,大家通过网络,端起酒杯,遥遥相祝,从此,中国人多了一个"淘宝网"。上线时,淘宝网发布了这样一句话:"纪念在非典时期辛勤工作的人们！"

隔离期间，新增会员数、网站访问量、信息发布量、交易成交率全线攀升，阿里人创造出"一天一百万元"的傲人业绩。数据展示了故事的概要，却无法描述故事背后的深情。宋洁是阿里巴巴 2003 年春季广交会参展项目负责人，大家都叫她 Kitty。这次广州之行，让她迅速成为杭州名人，医疗专家做出"疑似非典"结论后，她被立刻送往杭州西溪医院（杭州市第六人民医院）隔离治疗。

这个年轻的女孩，突然间被推到生死边缘。事后，宋洁平静地向人介绍她在医院的日子，没有人能体会到，假如此事轮到自己身上，那是一种多大的煎熬和考验。"生死有命，富贵在天，反正都住进来了，紧张和害怕，又有什么用？"

医生开导她："你心情开朗的话，会把很多病毒、病菌等不好的东西都杀掉。""那就开心一点吧。"当然，那时她早已哭过。住进医院，宋洁手机坏了，跟外界没法联系，只好"安心"睡觉。第二天早晨吃上了海参病号餐。

确诊后，被转移到五楼最后一间病房，经过三个确诊患者的病房，"我透过玻璃窗一个个看过去，人身上插满了管子。"到五楼第一天晚上，第一个房间的大姐去世了。宋洁顿时体会到了什么叫一瞬："如果能出去的话，一定要过好每一天，绝不让不开心和牢骚占据内心。"

无法与宋洁通话，马云想方设法来探望。"他还和我调侃，要不要在对面楼房上挂一个横幅，上面写'宋洁，我们支持你'。"后来，马云托人买来手机和 CD 机，CD 机里有一张阿杜的《坚持到底》。

5 月 22 日，宋洁成为杭州首个痊愈的"非典"患者。在宋洁与病魔搏斗的同时，400 名阿里员工在隔离中建立了更深的感情和坚毅的斗志。

阿里巴巴服务热线——85027110，在隔离期间是万万不能停的，这条热线接进同事家里，其中一条是余娴华（工号：858）家，覆盖到她自己家的电话号码上。5月7日早晨才7点，电话突然响了。"你好，这里是阿里巴巴。"一个雄厚而稳定的声音进行了应答，客户不知道，这边的接话人是余娴华的老公。

还有一条线路接入了华蕾家中，电话24小时接听，还要现场处理，几天后，华蕾累得发烧了。她家门口外面的大铁链子终于打开了，她被送往医院。

采访过很多亲历者，他们不约而同说到"大铁链子"。当时，每一个被隔离在家的员工，和家人一起隔离，防控人员在门口用一条大铁链子将门封死，只能打开一条缝，往里送饭，楼下设一个帐篷，负责被隔离人家的饮食、测温、消毒和看管工作。

大铁链子成为阿里人集体隔离的具象回忆。阿里内网截屏。

华蕾和楼文胜一个小区，她能远远看见他家楼下的帐篷。她被救护车拉到医院边角处的临时板房中，这里都是疑似或确诊病人。"医生的防护服很厚，带着好几层的手套打针，手自然不灵活，总也找不到动脉，扎一遍又一遍。"华蕾说。更让她惊心的是，旁边此起彼伏的哭声，"度日如年"。

几天后，实在忍受不了了，打电话给金媛影，要求出院，因为医院也确诊不了就是"非典"。

金媛影用这样一句话形容阿里人在"非典"时的表现：没人说我不能做什么，所有人都说我可以做什么。金媛影和公司商议，找杭州各级部门协调，华蕾终于被"放回来了"。金媛影那时每天打电话给客服同事，了解客户电话情况。经常听到客服热线是同事爸爸妈妈的声音或者老公老婆的声音。是家人的支持，让阿里巴巴度过了"非典"危机。

关明生也同样经历，他打电话，听到的是一声苍老的"你好，阿里巴巴"，老人替女儿接的，女儿去卫生间前告诉老父亲，客户电话铃一响就要接起。

余娴华回忆，铁链把她家的铁门和水管锁在一起，防疫人员全副武装，整体消毒，一日三餐，定时送来。邻居相当紧张，隔着窗户说，离他们远点。邻居还去搞来竹筏一样的东西，挡在围墙上，社区人员送餐，他们也让人家赶紧走远一点。

朱亮和其他两名男孩被隔离在翠苑二区。他们一起到阳台去，有人喊，年轻人啊，"非典"不可怕，不要跑，你们一定要坚强……过了一会儿，警卫保安全来了，说隔离的人企图逃跑。阳台门被锁上，对面，保安一眼不眨地盯着他们。

王初阳（花名：罗通，工号：944），被隔离到半地下室，阴冷潮湿，一张床，角落里放个马桶。他家邻居背上行李，匆匆而去，说，楼下隔离了，到外婆家去躲两天。他在床头装上电脑，上网一看，同事们都在，"终于找到了战友，找到了大部队。""隔离"既感受到了人性冷漠，也感受到了同事间的温暖，多少年后，王初阳深情地说："所有的一切都只会让我们更加坚强。"

就在这样的情况下，罗通还顺势谈下一个拒绝很长时间的客户。这位保定客户怎么都不同意加入阿里巴巴"诚信通"，总说，缓一缓。罗通说，"非典"很多人都被隔离了，生意总还得继续，现在是个好时机。客户一听，感觉很有道理，马上签约。

童文红，当时家住在城站附近，只有 30 平方米。她睡客厅，有一张小小的电脑桌，她坐在一个小板凳上办公。小板凳用了很多年，都有裂缝了，身体一动屁股就会被夹住，于是，她不得不像练瑜伽一样，上身笔挺，正襟危坐。

崔莲和其他两女一男被隔离到杭州拱墅区一个偏僻的农房，里面啥东西都没有。他们赶紧买来一张桌子，用来放从公司搬过来的四台电脑，临时拉了根网线。就一张床，她们三个女孩睡床垫，男孩在另一间房单独睡床板。隔离之下，心无二事，他们配合相当默契，效率也非常高。每天，有人把饭菜放到提篮里，用一根绳子从窗户外面吊进来。吃完，把空盘子吊回去。有一天，尴尬的事情出现了：马桶堵塞了。无奈之下，只好不喝水，强忍着。

张胜利和张敬被隔离时曾返回过单位，他俩负责帮助每位同学顺利地开通电脑权限，给大家开通网络。"走进公司时，整个楼层黑乎乎的，门也锁着，心情蛮沉重的。"这是他们共同的回忆。

安全助理曾凡贵和几个同事需要被"隔离"在公司，更需要难以想象的意志。

周峻巍（花名：神通）的隔离很幸福，他女朋友也是阿里员工，两人一起被隔离，一起工作，上网看书，还研究出一道小菜"油爆虾"。

郑可最深的记忆是，大家虽然走不出用铁链锁住的大门，但可以通过摄像头互相问候。有人现场直播快速吃西瓜，还邀请马云网上 K 歌。彭蕾也 K 过，唱了一首《踏浪》，遭到起哄喝倒彩。

郑可和父母一起被隔离，他父亲说："如果你们能够度过'非典'，阿里巴巴就会变得非常强大，因为这考验了你们每一个年轻人，公司成长不是靠马云一个人，而是靠你们所有人。"这位老人从一家企业的员工对待灾难的态度，"预言"了阿里巴巴的未来。

孔非，是最后撤离公司的员工，因为有一个客户的网络贸易需要服务。后来，连她的自我介绍都变成：孔子的孔，"非典"的非。

社区人员对阿里小二呵护有加，西湖区社区委员会送花、送青春宝。小二想吃肯德基，很快送来，江干区还送了计生用品，专门叮咛，隔离期间不要忘记计划生育。

隔离从5月6日起到14日结束。

"当'非典'隔离解除，铁链被打开的那一刻，电脑上传来盛一飞做的 Flash 视频，响起谭咏麟的《朋友》，那一刻，眼泪瞬间流下来了。"周岚当时写下这些激动的文字，10多年后再读，仍会热泪盈眶。

"阿里日"的倡议来自民间，小二屠溶2004年3月发邮件提议设立"纪念阿里精神日"。2005年4月20日，马云致信全体员工宣布，今后每年5月10日定为"阿里日"。此时，"非典"已过去整整两年。

"我以及每一位阿里人，有足够的时间思考，并找到阿里人以及他们表现出的阿里精神的真正内涵所在。"马云说。他在信中笔随情动：但凡一个人乃至一个公司，要成就非凡，必经非常的困难和挑战。当"非典"的记忆悄悄在我们脑海中褪去时，阿里人抗击"非典"中体现出来的果断、团结、敬业、互助互爱的阿里精神却会历久弥新……

节日，呈现的是仪式感，播撒的是每一位阿里人内心涤荡和升华出来的阿里精神。我清晰地记得，2017年阿里日，一位保安帅哥给他的新同事仔细介绍啥叫"阿里日"——这就是价值观的传承。

公司企业文化要有由头，有来源，由头和来源必须源自有血有肉的真实故事，共同的经历、共同的磨难，形成共同的价值观和文化。彭蕾认为，所谓文化就是言谈举止，最终都会透过行为来体现，看得见，听得到，摸得着。阿里的伟大之处，总能把所有的经历变成财富，所有的坎坷甚至灾难沉淀成文化，形成节日，做成品牌。"非典"是试金石，马云从中总结出四个"让"：

让我们坦然地面对挑战并战胜挑战；让我们迅猛发展并更加迅猛强劲地发展；让阿里更加阿里；让阿里人更加阿里人。

有意思的是，一个桥段流传至今：非典成就了淘宝，没有非典，淘宝不会有今天。淘宝大学培训学院副院长刘国峰当时是B2B诚信通业务部员工，经历了整个非典过程。他坚定地认为，阿里的发展，没有侥幸，是厚积爆发的结果，"靠一个事件，靠一两个月时间，是不会真正成就一家公司的。"

历史惊人相似，17年后，新冠肺炎肆虐中国大地。老逍发全员邮件说，17年前，全社会给予阿里巴巴莫大的支持，帮我们度过难关，今天，阿里人必须站出来，为社会承担更大责任。

2020年1月21日，阿里发布公告，呼吁和要求口罩、消毒液等商家绝不涨价，阿里实行专项官方补贴；25日，阿里发布名为《驰援武汉，就这么干了！》的公告，宣布设立10亿元医疗物资供给专项基金，这不是简单的现金捐助，是一场推土机式的全面战"疫"。这张公告字数罕见地长，字里行间透出紧迫，它其实是一张直接点名、细致到团营的急行军"作战图"——所有业务一起上阵，不惜代价，只争朝夕，抗击疫情：1688紧急协调国内口罩工厂复工；阿里全球采购直送湖北，30日，首批物资7万多个N95口罩从印尼运抵中国，2小时后，70多万件物资又从韩国运来。2月5日，阿里"防疫直采全球寻源平台"开通。6日，286万只医用口罩从南非紧急运抵杭州；淘宝、天猫、盒马全力保障物资供应；菜鸟免费运送捐赠物资，携手快递公司将30多万件物资先行送达武汉协和医院；饿了么外卖不停、配送不涨价；阿里云开放 AI 算力缩短疑似病例基因分析；阿里健康"在线义诊"；支付宝在线募捐；钉钉上线健康打卡，保障两亿人在线办公；受疫情影响，餐厅暂停营业，云海肴等餐饮企业员工被"租借"到盒马上班，中国企业自发上演疫情下的合璧互助。

继设立医疗物资专项基金后，1 月 29 日，马云公益基金会捐赠一亿元支持疫苗研发，马云还发出呼吁认真处理废弃口罩、合理有效使用口罩。他说，困难之中，教会孩子如何面对和爱护世界，如何正确对待每一种资源，可能是更重要的一件事。3 天后，阿里 13 名女合伙人发起的湖畔魔豆公益基金会捐赠 1000 万元，保障疫情定点医院医护人员的餐饮和生活。为了筹集更多防护物资，马云联络到日本自民党干事长二阶俊博，找到 12.42 万套防护服，其中 10 万套由日方捐赠，2.42 万套由阿里巴巴集团采购。

2 月 10 日是节后复工第一天，全国中小学在线开学，60 万名教师通过钉钉直播上课，武汉小学生在线升国旗唱国歌。当天，阿里巴巴经济体发布《告商家书》，推出六大方面 20 项具体措施助力中小企业：免天猫商家 2020 年上半年平台服务年费，网店装修工具"旺铺智能版"免费，为湖北淘宝天猫商家拨出为期 12 个月的 100 亿元特别扶助贷款等等。这份《告商家书》坦言，让天下没有难做的生意，是阿里巴巴的使命，"现在就是检验我们使命坚持的时刻，我们要让经济和商业的机器转起来，让物资生产流通起来，让服务行业重整旗鼓，让资金到最需要的企业手里，让健康人上岗、上班、上学。"仅仅两天后，淘宝宣布设立 10 亿元爱心助农基金，帮助滞销农产品打开销路，直到把全国滞销农产品卖光为止。同天，盒马宣布招聘三万人，招聘书中说："春天终将到来，2020 年开头难了一点，但我们充满信心，因为我们对每一个向往美好生活的人有信心。"

疫情突来，战则请从。从预算拨付、全球采购、物资供应、疫情检测、医生盒饭、在线上班，到全面的商家扶持、经济振兴……阿里巴巴以坚定不移的责任感、快速有序的执行力以及直接有效的结果，在社会生活的各个层面与社会各界共克时艰。有媒体称，以前常听阿里巴巴商业操作系统，这一次，知道了它的威力，也知道了阿里商业操作系统上的所有资源毫无保留地贡献给了社会和国家。也有称，阿里战"疫"展示出的强大平台组织力量，成为重要的国家危机救助基础设施，也成为国家恢复经济的主力军。

更令人动容的是，已经离职的阿里校友，身处世界各地，用同样的行动抗击疫情。阿珂与20个校友组成公益小队，自费采购医用物资；林一梦在英国协调医疗资源，开始说什么别人都不相信，"没办法我说我是阿里巴巴的，人家立刻就相信我了，我觉得'阿里人'这三个字含金量特别高。"

2月13日，身处战"疫"前沿的阿里巴巴准时发布财年三季度财报，相比财务指标，有一行数字更让人欣慰：截至财报当日，阿里巴巴采购超过4000万件医疗物资，送往武汉及其他疫区，价值4.68亿元。菜鸟"绿色通道"递送了超过2600万件物资。逍遥子说："不论是过去，现在，还是未来，阿里巴巴始终坚守使命，一起共渡难关。"

道可道 9

危机是雅努斯的面孔，面孔的对面永远并存着另一幅面孔，它叫机遇。难的是，这一面如果只靠眼睛永远看不到并存的另一面。

能否度过危机是衡量公司好坏的重要维度；能否把危机转为新的动能，甚至形成不可磨灭的文化，这是衡量公司伟大与否的重要维度。

10　创意是床单睡过俩月后翻过来再睡

阿里有"两多"：美女多，内网是最大的相亲角；黑板多，随时随处，写写画画，有灵感写思路，无灵感画美女，写着画着，天马行空的创意就出来了。于是，阿里成了"动物园"，天猫、菜鸟、飞猪、盒马、闲鱼、蚂蚁，楼前湖里还有一群婀娜多姿的白天鹅，不问世间事，曲项向天歌。

阿里能"造"！一曰：造物。淘宝一口气"造出"108家神店。二曰：造节。淘宝造出一个淘宝造物节；天猫双11，把好端端的"光棍节"造成了全球购物狂欢节。三曰：造词。有人说，阿里主业应该是造词，副业才是阿里巴巴这家企业：亲，包邮，

2017年7月，淘宝造物节上的手工打铁神店。

淘气值，TP商，芝麻信用，花呗，借呗，支付宝，余额宝，娱乐宝，授权宝……

帅总有一次寓意深长地说，你们做的其实就是关键词，或许有一天，"淘气值"这样的词汇真会收入《现代汉语词典》。创造词汇，就是把从来没有的东西融入人们日常生活，阿里小二是造梦人，把梦想变成每个人普普通通的现实存在。

2017年淘宝造物节，在杭州G20展馆举行，这里陈列着从淘宝中诞生的108家创意"神店"。当时的情况宛如电影里才存在的独特场景，现实生活中从未有过，色彩鲜艳的霓虹，繁星闪烁的繁体字，奇装异服的年轻人，浓墨重彩的颜色渲染，还有叮叮当当的现场打铁声……

有个牛人拍了一张如梦似幻的照片，后来被网络广泛采用。后来，才知道作者是我的同事周岗峰（花名：小黑）。我在公关部群里说，照片真棒。帅总突然抛出一首诗《天上的街市》。

小黑摄。

淘宝的神店，可不就是天上的街市？到淘宝造物节现场，都能感受到梦幻般的意象，可是，很少有人能联想到《天上的街市》。在我看来，这是郭沫若最好的一首诗，帅总说，那些意境就在身边放着，只要去发现它，拿来就能用上它。这个创意，在公关部迅速"爆燃"，集团官微的小二说，老大，这首诗我拿走了。帅总不紧不慢在群里留言：可千万别署名李白啊。

那几天，他经常往群里扔一些很文艺范的文字，比如：多少年后，一场大雨淋醒沉睡的我；比如：能打败黑暗的，不是强大的魔力，是生活中的小事和微笑的爱……

帅总还说，我们2017年的双11文案，要做一股文艺复古的清流风潮。激情澎湃，然后急转成一句淡淡的诗歌。既完成全球狂欢，又要传播诗化之美。那段时间，大家去帅总办公室汇报，一般这样开头：老王，我知道我没文化，但是……

淘宝造物节的创意，毫无疑问来源于母体——淘宝网。2003年4月，马云点将孙彤宇，带着一个小团队，到湖畔花园马云家中筹备"淘宝"。

当时发生了一件趣事，一只绿色的小鹦鹉飞进家中。大家说是好兆头，"有凤来兮"嘛，买来粮食，精心伺候着这个老佛爷，它在众人头上乱飞，到处拉屎，成了当时一大乐事。大约一个月后，淘宝网成型了，它飞走了。

淘宝网项目启动时，没有名字，他们只知道马云要的是一个C2C网站。有一天，孙彤宇招呼大家开会，给网站起名。他提了一个要求，名字必须"for fun"，以区别B2B相对"严肃"的文化。

阿珂（真名：叶枫，工号：567）一口气提了好几个名字，比如：掌柜的。然后，去了一趟洗手间，在厕所里思考了一下购物场景和人生，出来后，她说，又想到一个名字：淘宝。后来有人说，灵感出自金庸小说韦小宝和7个老婆开店的故事。

阿珂自己的解释是，她特别爱逛街，逛街不一定买东西，这是很微妙的心态。突然觉得被美丽的东西吸引，进去瞄一眼，这个过程就是"淘"。看到心仪东西的那个瞬间，买下来，这就是"宝"。

9年后，又一个"大咖级"的名字被创意出来。2012年1月11日11点11分，淘宝商城更名为"天猫"（www.tmall.com）。帅总说，在他焦头烂额、绞尽脑汁起名的时候，马老师打电话给他："天猫怎么样？"

哈哈，太好了。帅总进行了三个层面的分析：猫性感妖娆，妖娆是一种说不出来的、特别的性感时尚。猫有品位和性格，猫天生挑剔，挑剔品质，挑剔品牌，挑剔环境。这不就是天猫要全力打造的品质之城、第五大街、香榭丽舍大道吗？猫有九条命。阿里巴巴要经过九九八十一难才能走到102年，"我们愿意跟这只可爱的精灵一起行走江湖。"

"菜鸟"是"天猫"之后，马云起的又一个特立独行的名字。他说，刚做互联网时，很多人说他是一只菜鸟。中国无数卖家、电子商务从业者都是菜鸟，正是这些菜鸟做大了中国网上交易。菜鸟不等于笨鸟，笨鸟先飞，飞了半天还是笨鸟，菜鸟有机会变成好鸟。

马云总是尝试不同的思维方式。他相信，与众不同才能有独特价值。他2017年又起了一个刷屏的名字——达摩院。当时，童文红打电话与他商议阿里巴巴实验室的名字，他反问，为何非得像别人一样得叫贝尔实验室、IBM实验室？我们就叫达摩院好了。再后来，他又起了"平头哥"。

王坚不仅是阿里巴巴技术委员会主席，还有一个头衔——云栖小镇名誉镇长，他2018年4月在云栖小镇发表了一篇名为《创新是人类的自信》的演讲，他们提出一个很有创意的计划，今后，每年5月在云栖小镇开一个"云栖2050大会"。为何叫"2050"？他说，20世纪90年代有一款很著名的车，叫桑塔纳2000，当时这辆车代表着未来，"2050"也是希望大家想到未来。

云计算，已经毫无疑问地成为当今技术领域的一项巨大创新，王坚说："十年前，做云计算，我经常说我不知道怎么做云计算，但我知道怎么做'飞天'（阿里云核心系统）。"当时，设计"飞天"考虑了三个重要的层面：

第一，十年前，在大家觉得云计算是用来解决 IT 问题的时候，我们就知道云计算是用来解决数据问题的，所以提出"以数据为中心的云计算架构"。你看看飞天的设计，就知道我们把数据的安全性放在最底层。

第二，大家都从虚拟化开始谈云计算的时候，我们觉得云计算最重要的不是解决计算效率，是解决计算能力，所以，我们先把计算能力聚集在一起，再逻辑切分。

第三，实际上，"飞天"是在做跨数据中心的操作系统，也就是说，它要做的是要把 N 个数据中心当作一个分布式系统连在一起。

淘宝的名字定下来之后，阿里巴巴赋予它的内涵是——

"淘"：在淘宝网，感受网上逛店的便利和乐趣，"用脚"出门逛街的经验转化为"用手"上网逛店的体验。

"宝"：在淘宝网，人人可以迅速而低成本地在网上开店，把自己喜欢的商品在小店与众人分享，收获市场，收获知音。

淘宝开张，"亲""小二"这些迅速和客户建立感情链接的词汇被创意出来。作为淘宝网第一个客服，阿珂经历了"亲"的出炉过程。当时，随着用户增多，E-mail 开始广泛使用，写邮件开头一般用"Dear all"，这个英文词组和淘宝"好玩、有趣"的氛围不太匹配，大家就改成"亲爱

摄于阿里巴巴访客中心墙体。

10 创意是床单睡过俩月后翻过来再睡 | 125

的们",读起来拗口,就简化为"亲们",对方是一个人的时候叫什么呢?"亲"就诞生了。

"亲"字,从淘宝萌芽,在整个社会上广为传播,至今人们已习以为常。2012年被评为网络最热词汇,两次进入"春晚"。2018年,阿里旺旺每天使用"亲"的频次平均为9500万次。从淘宝开店衍生而出的"小二",已经变成全体阿里人的代名词。

今天的淘宝,是一座藏着数十亿件货品的宝库,只有想不到、没有买不到,是"万能的淘宝"。淘宝刚上线时,却不是这番模样,他们到处找商品,很多员工回家把自己的东西放到网上。第一笔交易是虚竹买了同事一把龙泉宝剑。300元成交,成交程序网上进行,实际交易是面对面一手交钱一手交货。这把宝剑至今仍挂在虚竹的办公室。

宝剑,是凡人的武侠梦,是恣肆汪洋的文化传承,是对未来的所向披靡。

淘宝网先期是秘密开发的，有人在内网发问，他关注到突然兴起一个淘宝网，会不会对阿里巴巴产生业务威胁？直到 2003 年 7 月 10 日，阿里巴巴在北京宣布投资 1 亿元打造 C2C 淘宝网，大家才恍然大悟。淘宝，是阿里巴巴零售业务体系的母体，其创意和创新基因在湖畔花园时已融入阿里血脉之中，没有束缚，天马行空。交易模式从见面交易到支付宝，从电话沟通到阿里旺旺，交易平台从淘宝到天猫、聚划算、闲鱼、飞猪……

淘宝还创意了非常有趣的淘宝文化。在湖畔花园"闭关"筹备淘宝时，工作繁重，空间又不大，虚竹等人倡导推动了倒立运动，一可健身，二可调节气氛。他们没想到，小小的工作习惯，演化成了影响深远的淘宝文化。

马云非常认可倒立，他说，你以为自己做不到，其实你一定能做到。一个人做不到，别人帮你，一定能做到，这就是团队合作。今天，走进西溪园区 4 号楼 2 楼，墙上有一句话：当你倒立起来，看世界的角度就会不同。"倒立"看世界，让淘宝有了不同的自我识别和不合常规的"打法"。成立半年，迎战 eBay，媒体后来称之为"蚂蚁战大象"，三年后，eBay"无可奈何花落去"。

一个卖家曾同时在 eBay 和淘宝开店，本来主要精力放在 eBay，在淘宝就是玩玩。同样是一天没开张，卖家急得牙疼，晚上，到 eBay 论坛看看，全是一个个冷冰冰的章程，让卖家这样让卖家那样，搞得很累。一到淘宝这边，小二一口一个"亲"，还说，客官莫急，三年不开张，开张吃三年，哪个卖家听了心里能不舒服。

淘宝干了大约不到半年，在 Alexa 排名突然提升到第 18 名，eBay 落后到第 22 名。这是第一次排名超过 eBay，兴奋之情难以表达，有人随手拿起垃圾桶开始敲，大家一起跟上敲。这一敲，敲出了淘宝人的热血和情怀，也逼得阿里行政给他们楼层统一配备不怕敲、敲不碎的"高档"垃圾桶。淘宝办公区垃圾桶还有一个特点,非常干净,主管奖赏和犒劳的礼物,会直接投在垃圾桶。哪是垃圾桶,分明是聚宝盆。今天,在阿里巴巴西溪园区访客中心二楼,有一面墙体镶满了五彩的垃圾桶。

文化源于生活,高于生活。

阿里很多 BU(业务单元)都有自己的玩法。陆兆禧上任支付宝第一任 CEO 后,有个习惯,每天晚上 12 点要看支付宝当天的日交易额。"那时,只有笨办法,我到处统计完结果,用阿里旺旺传给他。"苗人凤说。日交易额突破 100 万元时,马云请大家吃饭,还说"以后每突破一次 100 万元,就请大家吃一次饭",不承想,突破频率太快了,马云至今就请了那一次客。老板不请客,大家就想自己怎么开心一下呢。

某日,突破 700 万元。夜里,苗人凤、楚留香和老陆在旺旺上聊怎么样庆祝一下,三人都是烟鬼,最初约定三人抽烟遥祝,总觉得太俗气,苗人凤突然来了灵感,说"裸奔"挺好玩的。然后,就各自睡了。第二天一到办公室,老陆他们已经在等着,不等老苗反应,已经把他的上衣扒了下来,推搡着他围着办公区"裸奔"。老苗不经意间创立了支付宝的"裸奔"文化。

支付宝在苗人凤脱上衣完成第一次"裸奔"之后,这个玩法越来越流行,完成业绩后,主管(限男)赤裸上身,身披红袍,在整个楼层"裸奔"。

2009年,支付宝日交易额首次超过10亿元,苗人凤的徒弟鲁肃和狄仁杰分别扮风情万种的贵妇和浓妆艳抹的名媛,胸前塞着大包子"裸奔"。同年12月7日,支付宝日交易额突破12亿元,时任支付宝总裁邵晓锋,戴黑礼帽、墨镜,穿红裤衩,以佐罗造型"裸奔"巡楼。邵晓锋正如其花名"郭靖"大侠,干这个活很称职,大家很满意,或许,大家内心深处都想看看一个干了20多年警察的人,裸着到底是什么样的风采。

钉钉团队则喜欢玩单杠。他们的单杠有点特别,不是在室外,而是倒挂在走廊天花板上,行走时,可以随时把手搭上去。

天猫办公区则是大鼓对立……

山重水复疑无路,柳暗花明有"单杠"。

不管是倒立、敲垃圾桶,还是敲鼓,还是种种我所未见到的其他方式,创意都是来自自我驱动的集体智慧,源于一片兼容并蓄的土壤。一个团队在高压严控之下不会产生创意和灵感,只会阿谀奉承。

唐宋是中国最富创意的时代,也是文化束缚最少的王朝时代;魏晋尽管有阮籍、嵇康的荒诞惊人之举,但不是出于自主的创意,而是高压之下另一种极端的行为对抗;到了明清,"文字狱"都有了,谁还敢谈创意?马云在2017广州财富论坛上说,中国稳定的社会环境和持续发展是互联网创新崛起的关键。"创新不单指工程技术,创新是为今天、明天和未来解决问题。"

有一个现象发人深省:推出共享单车的,不是凤凰、永久,也不是飞鸽、捷安特;推出外卖的,不是餐饮店;推出互联网汽车的,不是奔驰、宝马;推出网络支付的不是银行;推出共享打车的也不是出租公司。

——资源远没有思想重要,创意才是生产力。

创意对世界的影响是巨大的,其源泉可能只是一次小小的"微创新",有时哪怕稍微有一点点想法不同,就可能带来伟大创意的诞生。

张桥刚曾经有过一个简单而经典的"话题"创意,2013年一次大会上,他抓到一个提问马老师的机会,他的问题是:马总,你有啥问题要问小二?

让老板问员工,是个创意。他还把这个创意进行了扩展,他在阿里内网组织了一个活动——"集团高管问大家"。他给16位高管写邮件,这些人都提了自己的问题,答题者众。帅总的问题非常好玩:你们年轻人到底是咋玩的啊?

阿里巴巴"百年阿里"培训课中的漫画。

前几天到卫生间尿尿，小便池上面的宣传板是阿里云出的一个题目："X+云计算＝？"最有创意的答案是"男朋友＋云计算＝为了无法计算的男朋友"（阿里云计算广告语是"为了无法计算的价值"）。

2017年10月，《经济学人》刊文认为，天猫双11这样宏大的场景，只是一个开始——2016年全球电子商务交易额，只占全世界零售额的8.5%。阿里巴巴业务不断扩张，它已经在中国向世界展示了一个公司是如何在一个快速发展的经济体中重塑一个行业的。

双11历经10年发展，成为一个关联全世界的现象级消费事件，其诞生却来自一个偶然的"小创意"。2009年，也就是淘宝商城成立第二年。那时，大众熟知淘宝，但是淘宝商城寂寂无名，生存堪忧，逍遥子带着一个只有20多人的团队，每天想的是两个字："活着"。出于求生本能，逍遥子有了一个点子，他叫市场部几个同学到他的"夜总会"聊天，他的办公室总是夜晚开会，号称"夜总会"。阿里很多重要业务都是聊出来的，有时在办公室，有时在青山之中的寺院。老逍提了三点要求：一是，搞一个活动或一个事件，感觉得有点像美国黑五大促销；二是，时间选在四季度；三是，"傍大款"，选择一个节日搞活动。这个想法的KPI也很直接：让消费者记住"淘宝商城"这个名字。大家反馈的结果是：从季节性销售看，11月比较理想，只是时间节点不太好找，看来看去，只有一个"光棍节"。那是逍遥子第一次听到"光棍节"。

"11月11日，4个1，我个人比较喜欢'1'这个数，因为我的生日是3个1，看到4个'1'，挺好，就用这一天吧。"当时，大家开玩笑说，这一天，光棍们没事做，就"忽悠"他们上网买东西。没想长远，只是想做一个简单的商业促销而已。

很多伟大的实践起初都只是一个简单的想法。莱特兄弟造飞机，最初就是想看看人能不能在天上像鸟一样飞。

第一年，参加双 11 的商家只有 27 家。逍遥子去北京出差，"北京漫天大雪，晚上吃着火锅，我跟同事竞猜，看最终数字能到多少。所有人都没想到可以达到 5200 万元。"活动结束，有人提议合影庆祝，用打印机打印了"52000000"这个数字，少打了一个零，总有神来之笔，就近从墙上取下圆挂钟，充当这个"零"……

多少年后回望，5200 万元，只是一个很小很小的开始。2010 年，大概夏秋之交，逍遥子想起，11 月 11 日又快到了，是不是应该再搞一次，"但是，当时不会想到会一直搞下去。"

人最怕没有想法，一旦想法有了，创造的世界连你自己都不敢相信。这一年双 11，销售额达 9.36 亿元，超过香港一天零售额，生意火爆到很多商家的打印机"罢工"。2011 年，推出创新玩法抢红包、狂欢城，达成 33.6 亿元成交额。这一年，经由魄天建议，阿里向国家商标局申请"双11"商标注册。2012 年，购物狂欢节概念出炉，支付宝交易额首次突破百亿元大关，高达 191 亿元。仅仅 4 年后，交易额则突破千亿元大关。

2013 年双 11，与以往最大的不同是，菜鸟物流经受住了考验，双 11 物流配送难题得以缓解。这一年，忙活完，凌晨 1 点多了，饿得不行，有人弄来饼干、花生、雪饼、火腿肠，不知谁还有一瓶红酒，大家到逍遥子的办公室聊天、吃喝。

"特别开心的一个时刻。"逍遥子说。

"双 11"是一个节日，年年岁岁花相似，但是，它又是一场具象的商业营销，需要"岁岁年年人不同"。"每一年，我们都需要去创新，让所有参与双 11 的商家、合作伙伴一起参与创新。"逍遥子说。

2014年是全球化双11元年，2015年湖南卫视直播"天猫双11全球购物狂欢节晚会"，这在中国电视史上当属首次，之后，"猫晚"成为每年双11的标配……作为双11的缔造者，逍遥子一直引领商业创新，创造巨大的增长机遇，2019天猫双11成交2684亿元，《巴伦周刊》称，这个数字超过美国感恩节、"黑色星期五""网络星期一"和亚马逊会员日的总和。

创意，仍在继续。一点一滴，微处创意，一个光棍节，变身成为中国人制造出来的一个全球盛日。似一股清流，绵绵不绝，汇聚成河，奔腾入海。

阿里巴巴举办双11，影响之大、之远、之深，远超世人想象，也会短期之内超出经济学家们的研判。双11，是一次买卖双方的打折营销？是一次全球最大的网络消费事件？是一次忙碌一年之后秋收冬藏的狂欢盛宴？还是一种前所未有的商业文明探索？作为一名普通小二，百思不得其解，但我能看到的是，这个社会、国家乃至世界已经认可双11的行为和文化；我能坚信的是，双11，必定成为21世纪最伟大的商业消费事件之一。

道可道 10:

创意是微创新，是床单睡过俩月反过来再睡。

创意溢出效应往往是舒尔茨人力资本理论的实践驱动力，越来越会影响未来城市，甚至国家兴衰。

过去几千年，城市兴盛归根结底得益于地缘优势；未来更多取决于它的创意基因。

花名是每个小二的心灵密史

工号也是企业核心文化

一九九九

十八罗汉的阿里巴巴前传

阿里曾经只有5个月活命期

让每个小二成为更优秀的自己

信任是商业本质

此时此刻，非我莫属

胸怀是委屈「撑」大的

一位小二父亲的铮铮「誓言」

创意是床单睡过俩月揪过来再睡

蜻蜓起飞先挥哪个翅膀

马总，有你这么说话的吗

阿里内阿中的是悲欢离合

从独孤九剑到六脉神剑

客户第一、员工第二、股东第三

猪八戒和孙悟空，谁才是优秀员工

变化在变化之前

诚信是阿里价值观红线

客户第一，员工第二，股东第三。
今天最好的表现是明天最低的要求。

防御不夜嫌，这里灯火通明

「功守道」背后的太极战略

天马行空与脚踏实地

好（hao）玩又好（hao）玩

一出生就站在舞台中央的

没有女人就不可能有阿里

员工不是来帮公司不犯错的

阿里巴巴为何能持初湖

阿里绝不交给一个不关心客户的CEO

良善是一切业务的根本源泉

打造「黑科技」一秒能读501本《康熙字典》

小企业是唯为死的，大企业是舒服死的

"宇宙最'搞笑'的公关部"

"阿亭门教"、"失败"的大学

湖畔范同，创业圣地

让天下没有难做的生意

一心为赚钱的企业没有未来

马云是一个「非常独特的存在」

杭州为何能孕育出阿里巴巴

阿里巴巴102句土话

11　蜻蜓起飞先扇哪个翅膀

2017年11月16日，王帅现身北京，为闲鱼站台，他说"闲鱼从'麻雀'变成'波音747'，已经成为淘宝、天猫之后阿里冉冉升起的又一个巨星。"当年的市场环境下，淘宝成了创业平台，天猫成了品牌平台。"现在阿里巴巴有条件来做一个真正好玩的、有趣的平台，闲鱼就是马云的'初恋'平台"。

马云说，自己心里面住了一个歌手、一个艺术家，在闲鱼，有一大群这样的人。在王帅看来，马云做淘宝的初心，不是追求多大的交易量，而是满足对大千世界的好奇心。"马云想搞清楚世界上有多少人在研究外星人，他想知道蜻蜓飞起来的时候先动左边还是右边的翅膀，他想知道世界上各种各样的东西。"王帅说。

——永远不要放弃一颗好奇之心。

马云曾好奇地问金庸，你咋知道有个桃花岛？

他有一次去一家酒店，看见墙角一个流浪汉坐在那里，很好奇，酒店里面怎会住着流浪汉，服务员告诉他，住这里很久了。他还是好奇，最终走过去打招呼——原来是铜人。

"有朋友总指责我去探视'非科学'的东西。对未知的探索、欣赏和好奇是我的爱好。"马云说，"人类很容易以自己有限的科学知识去判断世界。科学不是真理，科学用来证明真理。过度沉溺信仰和迷失信仰都是迷信，我们要永保好奇心。"

他甚至直接把目光聚焦到未来，提出"NASA"计划，将"面向未来20年"组建独立研发部门，囊括500名博士、2万名技术专家，不计得失，不论成败，不求结果，推动人类以无畏之恒心探索未来之未知⋯⋯

一定程度上讲，这和我就想爬树看看鸟窝里面到底有没有蛋是一样的好奇。太多时候，我们过于世俗，生活原本好奇有趣，奈何终归麻木。闪电一直存在，对它好奇的人却不多，富兰克林在1752年一次雷雨中，冒着危险，做了风筝实验，由此发明避雷针。牛顿在母亲家的花园里小憩，一只苹果偶然落地，引来人类科技乃至思想史上的一个巨大转折。

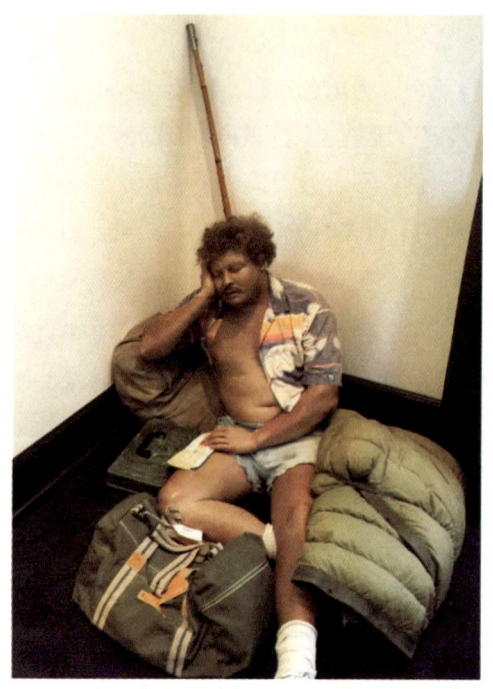

我要让许多东西进入眼帘，太阳、月亮以及一切好奇的东西和意象，我和它们一起继续行走大千世界。

因为好奇，哥伦布发现新大陆；因为好奇，麦哲伦完成人类环球旅行，证明了地球是圆的，尽管代价巨大，甚至付出了生命；因为好奇，1969年，美国"阿波罗"号第一次把人类送上月球，阿姆斯特朗左脚踏上月球，对他来说是一小步，对人类来说是一大步。

史玉柱讲过一个关于马云的故事。马云大学三年级时，宿舍一许姓同学教他下围棋。先是让马云九颗子，三个月后，平手，又三个月，马云让他四颗子。一次，室友和他说，在杭州某座深山，有位老人下围棋特别厉害。好奇的马云想去看个究竟，骑着自行车就去了，路遇大雨，好不容易到了山里，老人不在，他和老人的孩子对弈，果真，马云不是对手，以后就拜老人为师学围棋。

彭蕾对"好奇"做过描述：

日复一日、年复一年的生活，有人把日子过得平淡无奇，跟凉水一样，有的人总能找到好奇的东西，总是在折腾，比如阿里巴巴，尤其是马云。

马云12岁时，买了一台袖珍收音机。从收音机里，马云第一次听到了英语，十分好奇，每天收听。光听收音机毕竟不能面对面交流，于是，马云去西湖边跟老外学英语。1985年，马云第一次走出国门去澳大利亚游历近一个月，接待他的是老朋友莫利，他们相识在西子湖畔。2017年6月，马云在美国底特律中小企业论坛演讲结束后，一位美国老人举着牌子想见他，这位老人，也是和他在西湖边结识的。

马云对英语的好奇，是他秉性好奇的一个具象呈现，这种好奇也直接引导他创办了阿里巴巴。好奇推动马云学英语——结识老外，认识外界，迈出国门——早于很多国人接触互联网——创办互联网企业。起码在表面逻辑上，构成了马云互联网创业的闭环。

后来，马云在斯坦福大学演讲，有人问阿里巴巴为何能成功，他说，一是因为没有钱，二是没有技术，三是没有规划。但是，他有一颗真正好奇之心，不随年龄增长而泯灭，不随阅历增加而麻木。

"保持开放的好奇心，对生活就充满乐趣，不然就会未老先衰，人生难得的状态和境界就是历久弥新。"彭蕾说，一个人要永远有新的东西，愿意看到新的机会，别人看来再糟糕的东西，他都会觉得这里可以突破一下，那里可以突破一下。"这样，我们整个组织、整个业务方向，就充满了有推动力的人。"

好奇，是探索未知世界最核心的推动力量。

马云启动"NASA"计划，为服务20亿人的新经济体储备核心科技。消息一出，引来排山倒海般的舆论关注，有媒体认为，这是不是天方夜谭？也有媒体认为，这非常符合阿里巴巴的"调性"。马云打了一个形象的比喻，以前，阿里巴巴的技术跟着业务走，是"兵工厂"模式，但是，手榴弹造得再好，也造不出导弹来。"NASA"计划，研究的目标是为了解决10年、20年后的困难，用技术驱动业务走。马云还给"NASA"提供了三大技术思考：让世界更加普惠（Inclusive）、让机会更加均等；让世界经济发展更加可持续（Sustainable）；让未来生活更加健康快乐（Happy&Healthy）。

几个月后，正当人们渐渐忘记"NASA"时，又一个重磅消息在2017年云栖大会"炸开"。10月11日，阿里巴巴集团首席技术官张建锋宣布成立承载NASA计划的"达摩院"，未来3年，投入1000亿元，面向全球招募顶尖科学家，进行基础科学和颠覆性创新研发。

此前一天，阿里巴巴西溪园区来了一批神秘客人，这13人均是走在最前沿的科学家：包括中国唯一的图灵奖获得者姚期智院士、中国量子科学第一人潘建伟院士、哥伦比亚大学教授Jeanette Wang、全球人脸识别技术"拓荒者"汤晓鸥教授等。最不懂技术的马云和一批最懂技术的科学家"围炉夜话"，马云拿着铅笔不停记录，时而陷入深思。

这批科学家和马云一起参加云栖大会。在"达摩院"成立仪式上,马云说,在阿里巴巴内部,18年来,不允许同事吹两个牛。一是不能吹牛说自己技术很强大,二是不能吹牛说自己技术做得很好。但是,18年来,阿里巴巴对技术的投入超出想象。

阿里巴巴成立前十年,马云不允许公司内部有人说成立研究院或研发部门。因为前十年,对阿里巴巴来讲,每天考虑的是生存。"必须要好的产品,好的服务,有了盈利,才能往前走。"阿里巴巴18周岁成年后,考虑的第一件大事就是成立达摩院。

"我们拥有了当今世界最宝贵、最丰富的资源,海量数据,25000名工程师,近6万名出色的年轻员工,还有全球5亿多名消费者的信任和支持,以及这么好的商业盈利模式。"

面对全世界的科学家精英,马云提出达摩院的三个原则:第一,达摩院活得必须比阿里巴巴长;第二,要服务全世界至少20亿人口;第三,必须面向未来。

马云还说,任何一家公司,生命期都是有限的。阿里巴巴要留下三样永远存在的东西:一是给世界留下一个研究室,即达摩院,把对人类技术的探讨留下来。第二,把阿里巴巴商业的智慧留下来,通过湖畔大学,培养企业家和企业家精神,分享阿里对经济的理解。三是,留下公益基金会。几天后,马云在杭州师范大学补充说,还有一样东西要留下来:阿里巴巴商学院。

在云栖大会现场,阿里巴巴宣布成立达摩院之后,还发布了"城市大脑1.0"项目。这个项目也是阿里云小二用好奇之心解决大城市病的一个独到尝试。只是"达摩院"的IP流量太大了,盖过了"城市大脑"项目的风头。

"将来,市长不是一个人能干的事情,城市运行状态超出了人脑认知。"在王坚看来,未来"城市大脑"是城市重要基础设施,利用互联网、云计算和大数据,智能管理城市。

治理交通拥堵,是"城市大脑"的一个有效尝试,以杭州为例,阿里云"城市大脑"掌管了 128 个交通信号灯,主城区调控 24 个,通行时间减少 15.3%。萧山区调控 104 个,平均通行时间节省 3 分钟,救护车到达时间最高减少 14 分钟。

"城市大脑"曾经在杭州高架桥做过数据测验,杭州在中国城市里面第一次知道这一时刻究竟有多少车跑在路上,多少车上过快速路。

王坚畅想,2050 年的杭州将至少拥有相当于目前 100 万倍的数据,只需消耗相当于目前 1/10 的水电,不断优化交通资源,让原本规划为公路的土地变成公园。

美国"阿波罗"登月计划带来通信、生物等技术巨大的变化,"城市大脑"也必将为未来世界科技和生活创新提供一个前所未有的探索平台。

从领导企业的角度看,企业家要相信未来,"相信未来"看似简单的四个字,分两个层面解读:"相信"代表着执着,因为相信而看见,不是因为看见而相信;"未来"是看不见的,意味着必须有一颗好奇心,没有好奇心,就不可能抓住"未来"。整个企业发展过程中会遇到很多新的事物,一开始,会诧异,觉得怎么会这样,甚至不自觉地排斥。

"我现在在公司开会,90 后同事会直接跳出来说,老逍你太老了,你不懂。"逍遥子说,"你必须接受一些自己不习惯的东西,为什么?现在的用户大多数是 90 后,面对变化的世界,变化的客户需求,变化的市场,必须充满好奇。"直播流行了,要去看看,不一定喜欢,但要去体验。内容营销火爆了,也必须去了解……

"整个互联网的互动玩法这么多,它所带来的可能性是以前不敢想象的,你怎么能跟得上?唯一的办法就是有好奇之心,而非被动接受,这样才能始终处于前沿。"逍遥子说。

道可道

好奇心不在大小,而在有无。

生活原本有趣,无奈心灵麻木。

家门口的树上多了一个鸟窝,对这个视而不见,日常生活背后隐藏的商机你也会视而不见。

12　马总，有你这么说话的吗

初到阿里，最大的感受就是回到了大学，既是大学，平等、自在、敢想敢说便是头等重要的精神诉求。总裁级领导，员工直呼花名或外号。金建杭是总裁，大家直接叫"大脚"；方永新，大家叫他"大炮"；马云在2016年集团组织部大会上明确说，今后他是"马老师"。

即便是高层会议也比较轻松活泼。有一次，会议主持人说，请马老师发言，他正要开口，旁边的王帅拿过话筒说"我先说一句"。会上，马云说，阿里巴巴在5年以上员工中招募专职公益CEO，话落，有人随即发问，为啥是5年，能不能降低到3年……

在阿里，车位由抽签决定。房子也抽签，一定级别以上不准参与抽签，无息房贷也是P9/M4之下才能获准申请。国际飞行，不论级别，超过10小时以上，达到一定次数，都可申请公务舱。阿里内网开放透明，畅所欲言，如果淘宝、天猫服务不善，会被吐槽；支付宝页面更换，也在这里接受过"批斗"。还可以"怼"领导"凭啥走路摆来摆去的"。

有神帖：初来阿里感觉还行，就是领导水平不大行。

有帖跟进：员工都是高富帅，就几个歪瓜裂枣，还都去当领导了……

正所谓"若批评不自在，则赞美无意义"。在内网，经常看到"大佬"出没。一次，大家热火朝天议论一件小事，确实不是大事，我都记不住是啥事。一名小二"看不下去了"，表示这么点破事，MM、王帅等高管都在顶帖，"有点掉价吧"。

马云出来了，说，内网没有"高管"，只有"高观"。在内网，如果每个人都不参与，老阿里不屑一顾，高管不好意思说话，小二不敢说话，这就非常可怕，非常"不阿里"了。

"表达是一种态度，是一种力量，更是一种责任。"

马云说，我们可以有各种不同的观点，支持、反对、理解、疑惑，都可以，都要敢于说出来，不敢轻易发表自己的观点，不自觉的淡漠就会变成自觉的冷漠。他呼吁：阿里人，亮出你的观点。

阿里同时要求，发表建议、观点必须实名，躲在后面说三道四，这不是阿里简单做事的风格，也不容易判定事情真假。

2009年发生过一次匿名邮件事件，匿名人和马云争执两个回合。一名自称是原阿里软件员工，匿名写邮件给马云，"希望只看内容，不追究真实姓名。"邮件中，他提出，阿里软件犯过致命性错误：用人唯亲（×××、××、××等亲信之辈）、用人随意（×××、×××、×××之流）、战线太长（3年不到，做了无数产品和项目）、焦急浮躁（任何项目和产品没想清楚就做，先做再看）……

邮件最后说，一些粗见，希望各位领导能与我一起寻找答案和我邮件交流，而不是花力气追查邮件作者。马云回信说，很认真看了，本来不该回你，因为你是匿名信，违背了阿里透明开放的精神。但想告诉你，因为不信任，很多事没有办法做好。假如你不信任，最好选择离开。这种心态大家累，呵呵，是真话。因为我不知道自己和谁在说话，但我选择说真话。另外，记住，我们在不断总结失败和教训中前进，改变是痛苦的，公司的痛苦并不比任何人少，但我们还是选择改变。

匿名小二回信：马总，今天心情不好还是怎么了？不就反映一个问题吗，有你这么说话的吗？总感觉这不是你的亲笔邮件呀？怎么，我这样的人离开公司没人说这些事情了，这些问题就能自动消失？难道一层蒙骗一层、阿谀奉承，公司就形势一片大好？人无完人，公司亦如此。出了问题犯了错不要紧，关键是要一起寻找解决问题的最佳办法，我认为这才是102年公司关键之所在。

马云回复：这信是我回的，呵呵。我生气的不是你提的问题，阿里巴巴绝不怕提问题，阿里的问题远远比你看见的要多，要厉害，要严重。

第一，我生气的是你作为阿里人，明知我们不接受匿名信，你不相信我们能客观认真对待你提出的问题，那你写信给我们干啥？你连相信我们的信任都没有，你写信的意义就变了。因为信任所以简单，我们每个人需要认真从自己做起。

第二，我生气的是你想当然的不信任态度，假如你用真名真姓，我就会认真告诉你到底发生了啥事，真相是啥，我们犯的错误是啥。你不说自己是谁，我只能不把你当阿里人看待。

第三，我再次说一遍，我们不接受匿名信。你第一封邮件最后一段话，根本不像是个开放的阿里人写的，你想当然以为人家也会是这种心态。

两人"交战"，围观者众，跟帖多达10页，各种观点议论纷纷。

"阿里真的跟一般公司不一样,好好先生做不长,有话就说,实名说话,说得再狠也不怕,公司不会给员工穿小鞋。"华蕾说。

2019年12月,支付宝15周年9个冷知识对外发布,其中一则特别有趣。

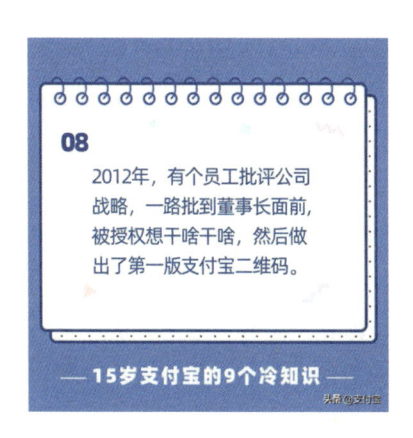

> **08**
> 2012年,有个员工批评公司战略,一路批到董事长面前,被授权想干啥干啥,然后做出了第一版支付宝二维码。
>
> —— 15岁支付宝的9个冷知识 ——

是谁这么"大胆"?余百乐(工号:12863)也!2012年,余百乐在支付宝无线事业部担任产品经理,他看到很多部门用PC端思维做支付宝手机端,很是担心,就到处吐槽,某凌晨,他在阿里内网开火,连提四个大问题,就其中一个大问题,又细化成12个细节问题,落款用了三次"小P":一个整天想无线想疯了、逢人便喷的小P;一个只能写写专利却没有资源验证实施的小P;一个挣着卖白菜的钱、操着卖白粉的心的小P。发完,他睡了。"醒来,内网'炸了'。"7年后,余百乐对此记忆犹新。关胜、秦琼、尉迟恭、令狐冲、班超……一众老阿里纷纷点赞,彭蕾回应:"顶了再说,喜欢这种带着建议和思考的吐槽。"

一看这么多人顶他,余百乐"胆"更大了,直接发邮件给彭蕾"求被约谈"。"记得是个周五,我和Lucy(彭蕾)见面了,我又喷了一遍,

Lucy告诉我，你的想法这么多，给你组织保障，你想干啥就干点啥吧。"于是，余百乐拉上七弦、谢菁馨、小星星、冰峰、腾逸，"霸占"了当时最大的会议室"天上人间"，成立"可乐工作室"，完全从手机出发设计下一代手机支付原型。工作室门口贴了五个大字："我喷工作室"，随时欢迎对无线有想法的同学来"喷"。2013年元旦，手机支付原型产品上线，短信快速注册支付宝账号、拍照扫描身份证进行实名认证、二维码付款、二维码登录网页端、对话式付款、18位密码简化为6位密码等功能，就这样"喷"出来了。

王志猛（花名：重光，工号：58252）曾经在内网发了一个很猛的帖子，他给公司提了四条建议，条条直刺神经。

一是，将转岗时间提升到2到3年。"现在公司转岗制度被玩坏了。"他认为，有的人干得有点压力就转，不爽就转，这会导致公司产品、平台无法沉淀。有的人业务不靠谱，不是想突破，而是想转岗到某个靠谱的风口上去，这叫投机，叫逐利。

二是，建立员工反向给主管投票淘汰机制，"现在，公司有的人根本没有资格做主管。"他说，有主管没有冲劲，没有激情，没有规划和突破能力，整天就围着大老板打转，哄老板开心，"只要投反对票超过一半，自动让主管'滚蛋'。"

三是，公司停止招聘庸才，请把招聘重点放在头部精英和应届毕业生上。

最后一条直指公司管理层，他说，不要再设计各种奇葩的决策组织，什么架构委员会，以及各种委员会，这些东西没用。

王志猛写完后，直接@马云，@彭蕾，@铁木真，@逍遥子。也就是说，王小二的这个帖子直接同步给了阿里巴巴各位"大咖"。

让小二们有些吃惊的是，第一位跟帖的人是彭蕾。她说，尽管具体可操作性需要论证，但是很多建议方向非常实在，看到的问题也一针见血。

确实，现在，组织面临很多问题，存在不好的风气。很多结构层面的痼疾需要抽丝剥茧地清理。"阿里已然是一个庞大的机构，一定需要经历阵痛的变革才能焕发生机。大家一起加油共同面对。"

这个帖子跟帖40多页，高管和小二在同一个平台畅所欲言，不设底线，说完各自回去干活。

后来，我发现王志猛的帖子还不算"猛"，还有的小二把网上直接批评马云的长篇大论转发上来，比如有一篇文章说马云一手遮天、排除异己、卸磨杀驴，以此强力控制马云帝国，云云。小二们热火朝天地评论，这个帖子至今还在，无人删除。

逍遥子说，阿里内网最高的宗旨就是不删帖，所有人都可以说话，既然这样，就要有承受能力，因为不可能都说好话，每个人都有一个表达自己真实意见的场合。

真实的不一定是全面的，每个人视角不同。但是防民之口甚于防川，不堵嘴巴，是非黑白，自会明辨。

我刚入职时，参加过一次阿里BU的会议，老大喊里咔嚓亮出自己的观点，大家众说纷纭，部门"老二"在边上吃着香蕉，蹬着二郎腿。老大说，你讲几句，老二说，我不同意你的观点，我的想法和你相反。两人一番争论，面红耳赤，最后，按照老大的说法执行，老二说，按你说的做可以，但是我还是保留意见……

会后，我问老大，你们部门领导班子有点"不和谐"啊，他很吃惊地说，没有啊。我说完老二的情况，他大笑，"在阿里，观点不一致很正常，争论要充分嘛。"

后来，开了很多BU的各类会议，果真到哪里基本都是"百家争鸣"。对主管不唯命是从，敢于从自我的实际情况提出自己的观点，乃至付诸行动，这种特质，让阿里业务蓬勃发展。

沈涤凡，一个很执着的人，上大学时，梦想出国深造，天天学英语。某夜，一边骑着自行车，一边背着英语单词，不料，把车骑进了学校人工湖，胳膊磕破了，伤得挺重，不能活动，他一只手把车举出湖面，然后自己骑车去了校医院。后来，多次申请去美国，拒签，改去英国留学，2004年学成归国，入职阿里。

他带领的速卖通团队，历经磨难。速卖通做跨境电商，主要任务是把中国产品销往世界各地，和亚马逊直接面对面竞争，在国内的本土优势全无，加上中国产品在全球口碑处于提升期，远未到品质信赖期，其竞争压力不言而喻。

从 2010 年开始，团队走得步履蹒跚，似乎找不到方向，更重要的是，集团层面曾研究要不要关闭这个业务。沈涤凡团队坚持要做下去，因为他们认定全球化是未来趋势，即便在集团要求速卖通裁员的情况下，他们仍然坚持做下去。事实上，阿里很多业务不是自上而下要求做，而是自下而上坚持做，逐渐做出了名堂。

2014 年，阿里巴巴在美国上市后，提出农村化、全球化和大数据三大战略。速卖通迎来重要发展机遇，2017 年 4 月，速卖通平台宣布买家人数过亿，生意遍布全世界 200 多个国家和地区，沈涤凡也进入阿里巴巴"全球化领导小组"成员名单。

阿里土话说，在阿里，什么样的员工是顶尖的？就是主管说错了，你还能做对了。

阿里的平等意识还体现在透明开放、赏罚分明上。彭蕾有一次召开支付宝"现场办公会"，她说，支付宝管理层周会开了很多次，很多问题还一直纠结，我们这次把周会改为"现场办公会"，让听得见炮火的人都来参加会议，直奔主题，解决问题。

这次会议参加者超过 70 人。彭蕾开场说，我们倡导透明开放，有问题，拉出来会诊，争执还是冷场，都没关系，这不是批斗会，把所有问题还原到最朴素、最原始的那个点去解决。"我最不能接受的是，在观望中不作为，这是比指责抱怨更严重的错误。"

大家开门见山，说得非常直接、非常狠，比如，支付宝的产品很多，有的产品处于无人驾驶状态。彭蕾说："会生孩子不是本事，会养孩子才是本事。"

这次现场办公会，派出不论干群、奖惩分明的奖罚单。

奖励吴用 500 元，在做"借贷分离"项目时，产品部门没有及时通知前线业务部门，吴用第一时间解决了问题，还向 BD 同学写了一封诚恳的道歉信，告诉大家这是产品线的责任。奖励原因是，敢于承认错误，并及时解决问题。

虚竹拿到一个奖单、一个罚单，奖励 500 元，罚款 500 元。奖励是因他主动招进一个资深程序员，处罚是因考虑不周全，导致在所有预算都确定后又提出调整要求。给他的处罚定性是"作为负责人，出现低级错误，理应处罚"。

孔明的奖励属于"现场办公会"临时加派的"红包"。开会时，很多人进会场先找最偏僻的位置坐，孔明选择了最前面的位置。给他的奖励评语是：孔明，关注的是这个会议本身，他选择的是最能听得清楚的位置，没有刻意把自己藏起来，值得奖励。

故事还没有结束，彭蕾发完孔明的红包后，古龙同学站起来说："孔明的座位，其实是我第一个坐过来的，但我出去了一下。当然，这不是我想表达的，我想说的是，主管也是人，他们也会犯错，我们一定要及时告诉他们。"彭蕾给古龙也派发了 500 元红包，理由是：大声讲出有价值、有帮助的真话。

道可道 12

讨论无"高管"，只有"高观"。

敢于"怼"领导的员工才是好员工；领导说错了，你还做对了，这是更好的员工。

13　阿里内网中的悲欢离合

如果说，阿里巴巴是个江湖，阿里内网就是武林大会。敲键练内功，刷帖积外力，内网可谓高手荟萃。

有人如华山派，白云出岫，有凤来仪，君子剑出，字字珠玑，名声显赫，只待四海来朝；有人像丐帮，草根起家，事事插刀，如遇众说纷纭，一记降龙十八掌，大家都得掂量掂量；有人像武当，轻易不出手，出手便是风吹荷花，飞云流水，似静实刚，以短胜长，令人啧啧称赞；也有人似全真教，整日闭关修炼，偶出一文，高深莫测，粉丝众多，然无人懂也，除了点赞，不知如何是好；也或有位扫地僧，数年潜水不语，发帖就是"离职帖"，大手一挥，爷走了，江湖再见……

内网还是各路女侠"比武招亲"的广场，相亲帖层出不穷，此处"阅女"无数，只恨结婚太早。

你瞧，这位美女来了，名曰阿珏，人家说了，名字的第二字只要会读，你就成功了一半。

这位女硕士，文艺范，上来一句"不识秋月几人归，照月截云染天渡"，小伙子们赶紧去百度,好在,人家有个特殊癖好,要求男方学历必须是硕士以下。

还有两个女孩一起来"相亲",就一句话:"两只88、89年的妹子打包求带走。"一个男程序员轻轻地问:单买可以吗?

一相亲帖上了一组美女图,有腿、有胸、有颜,的确很美。有自拍、侧拍、仰拍、有俯视角度,还有"蜜汁"角度。话说,这组美女图第一张图片是她和另一名美女的合影,她只好给闺蜜的脸打了马赛克,可以理解啊,要不,大家不知道谁相亲啊。

有哥们看后,估计口水直流,不禁写下一串我听都没听说的名字——远看像迪丽热巴,近看像古力娜扎,前看像阿尔塔夏,后看像马尔扎哈……

代沟啊,我睁眼闭眼想着的还是周慧敏、邱淑贞、王祖贤及林青霞。昨天才知道,虫哥,背着媳妇,满脑子想的都是佟丽娅,此生能与这个大萝莉吃顿饭,他会感觉人生自此是圆满。

这位定是女程序员,要求细致有条理:年龄不超过30岁,身高173厘米以上,拥有青涩面容,懂些许小艺术者加分,有衣品者加分,"设计狗"加分,有相同兴趣爱好,技能满满,天南地北的话题都能聊下去的,不仅加分,基本嫁了……

也有真不"讲究"的,要求只有一个:不要太胖也不要太瘦。

还有的要求男方必须不爱吹口哨。

有的女孩特有创意,相亲帖的题目是:少年,你有一个女朋友待查收。

还有的男孩和我一样,估计已婚,他留言:直说了,我不相亲,就是来看看妹妹,困了累了,看看提神,胜过一杯"红牛"。

极少时候，也有男孩上来发相亲帖，一出口便是：在下守身如玉七年整，只为在此寻觅一段良缘，成就西湖边的佳话。

也有痴情男儿，"今早8点15分，在阿里巴巴滨江园区一楼餐厅，看到一个超美的女神，穿黑色镂空连衣裙，跪求花名、工号啊……好想哭，因为没敢偷拍照片啊。"

机会往往刹那间消失，果断拿下或能改变自己的历史。

有一美女发帖：今早在能源公司路口遇见了86路男主，他今天骑自行车了，还是黑色T恤配短裤，一张桀骜不驯的脸，放荡不羁的眼神加上"帅掉渣"的发型，我给打8分……他和我四目相对，我分明看到了电石火光，可惜红灯太短了，他骑走了，远远的背影在风中像一匹孤独的狼。帅哥就是帅哥，蹬车都蹬得那么有节奏感。帅哥，你跟那妹子还没成吧？跟我吧，我懂事听话不粘人，知书达理会做饭，文艺热情小性感……

九分钟后，第一条回复来了：我今天没骑自行车啊！回复者，马云也。三分钟后，美女回复：小马，没有用的，哪怕你骑自行车也不能动摇我的决心……

在阿里内网，繁荣昌盛的帖子除了相亲帖，还有离职帖。似乎成为一个习惯，阿里小二入职时，很少有人发"新人帖"，可能是初到江湖先观望为妙，这么久了，只看到一次"新人贴"，这样写的：走过山，走过海，今天终于进阿里。

离职时，发"离职帖"几乎是必不可少的一个流程。发了"离职帖"，就意味着，大家不再是同学了，改称"校友"了。

有的很知足：挥一挥衣袖，带走了一个姑娘。

有的很文艺：三年相聚此门中，人面桃花相映红，人面不知何去处，余人依旧笑春风。

有的很直接：发个离职帖，证明我来过，哈哈。

有的很婉转：胸中有千言，下笔无一字。

有的很动人：这是第一次也是最后一次发帖子，感谢所有人和事，留下祝福和回忆，然后关机，离开……

有的很伤感：我走了，你们好好过。

有的很干脆：老子不干了。

有的很矛盾：随便记住我，然后忘了吧。

有的很无奈：没法子，回家带孩。

有的满怀意见：领导凭啥不晋升我。

有的剧情大反转：回家卖龙虾，阿里人打折。

有的写实：记得年初，主管给我看手相，他说，我不管工作还是生活都是稳步发展，没有什么大起大落……

有人跟帖：弱弱地问一句，给你看手相的主管是谁？我判断一下，是不是在潜规则……

故事还在上演，演员一批批更换。

迟子建在《群山之巅》的结尾说，一世界的鹅毛大雪，谁又能听见谁的呼唤？

你我本是陌客，数万名阿里小二，平时大都素昧平生，离职之际，发一个小小的离职帖，是告别，也是新征程的开始。留守小二会认真阅读这些原本和自己没有关联的"离职帖"，或说几句鼓励、安慰甚至打诨的话，或留下联系方式提供些许帮助，传递的是瞬间温暖。

前路未知，坎坷多多，但是，黑夜永远挡不住一盏蜡烛的光明。

这些离职者大量出去创业，阿里巴巴园区周边的创业公司星罗棋布。当然，前阿里巴巴员工的身份绝不是创业成功的必要条件，但毕竟有了一些知识和创业积淀。

2014年，阿里巴巴举办首次"校友会"，邀请离职者回家，马云说，阿里巴巴从来不怕员工离职创业，只希望你们能把阿里巴巴的文化使命传播出去。他还说，希望中国未来的500强企业中，有200强的CEO来自阿里。

自从阿里创办以来，超过10万人人为阿里巴巴做出自己的贡献后，因各种原因离职。这就不难理解，马云为何无数次在无数场合感谢离职员工。

阿里人才招聘规定，只要未标注"永不录用"，离职员工可重新应聘，有的主管也会直接打电话往回叫人。

2003年非典前夕，96号员工元春（真名：朱国红，英文名：Julia）离开了阿里巴巴。5年后，她突然接到曾经的主管陈庆探的电话："咋把你给忘了，回来吧，我们一起做支付宝的海外市场。"元春"二进宫"，一头扎进蚂蚁金服，一干就是十年。

2012年9月27日，经过长达一年半的艰辛谈判，日本全日空航空接入支付宝。这张照片上，看到的是元春灿烂的笑容。"成功的背后有多少起起落落、曲曲折折，看似笑着在东京湾留影，真实的状况是因为全日空的谈判受阻，预计3小时的谈判，50分钟就结束了，只好到东京湾散心了。"她说。

96号员工元春,艰难都在身后,美好尽在未来。

元春虽然是学日语的,但中文功底很好,而且字迹娟秀。她在蚂蚁金服十周年的那天,特意写了一篇文章,有这样一句话:十年,弹指一挥间,各种心酸、磨难、伤心都过去了,留下的是一颗更加年轻的心,更好的自己。

朱鸿(花名:一粟,工号:24083)是阿里元老级人物,2000年从湖畔花园搬到华星科技大厦,2002年去美国深造,2009年回国,又回到华星,如今和无招搭档做钉钉。

吴华婷,2001年加入阿里巴巴,2002年离开,2006年再次回来,2009年晋升M5。

李治国,1999年加入阿里,2002年开发"诚信通",2004年离职,创办口碑网,2008年回归,两年后再离职。内网上至今挂着小二从媒体转入的一篇文章《李治国:口碑之父再出发》。

池森，早年入职雅虎中国，雅虎中国被阿里收购，她成为阿里员工，工号4343；之后离职去了一家创业公司，被阿里云收购，再次成为阿里员工；后来离职移民加拿大，2018年3月"三进宫"，担任天猫加拿大运营中心站长。她"二进宫"时有一次偶遇马老师，马老师得知她重回阿里，笑着说："看，你总也逃不出我的手掌心。"

有时会想，在阿里内网，为何只有"相亲帖"和"离职帖"可以生生不息地"霸屏"？相亲代表相聚，小二们，要在阿里这片热土恋爱、结婚、生子；离职代表分离，或因主动，或因被动，他们去寻找外面世界的精彩。

相聚和分离，是人生最重要、最永恒的两大主题，中国几千年的诗歌文化璀璨夺目，主题无外乎聚合离散；在西方文化中，"困守"和"逃离"亦是永恒的探索主题。

阿里最有意思的是，创造性地搞出一个"校友会"，让分离的人能定期相聚。当牛郎和织女可以跨越银河；当吴刚无须伐桂，可以常会嫦娥；当梁山伯和祝英台可以在西子湖畔生死相依……

这是多么美妙的人间乐事啊。

道可道 13

在职是战友，离职成校友。
离职员工是企业文化的核心授粉者，他们走多远，决定企业花香飘多远。

14　从独孤九剑到新六脉神剑

2017年3月13日,阿里"百年湖畔"第35期培训。一开课,先蹲马步,几分钟后,大汗淋漓。源德(真名:姚晓刚,工号:109720)老师说,大家从此"臭味相投"了。

然后,小考。静欢(真名:李云,工号:3473)老师说,可以答不上来,但不可以看别人的,这是价值观问题。就这样,第35期同学们接受了阿里巴巴第一堂价值观洗礼。

阿里"百年湖畔"学员为P9/M4及以上级别,脱产培训5天,"百年阿里"学员为P8及以下级别,脱产培训10天左右,"百阿"培训已超过1000期。

2017年10月,山东绿叶制药高管层来阿里参观,我先介绍了阿里巴巴的价值观。第二个接待人是钉钉团队楼远波(工号:135967),我原以为他会介绍钉钉的情况,不料,这个才到阿里半年、刚刚结束"百年阿里"培训的小伙子,半小时介绍全是价值观。第三个接待人是远波的主管坤西(真名:田群喜,工号:136885),他介绍了一个小时的阿里价值观。

每一期的"百年阿里"都会做一张海报，一张张年轻的脸，一个个憧憬的梦。莫愁前路无知己，天下谁人不识君。

我们三人没有提前商议，绿叶制药的高管们见了3个阿里人，听了三遍价值观。

阿里巴巴价值观的形成不是一朝一夕之间，而是在实践中发展而来的。

有文字记载的阿里价值观最早出现于1999年12月25日，阿里举办第一次圣诞聚会，当时提出"可信、亲切、简单"六字方针。其实不难理解，当时的阿里巴巴以十八罗汉为主，他们很多都是马云的学生，师生之情自然衍生出"可信、亲切、简单"的校园文化。

纵观阿里巴巴，其企业文化演变大概是这样的：从最初的校园文化到阿里巴巴初期B2B简单、开放、纯粹的"中供铁军"文化，再到后来以淘宝为载体的互联网创新文化。三种文化共同共融、相辅相成，不是彼此取代。

14 从独孤九剑到新六脉神剑 | 159

2000年春天，阿里搬进杭州文三路477号华星科技大厦。这时，发生了楼文胜带头的"上书马云"事件。经过彻夜沟通、毫不设防的交流，十八罗汉真正懂得了"简单"的至深含义，由此，阿里土话多了一句"因为信任，所以简单"。"简单"逐渐演变成阿里价值观"独孤九剑"中的"简易"。随着公司发展，马云又把"简易"引申为"直言有讳"。"直言"，就是开诚布公，有话当面说，面对面解决问题。"有讳"，就是说话要注意方法，不要情绪化，不要感情用事。

逍遥子说，有事说事，再激烈也行，但不能拍桌子骂娘。为何强调这一点，他刚来阿里时，真遇到双方为业务争吵不下，直接跳到桌子上开骂的情况。

关明生到任后，马云召集几个"O"们开会，马云讲公司愿景、使命，关明生说："马云，你讲的这些是很好，但是有没有写下来。"马云马上停下来说："Savio，对啊，我们从来没有把它写下来。"于是，大家决定写下来。

马云憧憬阿里的愿景，说了一个数字：102。"'102'是很'马云'的。"关明生回忆，阿里创办于1999年，是20世纪最后一年，跨过21世纪一百年，"跳一跳、摸一摸"（马云常说这句话），再够到一年，就可以实现用最短时间横跨三个世纪。

要做一家102年的公司——阿里巴巴的愿景就这样诞生了，并且记录了下来。

多少年后，我们还会有些惊诧，阿里巴巴初创时期，规模很小，就把"使命"定为"让天下没有难做的生意"，至今沿用。"马云用这一句话点明核心要义，这个是很难的。"关明生说。

后来，每当阿里巴巴业务遇到瓶颈或产生疑惑的时候，大家会一致地用"让天下没有难做的生意"来卡位，符合这个标准，继续推进，不符合，赚再多的钱也要砍掉。

一个公司有了愿景、使命，自然落脚到价值观。曾鸣认为，阿里之道的核心是使命、愿景和价值观，赢利只是一个企业的存在基础和最低要求，卓越的企业必须有超越赚钱的追求。

使命告诉员工共同的追求是什么，企业存在的目的和意义是什么；价值观是员工的企业行为规范，共同价值观增强企业凝聚力，也极大降低沟通成本；愿景是对企业未来的预判，实现愿景的战略选择决定企业的发展方向。

当时，阿里巴巴有很多价值观，关明生问，到底有多少条？金建杭立刻拿出一叠纸，里面写的都是价值观。关明生说，太多了。他和彭蕾、金建杭开始梳理，"搞了半天，整个玻璃板写满了，最终梳理出九条价值观。"马云取名为"九阴真经"，这群金庸迷突然发现风头不对，梅超风练"九阴真经"走火入魔，于是，马云改为"独孤九剑"。

一提价值观，很多人感觉是玄之又玄的"形而上学"，尤瓦尔·赫拉利为我们提供了一个活生生的中国案例。1830 年，世界上诞生了第一条铁路，1876 年，火车第一次在中国大地上轰鸣而过，英国人修的，李鸿章本想推广，从民间到官方一致反对，认为会惊了"土地爷"。最终，清政府花了 285000 两白银买下这段铁路，把铁轨、枕木全部撤除，运到大海孝敬"龙王爷"。赫拉利说，清王朝不是没有钱进行技术革新，而是没有西方人当时极力推崇的发展和创新的"价值观"。岂止是一条铁路，纵观中国封建王朝，从盛世大唐到落魄清朝，不是中国人种弱化了，是价值观从高度的"开放兼容"缩窄到了严酷的"闭关锁国"。等到后来，提出"师夷长技以制夷"时，大势已去，只能留下一个王朝一声叹息的背影。新中国成立以后，尤其是经过40年的改革开放，中国已醒目地屹立于世界民族之林，凝聚中华儿女思想智慧而形成的社会主义核心价值观，也成为国家和民族不断前行的力量。

阿里巴巴是一个鼓励内部创业、鼓励员工自我驱动的平台，这个驱动力的核心就是价值观。马云讲过一个故事。有一次，阿里巴巴诚信通员工，一下子被其他公司挖走七八个，那家公司很高兴，两个月后，公司老板说，马云，你派了一批间谍到我们公司。"这帮人到了我这儿，天天讲使命，讲价值观，把我们搞得颠三倒四，很快，我们变成另一个阿里巴巴。"我到过很多创业公司，尤其是前阿里员工创建的公司，他们都直接使用阿里所有管理模式，尤其是价值观。马云说，单打独斗，我们可能不如别人，团结在一起，阿里系就会非常强大。他还说，对阿里来说，拥有共同价值观和企业文化的员工，是最大的财富。

"独孤九剑"是阿里巴巴第一套明确的、真正的价值观体系，从2001年沿用到2004年。"九剑"分别指激情、创新、教学相长、开放、简易、群策群力、专注、质量、服务与尊重。这九条价值观从100多条中精选出来，乍看，并列存在，其实暗含三条轴线。

一是"创新轴"：创新、激情、开放、教学相长。激情是核心，开放是特色。

二是"系统轴"：群策群力、质量、专注、服务与尊重。强调客户第一，关明生把它总结成一句话，今天的最高表现是明天的最低要求。

贯穿"创新"和"系统"两条轴线的是"简易轴"：创新要简易，系统也要简易。简易，就是防止内部产生官僚主义作风，防止办公室政治。

阿里"独孤九剑"于2001年1月14日形成正式文本，纳入绩效考核，HR初期推行很困难，争议很大，一年后，员工慢慢接受了。

2004年，阿里巴巴重新整合价值观体系，"独孤九剑"凝练为"六脉神剑"，导向更明确，执行更容易落地。

"六脉神剑"分别是：客户第一、团队合作、拥抱变化、诚信、激情、敬业。

价值观

- Customer First
- Teamwork
- Embrace Change
- Integrity
- Passion
- Commitment

客户第一： 客户是衣食父母
团队合作： 共享共担，平凡人做非凡事
拥抱变化： 迎接变化，用于创新
诚信： 诚实正直，言行坦荡
激情： 乐观向上，永不放弃
敬业： 专业执着，精益求精

"六脉神剑"并未高出一个人正常的自我要求，真正做到也不难，难的是一直坚持这样做。

"六脉神剑"，在我看来，也蕴含着三条轴线。

一是"世界观"，"诚信""激情""敬业"，是对员工的基本素质要求；

二是"方法论"，"团队合作""拥抱变化"，告诉员工具体的工作方法，也可以理解为阿里江湖的游戏规则；

三是"终极目标"，"客户第一"是价值观的第一条，也是价值观的

最终目的。

"六脉神剑"与"独孤九剑"相比,自然是"青出于蓝胜于蓝"。它的出炉不再是几个高管们的共同协商,而是经过了更大范围的共商。2004年8月,HR先拿出基本方案,组织员工讨论,最后投票表决产生。

4年后,阿里巴巴经过集团组织部全体成员讨论,由总裁会议审议并通过针对M4/P9及以上管理人员的价值观体系——"九阳真经"。这是阿里巴巴的领导力模型,它第一次提出领导者所需要的品质和特性。"九阳真经"在原有六条价值观基础上,增加了三条,并纳入M4/P9及以上员工绩效考核和年度360度测评。

第一条是眼光,需要领导会看,看到别人没有看到的机会,不管能否看清未来的方向,至少自己要经常去思考,经常抬头看路,而不是一直埋头赶路。

第二条是胸怀,分三个层面解读:一是,领导者是寂寞的;二是,胸怀是冤枉撑大的;三是,心态开放,能倾听,善于换位思考。

第三条是"九阳真经"中非常独特的一条:超越伯乐。也分三个层面解读:一是,找对人,知人善用,用人所长;二是,养好人,在用的过程中养人,在养的过程中用人;三是,养成人,培养接班人,鼓励青出于蓝胜于蓝。

马云在"百年湖畔"第35期上课时就提出,"你们这批人最重要的一个工作是找到比你们更优秀的年轻人。"

从"独孤九剑"到"六脉神剑"再到"九阳真经",是集体智慧的结果,也是与时俱进的发展。

每天发生在员工身上充满生活气息的故事，自发或者有意地传播，比如"老贺跳西湖""挑着扁担跑客户"等故事，经过"百年阿里""百年湖畔"等课堂讲述，耳熟能详，渐成榜样。故事多了，升华为"中供铁军"的集体精神塑像，激发更多人的践行。故事中当事人的"金句"，演变形成阿里土话，绵长悠远，溪水静流，汇聚而成阿里巴巴价值观。它是一种共同的约定，可帮 HR 找到一群志同"道"合的阿里人，同时，也是阿里人的日常相处之"道"。

企业文化是抽象的，但是它可以具象到个体身上。阿里巴巴合伙人制度，正是一种为坚守阿里使命、愿景、价值观而形成的特殊文化现象。2014年，阿里巴巴美国上市的同时，第一次向外界宣布了首批30名合伙人。分别是：

石义德（Timothy A.STEINERT）、蔡崇信、蔡景现、曾鸣、程立、戴珊、樊路远、方永新、胡晓明、姜鹏、蒋芳、金建杭、井贤栋、刘振飞、陆兆禧、马云、倪行军、彭蕾、彭翼捷、邵晓锋、童文红、王坚、王帅、吴敏芝、吴泳铭、武卫、俞思瑛、张建锋、张勇、张宇。

2015年12月，新增4位合伙人：俞永福、郑俊芳、赵颖和孙利军。至此，阿里巴巴合伙人70后占比高达85%。

2016年8月，陆兆禧、姜鹏宣布退休，成为荣誉合伙人，不再行使合伙人权利。2017年2月24日，新增四位合伙人：胡喜、吴泽明、闻佳、曾松柏。

至此，阿里合伙人总人数增至 36 人，其中，胡喜（花名：阿玺，工号：10759）和吴泽明（花名：范禹，工号：2162）均为 80 后，胡喜入职 10 年，吴泽明入职 13 年。

阿里巴巴合伙人制度不同于一般企业的"合伙制"，不是根据股份多少分配董事席位，它是一种荣誉，希望通过合伙人来坚守和传承阿里文化。

彭蕾介绍，阿里要走 102 年，必须要有组织保障，合伙人制度就是基础保障。这是弘扬阿里精神、承担阿里使命最核心的一群人，他们一起共同传承文化，坚守价值观，从而保证组织持久发展。最终，阿里会有 102 名合伙人，为阿里巴巴 102 年负责。

马云在一次大会上说，合伙人就是阿里巴巴坚守理想主义和现实主义的一群人，他们是公司的免疫系统。

时光回到 2009 年阿里巴巴十周年年会，十八罗汉手牵手，郑重宣布联合辞去创始人身份。当晚，一名小二在内网发了一句超有"预言"性的话，"阿里，将迎来合伙人时代。"距离阿里巴巴公布首批合伙人 5 年之久。

马云在 2013 年一封致全体员工的邮件中说，人总有生老病死的那一天，创始人总会因各种原因离开公司，大部分公司失去创始人之后，会迅速衰落蜕变成一家平庸的商业公司，我们希望阿里巴巴走得更远。

其实，从 2010 年开始，集团内部已经试运行"合伙人"制度。

阿里要求合伙人具备优秀领导能力，高度认同公司文化，有积极贡献，愿为公司文化和使命传统竭尽全力。

2017年年初,阿里巴巴合伙人出资10亿元建设杭州云谷学校,随后,5.6亿元捐建浙大余杭医院,也有合伙人的资金。

马云强调,合伙人制度,不是建立利益集团,不是为了更好地控制这家公司,而是传承使命、愿景和价值观,确保阿里创新不断,组织更加完善,更有竞争力。

胡喜和吴泽明成为合伙人后,一起给我们做过分享。他们原本都是在本职岗位上默默无闻地工作,岗位级别也不是很高。突然,有一天被马老师叫去,他们都表示"惊呆了",以前连马老师的办公室在哪里都不知道。他俩的共同感受是,在阿里,只要你干好自己的活,机会就会慢慢向你抛出橄榄枝,相反,平时想三想四,总想去捞些东西,可能啥也得不到。

彭蕾有一次在价值观复盘座谈会上展望:"我希望价值观考核有一天真的可以取消,不是说到那一天价值观不存在了,而是已经渗透到每一个阿里人血脉之中,那是一种大音希声、大象无形、大道无言的愿景。"

到阿里后,外界很多朋友问我,听说你们阿里的价值观是洗脑,就是为了骗着员工多干活。我说,如果天下有一种洗脑,可以让人快乐、向善、进取、助人、创新,能承担社会责任,促进社会进步,引领家国情怀——那,这种"洗脑"宁愿多一些。

王帅有一年接受采访时说,我们六大价值观有哪一条是教人学坏的?你们把这些东西想简单一些就好了。还有一名记者详细研究阿里价值观后,写了这么一句：马云，是不可复制的，阿里价值观是值得其他企业复制的。

2019年9月10日，阿里巴巴20周年年会在杭州奥体中心举行，逍遥子正式接棒阿里巴巴董事局主席，他在年会上宣布升级阿里巴巴价值观，即"新六脉神剑"。"新六脉"是"老六脉"的传承。"客户第一、员工第二、股东第三"是终极目标，没有变化，这也是阿里巴巴最为特别的一条价值观。"因为信任，所以简单"，对应"老六脉"的"团队合作"与"诚信"；"唯一不变的是变化"，对应"拥抱变化"并诠释了"拥抱变化"的原因；"此时此刻，非我莫属"对应"激情"；"今天最好的表现是明天最低的要求"对应"敬业"。"新六脉"六条价值观之间也不是孤立存在的，"因为信任，所以简单"和"此时此刻，非我莫属"呈现一定的因果关系；"今天最好的表现是明天最低的要求"与"认真生活，快乐工作"相辅相成、互为补充。

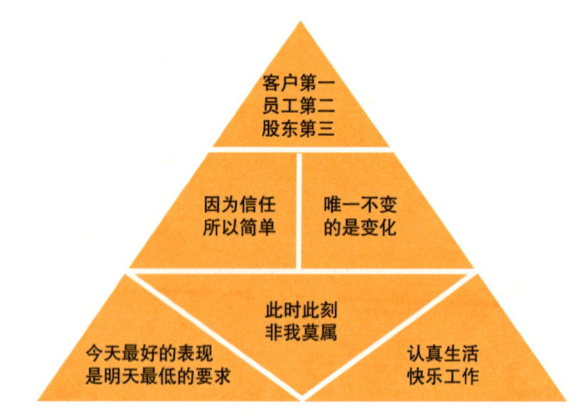

"新六脉神剑"。

"老六脉"中的"诚信"在"新六脉"中不见了。不是"诚信"消失了，而是阿里巴巴经过20年的发展，诚信已经浸入阿里巴巴的文化血液和骨髓中。"认真生活，快乐工作"进入"新六脉"是有历史缘由的，老阿里人都知道，20年来，对阿里员工乃至员工家属来说，如何平衡工作与生活是一门艺术，也是内网多年来的一个热门话题，这八个字是平衡两者的一个倡议。

在语言构成上，"老六脉"主要是词汇组成，是书面语，不利于传播。"新六脉"是口语，这些口语又非凭空想象，每一句都是"阿里土话"。每一句"土话"都有当时的历史背景和诞生缘由，都是一个阿里故事，融入了阿里人的共同经历，也是阿里人独特的个性表达。简单说，"新六脉"更有阿里味。

另外，"新六脉"的口语式传播更切合年轻人的生活习惯。"新六脉"图示依旧是金字塔形状，底层三条价值观可以理解为个人层面的"世界观"，中间层两条价值观可以理解为团队层面的"方法论"，塔尖仍是终极"目标"。"新六脉"的出炉从2018年8月到2019年8月，阿里合伙人一年之间开了五次专题会议，直到逐字确认终稿——阿里巴巴历史上，一个议题连开五次合伙人会议，别无先例，也可理解，马老师为何屡屡说，阿里巴巴每一次决定的重大事情都跟钱无关。

纵观阿里20年历史，价值观从"独孤九剑"，到"六脉神剑"，再到逍遥子宣布"新六脉神剑"，三次演进与阿里三段创业史高度吻合，从"独孤"时代的B2B，到"六脉"时代的淘宝、支付宝、阿里云、钉钉、大文娱、飞猪、新零售；再到"新六脉"时代的阿里巴巴在香港上市、数字经济时代的商业操作系统等等。

经过20年发展，阿里巴巴形成了三大基础设施：合伙人，是人的基础设施；使命、愿景、价值观，是文化的基础设施；阿里巴巴经济体，是组织执行的基础设施。

外界很好奇阿里巴巴的价值观，更好奇价值观如何进行考核。2004年，为了强力推行"六脉神剑"，阿里绩效考核破天荒地把价值观上升到前所未有的地步：价值观50%，业绩50%，六条价值观中每一条又细分为递进式的 5 条标准，实行通关制，达不到第一条标准，下面自动停止，分值从最低 1 分到最高 5 分。2013 年，考核方式优化为：业绩和价值观分开考核，业绩决定薪酬，价值观则从"通关制"变成 ABC 制，一般情况下，A 意味着榜样，B 代表大多数的正常，C 代表需要改进。在阿里，不同的业务群，A、B、C 占的比例不同，比如，钉钉价值观打 A 的比例一般在 10% 左右，可谓严上加严。按照阿里业绩考核，3.75 为优秀，3.5 为合格，3.25 为不合格。一个财年，原则上 30% 晋升，60% 保持不动，10% 淘汰，淘汰的基本原则是连续两次 3.25。举个例子，一个员工年终绩效得了 3.75B（业绩 3.75，价值观 B），另一个员工得了 3.5A，可以理解为，前者业绩好，后者价值观更优。

阿里绩效考核又是极其灵活的。蒋芳在 2015 年集团组织部大会上介绍，3.25 不一定意味着淘汰，3.5 也不一定意味着不淘汰。3.25 要看什么情况下得的，如果是组织需要，也全力以赴了，只是竞争不利，或者其他因素，说不定会继续给予机会。"一次战场打不下来，可以接着攻嘛。"她说，"如果这团队固守不前，追求'无过即是功'，或者付出了很多，团队没有凝聚起来，抑或，别人可能明显会做得更好。这样的团队拿到 3.5，我们可能也会跟你谈，对不起，把机会留给充满活力、渴望创造的人吧。"

马云举过电视剧《历史的天空》的一个场景：志愿军接到撤退命令，突然发现一个军事要地，美军在此登陆，志愿军就很危险。如果只盯 KPI，撤退就是了，但他们选择留下来——这就是尊重价值观的选择。

阿里不缺少这种真实的案例。杨菲（花名：菲机，工号：63220），有一年转岗到淘宝营销中心，作为营销小白，做的第一个项目是助卖甘肃民勤甜瓜。商家叫小何，农科院毕业，她带着浓厚的西北方言给杨菲打电话，想把民勤瓜推向全国。网上卖瓜、品控、物流、售后等都存在巨大风险。

按照 KPI 考虑，这是一个坚决不能做的项目。小何给她打了很多个电话，最终，她决定冒险。"那段时间非常痛苦，我和小何都是新手，一个坑接一个坑地踩，彼此都没有想过放弃，就这么蹚过来了。"民勤甜瓜甜如蜜，一经推出，备受热捧，卖了一百多吨，破了淘金币单坑记录。甜瓜发货是个大问题，杨菲一个人跑过去盯发货。在火车站，第一次见到小何，这个瘦弱的姑娘，骑着一辆巨大的摩托车。"我心惊胆战地坐在后座，跟着她七绕八绕穿行在狭窄的村道，终于抵达瓜地仓库。"

一辆摩托车承载着卖家和小二战友般的感情，飞奔着"让天下没有难做的生意"的梦想。

14 从独孤九剑到新六脉神剑

"置身香瓜浓郁的香气里，看着快递公司一辆又一辆的大卡车把香瓜拉走，从粮仓高高的气窗看出去，能看得到黑绒布般的天幕下，繁星点点。"这是杨菲写下的一段优美的文字，只有和卖家真正零距离在一起，才能身临其境，写出发自肺腑的文字，不是为了KPI，是为了理想，为了内心的价值观……

价值观确保方向正确，KPI指导做事正确。或者用逍遥子的话说，KPI考核的是做事的结果，价值观考核的是做事的过程。

那么，阿里绩效考核中KPI和价值观之间的尺度如何拿捏？擅长系统化、文本化的关明生曾做出明晰的分类和定位：第一种是无业绩、无价值观，这样的员工辞退；第二种是业绩好、价值观不好，如不改变，也将被辞退；第三种是无业绩、有价值观，就像"小白兔"，这种员工会得到帮助，如果一直不提升，混充不干活的老好人，也将被淘汰；第四种是业绩正常、价值观也正常，这是大多数，将得到培养和提高；最后一种是业绩好、价值观也好，这种人自然晋升机会多，工资期权也高，是公司极力培养的人。

2019年9月"新六脉"发布后，价值观考核方式广泛征求意见，并在不同群体试行，最终决定实行"0&1"（非0即1）并换算为ABC制。六条新价值观中，"认真生活，快乐工作"不做考核，其他五条价值观每条细化为四条标准，每条标准达到者得1分，达不到者得0分，五条价值观共计20分。原来的ABC制，界限相对模糊，实行"非0即1"后，考核更直接，更容易对标。"0&1"打分完毕，根据总分再换算成ABC。原则上，总分≥16分，价值观为A，含义界定为：表现优秀，是阿里人学习和追求的榜样；10分—15分，价值观为B，含义界定为：符合价值观基本要求，是合格的阿里人；总分≤9分，价值观为C，含义界定为：有明显差距，需要具体的改进计划。如果出现违规违纪，不管总分多少，主管可直接打C。

"新六脉"要求所有员工都必须逐条进行价值观考核,价值观考核适当与绩效奖励挂钩,但 ABC 打分不强制分布比例。

纵观阿里价值观考核,从通关制到 ABC,再到"0&1"式的 ABC,这是阿里文化 20 年来的自然承接,整体呈现出"从严到宽,从粗到细"的大概过程,前者指组织的整体要求,后者指员工的自我要求。如今,阿里小二大都明白一个道理,价值观考核的目的绝不是考核本身,它有两个重要意义:一是,对员工而言,考核不在于得了几分,它是自我审视、自我纠偏、自我提升的一个对标器;二是,对组织而言,通过考核促进主管与员工、员工与员工之间的沟通、对焦甚至是争论,最终达成共识。

道可道 14

一、什么决定你的价值观?过往经历。所以价值观没有绝对的对错之分,越能容忍他人的价值观,自己越能融入社会。

二、价值观等同于人品道德吗?不,后者有基本的共识,比如仁、义、礼、智、信,价值观则多种多样。越多样,包容度越强,协作性越强,创新力越强。

三、公司为什么要有统一的价值观?使命是目标,愿景是未来的模样,价值观确保大家一起完成使命,就像高速公路两侧的栏杆,拆掉栏杆,跑得越快越容易翻车。

四、价值观为什么要考核?不考核就不能真正落地,尤其是刚开始。

五、价值观恒定不变吗?一定要与时俱进,阿里的六条价值观也不是铁律。而且,价值观不宜太多,越多越不容易执行。

——摘自阿里小二霜波在百阿课堂的答同学所问

15　客户第一、员工第二、股东第三

阿里巴巴纽约上市敲钟人共有八位，没有马云。其中，有两位淘宝店主，一位是前奥运跳水冠军劳丽诗；另一位是四川女孩王淑娟，她是海归，带动青川地震灾区电商创业。

还有在村里创业的农民网商王志强；一边送快递一边收集旧书建立两所乡村图书室的快递员窦立国；淘宝头号铁杆粉丝、用户代表乔丽；90后"云客服"黄碧姬；自闭症儿童康复教师、"淘女郎"何宁宁；美国农场主Peter Verbrugge，他把美国车厘子卖到中国。

2014年9月19日，阿里巴巴在纽约证券交易所挂牌，股票代码为"BABA"，IPO（首次公开招股）价格为每股68美元。

纽交所小小的敲钟阳台上，8名嘉宾敲响上市钟，马云及所有员工在交易大厅，他拿起一把锤子在一个角落拍照留念。他说："我们努力了15年，不是为了让我们自己站在台上，是为了让客户站在那里。只有他们成功，我们才会成功。"

这就是阿里价值观——客户第一。

马云在无数场合公开说，阿里巴巴永远不是一家股东第一的公司，从来秉承"客户第一、员工第二、股东第三"。

世界上最有"权力"的公司是东印度公司和西印度公司。东印度公司为了压榨客户和殖民需要，所有船只装有大炮，并组建了当时军事力量最强的海上舰队。100多年时间里，印尼大部分岛屿被践踏在东印度公司铁蹄之下。西印度公司长期占据纽约曼哈顿中心地带，为了打击土著居民，建立了一道防卫墙，就是后来大名鼎鼎的华尔街（Wall Street）。他们是典型秉承"股东第一"的公司，如今，除了臭名昭著，一切不复存在。

卫哲在2004年写过一本书《金领》，这本书里有他在伦敦商学院花了180000英镑学到的三句"精髓"，5年后，他说："今天证明有两句是绝对错误的。"

那些信誓旦旦在路演时告诉卫哲"我们是长期投资者"的股东们一遇到经济危机全部不见了。"我们对股东负责，可是股东在哪里？股民呢？好多人买了股票，还没捂热乎就卖，只当三天的股东，你怎么对他负责？"卫哲改变了自己原有的观点，他意识到，一个组织有很多利益相关者，很多客户正是为了逃离经济危机跑进阿里巴巴怀抱，他们不关心阿里股票价格，只需要阿里和他们一起发展。"尤其2008年全球经济危机之后，当股价真正跌到几块钱的时候,我的体会最深,那时股东显然把我们抛弃了,只有客户和员工一如既往地存在。"

阿里巴巴"六脉神剑"价值观第一条就是"客户第一",包含五层意思:

一是,尊重他人,随时随地维护阿里巴巴形象;二是,微笑面对投诉和受到的委屈,积极主动地在工作中为客户解决问题;三是,在与客户交流过程中,即使不是自己的责任,也不推诿;四是,站在客户的立场思考问题,在坚持原则的基础上,最终达到客户和公司都满意的目的;五是,具有超前服务意识,防患于未然。逍遥子发布的"新六脉神剑"对"客户第一、员工第二、股东第三"加入了"诠释":这就是我们的选择,是我们的优先级。只有持续为客户创造价值,员工才能成长,股东才能获得长远利益。"六脉神剑"中"客户第一"的五层含义进化成"新六脉"的四条递进性"行为描述":心怀感恩,尊重客户,保持谦和;面对客户,即便不是自己的责任,也不推诿;把客户价值当作我们最重要的KPI;洞察客户需求,探索创新机会。简化后的价值观行为描述更加清晰,更易卡位。

"客户第一"源自"独孤九剑"中的"服务与尊重"。"服务与尊重"在"独孤九剑"中列最后,为何到了"六脉神剑"中成为核心?这是因为随着公司壮大,客户对于企业的重要意义也越来越大。

纵观阿里,会发现一个变化。创业初期,尤其是互联网泡沫时,阿里巴巴很重要的目标是熬过初创期,获得长远发展,2002年赚1元钱,2003年一天收入100万元;2004年一天赢利100万元;2005年一天纳税100万元。往后,阿里巴巴逐步围绕解决社会问题布局阿里生态,阿里18周年时,马云说,一个企业必须要有社会担当。2017年12月1日,他把社会脱贫定义为阿里巴巴战略产业。

——这是一个企业由微小到伟大的博大格局。

童文红,刚入职阿里时做前台,经常挨客户的骂,她总是细致接待,积极解决问题。一次,她有事走开,关明生替她接电话,他一接电话客气地说:"你好,阿里巴巴。"

"阿里巴巴,你好个屁。"对方骂了大约半小时后,问:"你还在吗?"关明生说:"还在。"

"我骂完了,舒服了,最起码,我要知道我骂了谁。"

"我是公司首席营运官。"

"今天捡到这么个大官来骂,很过瘾。"然后,双方静下来谈问题,解决问题。

2017年10月9日,马云专门去看望阿里客服的同学。他说,今天不管是钉钉有问题还是蚂蚁有问题,或是优酷有问题,都是客服的问题,客服是真正的第一线。"阿里巴巴不要求每个人都变成销售人员,但每个人必须是客服人员。"

有人说阿里是电商公司,有人说阿里是互联网公司,也有人说阿里是大数据公司,说到底,阿里是一家服务公司,要真正变成一家世界级公司,不是产品让客户尖叫,是服务让客户尖叫。

马云认为,客服应是阿里最精锐的部队,因为跟人打交道,比跟机器打交道难多了。"对于客服的待遇、设备、设施的提升,我一点都不心疼,一定要给足够好的环境,足够好的工具。"他说。

淘宝自诞生起,就注入了"客户第一"的基因,"亲"和"小二"无疑是最佳注解。谁都知道创业艰难,开张累得口干舌燥,不开张急得眼冒火星。一声"亲",一句简单的安慰,慰藉了创业者几多辛酸。

阿里员工自称小二,更是划时代的变革。店小二,很难追溯源头,是中国古代饭店、茶馆、酒肆等地方服务人员的统称。古装影视剧频频出现这样的镜头:客官落座,刀剑落桌,一声"小二",一个勤快的身影,微微低着头,端着脸盆、毛巾笑脸迎来,客官洗尘之际,小二用抹布已经将桌面抹得干干净净……

社会进化到互联网时代,淘宝员工真心自称"小二"的时候,不只是恢复了一个简单的古代称谓,而是真正诠释了什么叫"客户第一"。

2008年,全球经济危机,马云发出名为《冬天的使命》的内部信,要求全面降价"中国供应商",当时,全世界中小企业纷纷倒闭,最终,10多万家阿里客户抱团取暖,一起走过危机。2020年,新冠肺炎。阿里经济体发布《告商家书》,力推20项具体措施,从减免、扶持等各个方面助力企业渡难关。

在关明生看来,"客户第一"一定不能混淆成"业绩第一"。曾有一个员工拿了55个黑单(默许骗子购买"中国供应商"产品,然后欺诈国外客户),这个员工的六条价值观只剩下"激情",其他的全部变成了"业绩第一",这种员工必须马上开除。

有一年,关明生去广东大区走访,这个大区业务非常多,不料,关明生说,你们攻山头,一定没有问题,但不可以为了攻山头牺牲了"客户第一",所以,你们业绩再高,也得不到3.75。

"客户第一"还体现在"有所不为"上。

李金凤几年前曾遇到一个客户说:"小李,我不太想用你们的产品,但还是用吧,不知道接了你们多少电话了,什么网销宝、黄金展位……太烦了,办一个吧,哪怕办之后,换一个电话号码。"李金凤坦言,这是我们阿里巴巴想要的吗?这已经伤害客户了。

曾有一个山东三线城市的房地产老板,拿出"身家性命",要做"中国供应商"的生意,"中国供应商"明显无法把他的房子卖到全世界。关明生说,这时,谁把他发展成"客户",这就不是"客户第一",是"客户的钱第一";谁做好解释工作,不让人家购买,这才是真正的"客户第一"。

博士王坚对"客户第一"的理解极为深刻,并表现出强烈的忧患意识。上海有一家客户,工作条件很差,空调外机安装在室内。去见这个客户的时候,人家提了十几个问题,都是阿里云以前没有回应的问题。博士气愤地问同事:你们敢不敢看着客户的眼睛说已经尽到了责任?

员工如果不和客户生活在同一个世界里,就相当于站在参谋部放枪,战壕都去不了,枪怎能打出去,打不出去,敌人早晚会打进来。

博士让员工自问,客户的门你摸到了吗?他举例,阿里早期"诚信通"人员,平均谈150个客户才能签一单,现在有的员工能不能有被客户拒绝一次的勇气呢?

有员工说,阿里云这么多客户,我们就几个人,服务不过来,博士反问:我从来没让你服务每一个客户,你把一个客户服务透了,连人家家里的情况都了解得清清楚楚,你就可以服务好所有客户。

博士看到令他忧心忡忡的现象:一些新员工很傲慢,嘴上说"客户第一",心里想的是"我很牛,所以我可以服务好客户"。

他举例,阿里云把中国银行搬进"云",有员工说,这是阿里云在为企业服务。博士说，这是我们的客户，这是为了我们自己的生存。这个员工的说法表面上是"客户第一"，内心隐藏不住自我的傲慢。

于是，他提出阿里云必须"疯了"一样解决好客户的问题。

王坚不愧是博士，总结得非常到位："客户第一"不是理论问题，是个实践问题。挂在嘴上，终究是个理论；跑在腿上，才是实践。

想起钉钉，找他们的人，从老大"无招"到一众小二，得到的答复经常是"跑客户去了"。

彭蕾讲过一个好的领导要用"客户第一"的思维进行自我角色定位。对上司，站在上级的位置上想问题，坐在自己的位置上做事情；对同事，不要让自己的队友失败；对下属，让他们成长，用心保证员工资产增值；对客户，做正确的事。

逍遥子曾告诉菜鸟，不管如何发展，最终还是用户体验决定一切，必须回归到用户体验的细节上：包裹是不是破损，快递礼仪是不是到位等。他提出菜鸟要把客户的"体感指标"列入目标考核。童文红也说，菜鸟做的事很多，但都是00000……前面的"1"是客户体验。

阿里组织部大会每年都会颁发两个客户体验奖：红草莓奖和烂草莓奖。红草莓奖颁给客户服务优秀的团队；烂草莓奖颁给客户服务不到位的团队，这个奖要求团队一把手上台领奖。

菜鸟配送运营部总监熊健自我提名过烂草莓奖，他负责的一个团队为拓展单量增长，忽略消费者体验，对农村淘宝服务站覆盖范围内的消费者默认勾选代收包裹，导致消费者包裹被莫名签收。他说："我们错了，错了，也应该拿出来分享。客户体验不是数据，是情感，是人心。"

"明知道可能会损害消费者体验,为了KPI,还这样做,是绝对禁止的。"菜鸟总裁万霖说。

2017年双11前夕,逍遥子"空降"双11项目组,连发三问:给用户的红包发了吗?用户对双11各项优惠和回馈实惠爽了吗?商家对天猫平台服务和系统支持满意吗?

老逍强调双11成功的三个基础标准:消费者收获消费快乐和实惠;商家实现与消费者互动和业务增长;阿里巴巴通过服务经验获得成长。这次双11,与以往不太相同,"祝你双11快乐"成为中国大街小巷的流行语,它契合了当前这个时代人们内心的情绪共鸣。

一个企业把生产"快乐"作为第一要素,这不单单是业务诉求,更是对"客户第一"的终极自我要求。

一个漫画师脑洞大开,将双11纳入与春节、清明、端午、七夕、中秋并列的"中国传统文化节日",制作出一组好玩的"源起华夏中国节,还看今朝狂欢日"的节日漫画插图。双11的终极目的或是形成共识,聚成文化,最终形成民族记忆。

道可道 15

客户第一不是定理,是公式,需要验算来证明,否则就是空洞的口号。

客户第一,是多赢游戏;股东第一是零和博弈。

16　因为信任，所以简单

刚来阿里，问师兄在哪里签到打卡，他说，阿里员工不需要打卡，上下班时间根据工作安排，自行决定。申请出差，虔诚地摆下纸，一手楷书，写明出差事项以及重大意义。拿着纸找主管签字，答曰：网上自审自批。准备垫钱先买机票，答曰：公司自动支付给航空公司，员工只管满世界飞。在全国各地打车，公司自动结算。在单位加班，晚上9点，夜宵免费，自由领取，不用审批，下班可免费打车回家。在各楼层的文印室，笔、本及其他办公用品随时拿取。

——这些，都无人监管。

阿里的财务报销挺有意思，整个公司很少发布很硬性的通知，有一次，来了一则硬性的，是个财务报销说明，大体意思是，员工招待餐饮标准超标，以往必须主管网签，考虑到"任何员工都不会有恶意报销行为，也不会特意超标，一定原则内的超标，无须主管签字，直接进入报销流程"。

阿里B2B公司早前出台过一项福利政策，为孕妇发孕妇装，一个人两件，一年大约六百人领取。申请方式是先报名，主管批准，持医院怀孕证明领取。年底复盘,这项政策被批为"愚蠢"政策,一是谁会装孕妇,大肚子咋能装出来?二是要信任员工,哪个员工会赚这个小便宜。这个政策随即叫停,改为员工自主领取,不再审批,也取消医院证明,结果发现,领取数量和政策取消前基本差不多。

很多企业来阿里参观,总想学着搞平台、建大数据,说实话,这个有点难,高度信任员工,可不难。

马老师举过一个小例子。一次,他去一家企业参观,看到这个企业一到中午就关灯,老板为了省电,却告诉员工为了让大家休息一会。

"这家公司出大问题了,对员工如此不信任,省电就说省电,员工会理解的,编个理由,这是拿员工当傻子。"

一个对男人不放手的女人不是智慧的女人;一个对员工不信任的公司不会成为伟大的公司。透过一个大的社会背景看,上古部落一路发展到互联网社会,熟人宗系的狭小圈子过渡到陌生人点击链接式的协作,等级森严过渡到透明平等。体现在人际关系上,是建立陌生人互信的社会管理体系,找熟人办事的日子终将一去不复返。

"因为信任,所以简单"是支付宝的 slogan,也是"新六脉神剑"的价值观。"新六脉"对"信任"的诠释为四句:世界上最宝贵的是信任,最脆弱的也是信任;阿里巴巴成长的历史是建立信任、珍惜信任的历史;你复杂,世界便复杂。你简单,世界也简单;阿里人真实不装,互相信任,没那么多顾虑猜忌,问题就简单了,事情也因此高效——分别从人类共性、企业基因、为人、处事进行了四维构建。"因为信任,所以简单"有四条行为描述:诚实正直,言行一致,真实不装;不唯上欺下,不抢功"甩锅",不能只报喜不报忧;善于倾听,尊重不同意见,决策前充分表达,决策后坚决执行；敢于把自己的后背交给伙伴，也能赢得伙伴的信任。这四条也可以理解为实现"团队合作"由易到难的四条方法论。

一天深夜，见到无招，他说，老逍来钉钉"视察"，看完后说，钉钉之所以发展这么快，与集团的战略分不开。

"啥战略？"我问。

"不干涉。"他说。

集团还给了他们两个"不"：不设预算，不设编制。"想好就去干，想怎样干就怎样干。"阿来笔下的土司，就用这唯一的法宝，游刃有余地治理着他的领地。逍遥子在给我们讲课时也说，在阿里江湖，你想怎样做就怎样做，不要畏首畏尾，谦卑不可谦让。

2017年9月28日，公关部召开了一次全体大会，王帅开场说，很开心，今天早晨下楼，桂花开得特别香。"我能给你们的就是信任，我在咱们团队溜达，可以听到各种生长的声音。"10天前，在他的办公室开小会，他说他的工作方式是"无为而治"，以"不管"为管。全体会上，又说："我们的团队现在是绿草发芽，春天的味道，我尽量不打农药，不干预，我负责春天，你们负责各自成长，这是我们之间的分工。"

2017年11月10日晚，天猫双11全球狂欢节晚会（简称"猫晚"）在北京卫视、浙江卫视、深圳卫视和优酷直播，收视率瞬间达到第一。魄天（真名应宏，工号：23594），已是三届"猫晚"的幕后总策划人。他既不是电视台名导，也不是娱乐圈大腕，他是阿里巴巴的小二。魄天2009年第一次目睹双11，那时才到阿里不久，以家属身份给参与双11的老婆送饭；2011年，成为双11市场策划负责人。

——多重的担子，就直接交给了他，这又是多大的信任！

元春2000年4月11日入职，她是杭州妹子，原本在深圳做外贸工作，因身体原因辞职。2000年3月月初，她跟着同学去上海参加华东交易会。其间，同学说有一家企业宴请客户，她就一起去"蹭饭"。"去了才知道这家企业叫阿里巴巴，我们那一桌没坐满，吃饭期间，有人来我们这一桌聊天。"来者是彭蕾。聊着聊着，元春就问："我现在没有工作，你们需要人不？"

一周后的一个晚上，元春去面试。入职后，做阿里巴巴中文网站客服，练就一双火眼金睛，50秒批一条offer。10个月后于2001年2月20日调到宁波做销售，拿过月度业务TOP1，季度TOP1，年度TOP3。阿里巴巴十八周年年会上播放了一个浙江慈溪的客户画面，这家企业就是元春成交的第一个客户。元春后任温州区域经理，3个月后，又被调回杭州做日文网站，吴敏芝前往温州接任她的工作。

"做日文网站是我最难忘的经历，3个月瘦了十斤，但是非常有成就感，因为我们做成了。"18年后的一天，窗外下着漂泊大雨，稍远处是郁郁葱葱的西溪湿地，元春望着窗外寓意深长地说，阿里巴巴最伟大的地方就是信任员工。

当时，让元春负责做日文网站的原因是因为她是学日语的，毕业于西安交通大学科技日语专业。"学日语和做日文网站，是两码事，但阿里真的非常信任员工，这事就直接丢给了我。"

当时做日语网站，没有任何经验，更没有一个日本人参与，也不知道日本人浏览网页的习惯与中国人完全不同。2002年7月1日到岗，20天后就要向产品委员会汇报，马云听后说："Good job！"。"那是一个很不成熟的方案，漏洞百出，可是，老板说了这样一句话，你知道，有多累都值了。"元春说。马云表扬完不久，他请来一名日本专家，毕竟，只有日本人才洞悉日本人的上网习惯，正是这名日本人确保了日文网站的高品质上线。

什么叫老板？把员工的长处助推到最大，把员工的短板迅速补齐。

还有一个员工，入职第一天，就进入双11指挥部，一堆活，直接撂给了他。蚂蚁金服CTO鲁肃，入职时只是一个P4，非同寻常的是，他一入职就被指定负责支付宝第一代交易系统的自主设计开发。这时的支付宝流传一句话："支付宝心有多大，P4就有多大。"

杨葳（花名：葳兰，工号：149886）在2017年年底给父母的家书中写道：

这是我来公司的第三周，我之前的三年来都没这么忙碌过，但是请你们放心，我来到的是一个用自己的才华可以帮助别人，用自己的努力可以赢得尊重，用自己的坚持可以实现梦想的地方……

有一次，去阿里通信开会，这是一个只有20人左右的团队，管理着一年2600亿元的销售。有一个学生模样的小姑娘走来，看样子大学毕业不久，外号"八亿姐"，一双嫩手管理着八亿元的流水。

"放心吗？"我问他们主管叔明（真名：吴杨凯，工号：72217）。他说，信任是商业本质。

一个团队内部相互信任，极其关键，吴华婷提供了一个快速增进团队信任的小办法。2010年，在阿里组织部采茶故事会画画环节中，她画的是一个空房子。这是因为有一次他们团队20多个人，在一间空房子里，一起聊天，席地而睡，一边男生，一边女生，度过了一个晚上。

"之后，团队融合得特别好。放空了自己，就能收获人心。"她感受到，公司发展越来越快，新同事越来越多，大家互相认识不再容易，一个晚上，一群人一起"睡"过了，心自然就靠近了，互相信任就不再是难事。

逍遥子对"因为信任、所以简单"有深刻的认识,他说,信任是很高阶段的事情,人首先要互相认识、熟悉,要有很多交往,经历一些事情,慢慢积累一些信任,你没有办法要求两个不认识的人"因为信任,所以简单"。由此,不难理解,他经常说的,没有一起打过仗的叫同事,一起打过仗才是战友。"一起在海底淹死之前求生,彼此拉,都要往下沉的感觉,这是生死与共的感觉,这是一个企业最宝贵的。一个企业真正的成功,是敢于把后背交给对方、敢于互相信任,无条件支持。"

"小二",是阿里巴巴对中国电子商务文化奉献的一个特色词汇。小二,位居工作前线,手里直接握着阿里所有的"武器","权力非常大",出现过腐败行为,小二被警察带走的新闻也被报道过。

有人建议"权力上收",马云说,阿里没有基层员工,只有一线员工,权力只有下放给一线员工,才是权力,放在主管手里,眼睛盯着,不是权力。出现问题解决问题,而不是形式上收回权力。

他还说,战士在前线,一定要给他充足的弹药。将在外,军令有所不受。

但是,信任不代表放任。马云提出一个观点:"用人要疑、疑人要用"。

用人要疑,不是怀疑他的品格,信和任是两回事,信是相信,任是委任。我相信你,但是不一定任用你。"姚明打篮球很不错,让他踢足球,显然不行。"公司有人跟马云吵架,说"你不信任我"。他总是回应:不信你,就不让你在这个公司;不让你坐这个位置,是因为你不适合,不能任用你。

疑人要用,是因为观点不一样,也许人家说的就对呢,所以,你可以怀疑他,但还要任用他。当年,阿里云被质疑最严重的时候,马云一度也产生过怀疑,但是,他仍旧由着阿里云"折腾",未加半点阻拦。所以,王坚说,阿里云没有马总信任,早就死掉了。

在彭蕾看来，用人要疑，并不是一边用他，一边防贼一样防他，准确意思是人无完人，不要打信任旗号，行放任之实，到最后没法收拾。

"我经历过太多的管理者，人特别好，我们就充分授权，其实没有完人，在行权过程中，如果不去随时给他反馈，不给他正确方向，他可能就走歪了。"

母系社会的交易信任是"物物交换"。迦太基人把货物摆在海滩上，回到船上升起黑烟，土著居民就来海边，放下金子取走货物。货币出现后，交换逐渐变成对钱的信任，陌生人之间，信任变得困难。淘宝网刚创建时，最大困难就是卖家想先拿到钱，买家想先拿到货。以淘宝为依托的新互联网商业文明，历尽艰辛建立起陌生人之间的情感链接和信任。

"你从一个素昧平生的人那里买了东西，你把包裹交给一个陌生人，一个你从不认识的人将你的包裹送达……淘宝对中国最大的改变就是建立了陌生人之间的商业信任。"马云说。

2017年8月8日，九寨沟地震。这里有一家卖牛肉干的淘宝店，名叫雅克驿站，店主第一时间接到南京买家的安慰电话。"素未谋面，泛泛之交，这样的关心让人感动。"网友这样留言。

杨柳，是九玲珑牛角梳淘宝店的店主，地震中赶紧从家里逃出，眼看没法给买家发货，逐一发信息退款，买家问他是否安全，无一退款。

"买家与卖家，买卖两家与小二，共同交织出多元的情感链接，淘宝卖的不是商品，是故事，是情感，是信任。"在一个飘雨的夜晚，淘宝网副总裁思函（真名：王明强，工号：4667），一边吃着盒饭一边跟我这样说，墙上的钟表显示9点半，他手里的盒饭品牌是"饭小妹"，一个主打情感和信任的品牌。

淘宝小二叫起来的"亲"能遍及各个角落，赵本山的小品都用，也印证了思函的思考。

2004年成立的支付宝，为建立信任交易而生。广告词：支付宝，知托付。彭蕾说，支付宝就是"信任宝"。今天，芝麻信用，越来越广泛地应用于个人诚信，甚至成为年轻人相亲的一个参考条件。

支付宝，开始是淘宝网一个"不起眼"的小团队，在彭蕾看来，就是这个"不起眼"，成为淘宝战胜eBay的秘密武器之一。

时光回到2003年，中国C2C 90%市场份额在易趣手里，易趣刚被美国电子商务巨头eBay收购，正值风光无限。

"我从来不认为免费是淘宝打败eBay的撒手锏，当时免费网站很多，为什么他们没赢？"彭蕾说，淘宝，一是有旺旺，买卖双方即时沟通；二是，支付宝担保交易，建立了陌生人的相互信任。

支付宝从淘宝财务部一个微小的业务单元起步，如今，蚂蚁金服（支付宝母公司）估值早已超过千亿美元，其资金结算部则源自淘宝财务部的会计对账。

支付宝最初的担保交易模式是：

买家去银行柜台或邮政局汇款，复印汇款底单传真到淘宝财务部，小二人工通知淘宝卖家发货。支付宝大厦至今还保留着这台传真打印机。

支付宝推出担保交易功能后，马云特别兴奋，说要把支付宝单独剥离成立一家公司。"就几个会计，也可以成立公司？"大家疑虑纷纷。那时，彭蕾分明从马云身上看到激情澎湃、充满憧憬的样子。

马云点将陆兆禧（花名：铁木真，工号：129）担任支付宝第一任总经理。老陆不懂金融，不懂技术，正在广东大区欢快地叫卖"中国供应商"呢。

马云给老陆打电话说"你知道 PayPal"吗，老陆一脸茫然说"不知道"，马云说"那就对了"。支付宝就这样一路走来，业务丰富多元，路径只有一个：建立信任，实现共享和普惠。

采访苗人凤，感觉有些意外，作为支付宝技术领头人，他谈的话题基本不是技术。他认为支付宝技术第一件大事，就是做了一个信任流程，而非技术本身。这个信任流程就是最初的担保交易模式，现在看起来，很简单，当时，却是一大创新。"这个流程的设计比技术本身重要很多。"当时，出现一个问题，买家还是习惯于传统交易方式，拿到货打款后，就以为交易结束了，经常忘了确认，小二不得不找买家逐一落实确认。

苗人凤认为，支付宝技术从诞生起，一直有两种力量相互影响，一是信用力量，二是技术力量。阿里巴巴所有业务最大的特点就是相信"人之初，性本善"，相信"信用"推动技术研发，技术研发实现"信用"数据化、可识别、可采用。"这两种力量结合起来，就是信仰的力量。"

他进一步认为，支付宝担保交易其实不是反映了陌生人之间缺乏信用认可，而是恰恰证明了人与人之间、哪怕陌生人之间也会有彼此的信任，只是以前没有一个平台能把这种信任激发出来，支付宝做到了。

"今天，买家与卖家已经完全不再考虑信任的问题，但是，如果我们把担保交易取消了，买卖双方可能立刻不敢交易了。"老苗说，"其实，我希望，有一天，担保交易模式真的可以取消，取消之后，买卖双方还能继续交易，这才是真正的人类信用，人类大同。"

为什么有这种想法？老苗说，支付宝以及芝麻信用，为信任而生，不是为交易而生。"为了达成信任，技术作为第三方，通过中间担保让信任实现，但是正因为有了这个第三方，使得交易过程复杂了。"

——一个做技术的人,他的终极目的竟然是消灭技术。

苗人凤说,技术的价值,最初是实现业务价值,然后是实现社会价值,最终是实现文化价值。这才是支付宝口号"因为信任,所以简单"的终极理想。

我经常想公司和员工的关系,可以不太恰当地理解为男女关系,公司是女人,员工是男人。男女之间要么淫雨霏霏,连月不开;要么春和景明,一碧万顷。看似相差很大,归到终极,不过是需要一点点互相的理解、信任和肯定。

《边城》中,翠翠初见傩送,一瞥间的钟情,骂声中的羞涩,两年三次的见面,便成就一段凄美的爱情故事,也成为傩送打拼生活的精神支柱。很多企业总是先假设员工不听从管理,设计各种制度去监控和"修理"员工,让员工听话。最后,公司失去了员工。很多公司以不好解决裙带关系为名,不允许员工内部通婚,只要结婚,就得走一个。马云说,太压抑人性了,阿里绝不反对员工内部结婚,肥水不流外人田嘛。

对员工信任,员工对公司的回报也是巨大的。阿里巴巴18周年年会,4万人会场不丢一丝垃圾,在网上引来质疑,有人认为,肯定阿里巴巴提前出台了严厉的处罚措施,否则4万人队伍,怎么可能不丢垃圾。太不了解阿里了,这种事情对小二来说,是生活常态。

有一个小案例:有一年,张桥刚在阿里内网写了一篇文章建议阿里建一个学习平台,让大家"教学相长",分享各自知识,也能为集团积淀文化。文末,这哥们突然心血来潮,说,有感兴趣的某日某地不见不散,有点要搞"武林大会"的感觉。

有点想不到,规定时间、规定地点,来了8个人,有十八罗汉之一的周悦虹；有工号46的元老李治国；还有梁春晓（阿里研究院顾问，工号：10468）、荆轲（真名：徐建军，工号：3995，口碑网资深专家）、李甲虎（工号：339）、遥一、孔翎（真名：谢周佩，工号：20223）以及盛振中（花名：合台，工号：14800）。没有行政指令，他们只是出于一颗为公司做事的善心。

信到深处是深情。

道可道 16：

商业本质源于信任。

信任的方法是"用人要疑，疑人要用"。

信任的结果是那封《致加西亚的信》的信。

17　此时此刻，非我莫属

阿里巴巴西溪园区墙体上到处是涂鸦，有些作品差强人意。时间长了，你会发现阿里小二都很自信，不管能力大小，遇事都敢跳出来试试，就像武侠江湖中初出茅庐却心怀天下的剑客。

阿里 18 周年年会，"文人骚客"都出来"题阿里壁"，一哥们在内网挥笔而就："天道有轮回，苍天饶过谁，黄龙一声雷，重回十八岁。"评论很直接：不押韵，差评。还有个哥们说，你，你，你还是好好写代码去。另一哥们把持不住了，"和诗"一首《题银杏，阿里十八周年有寄》：十年文杏木，一叶见初心。须待深秋看，莲花片片金……

后来，我悟出点什么，一个人，满腹经纶，没有说出来的自信；浑身功夫，没有打出来的胆识，远远不如能力弱但自信满满的人，人重在敢于尝试，能力可以在实际纠偏中提升。

有例为证，我新到一个团队，见他们如火如荼筹备 10 万人会展，我以前干过会展，听他们介绍，八字没一撇。他们说："我们有办展经验丰富的人。"我就去找这个人，他办的最大会展一千人，只能算是个论坛。意外的是，几个月后,这个小团队就上了正道。

阿里18周年年会,这场备受瞩目的晚会,主持人全是阿里员工。这么重要的年会主持,就这样让自己的员工解决了——不管对公司,还是对员工自己来说,这是何等自信。

事实上,相比专业主持人,员工主持毕竟不那么有经验,在语速和现场气氛把握上,还是有缺憾。但,这可能正是阿里年会生生不息的原因:认同自己的员工,让员工在自信中成长。

——这,远比请外界大咖主持人创造一场毫无遗憾的晚会更重要。

《忽然七日》开篇有句话:对你来说,或许还有明天,时间多到可以沉浸,可以浪费。对我来说,只有今天。今天做什么很重要,此刻,或许就是永恒。马云说,未来属于今天,而不是明天。佛家说,一天有多长,不过一念间。一年有多长,不过一念间。一生有多长,不过一念间。一念有多长?此时此刻。

马云在很多信件中都会写同一句话:If not now, when? If not me, who(此时此刻,非我莫属)?阿里18周年年会的T恤衫也印了这句话。

1999年阿里巴巴在《钱江晚报》发布招聘广告,第一次发出"If not now, when? If not me, who?"的英雄帖。此等豪情壮志,至今让人热血沸腾。"此时此刻,非我莫属"——这八个字,振臂高歌,只争朝夕,既是阿里第一个招聘广告,也是阿里第一句土话,作为"新六脉神剑"的价值观,它是阿里人对使命的相信和"舍我其谁"的担当,其价值观行为描述为:独立思考,独立判断,不随波逐流;工作中敢于做取舍,敢于担责任;打破边界,主动补位,坚持做正确的事;在需要的时候,不计较个人得失,挺身而出,勇于担当。

十八罗汉第一次创业会议,马云就说:"我们的竞争对手不在国内,在硅谷。"阿里巴巴虽然诞生于杭州郊区100多平方米的毛坯房,但是一起步,马云就胸怀天下,说要招募全球人才,并于1999年9月在香港宣布,这个世界上有一家叫阿里巴巴的公司成立了,还郑重地说,这将对世界产生"很深的影响"。当时,香港媒体记者笑了,有的回去连稿子都没发出来。

公司成立大约两个月,有一个周六,湖畔花园突然来了很多人。提前一天,他们接到电话,对方说,你们周六上不上班?领导们想来看看。他们说:"我们啥时都上班。"放下电话,有人说,骗子,哪个领导能来我们这里参观。

真的来了,还是大领导,时任浙江省委书记张德江。为什么来?几批外商和浙江省政府座谈时,说,浙江有很多好企业,比如万象、娃哈哈以及阿里巴巴。前面的企业,都熟悉;阿里巴巴,没听说。以至于第一次翻译直接没有翻,以为是外商口误。接连几次都提到阿里巴巴,就去查,一查大吃一惊,这个企业才注册两个月,竟然这么多外商都提及。企业又正好在杭州,就趁周末来看看。

蒋芳说,屋子里一下塞满了人,马云穿着一件毛衣和领导"吹"了起来:别看就几台电脑,将来可厉害了。张德江说,小马,你说得挺专业,又是UV,又是PV,你能不能直接告诉我,10年后你们公司做到多大规模。

马云沉默了一下:"50亿美元。"

蒋芳回忆,当时,屋里一下沉默了,大家低下头,感觉不好意思,心想,老板跟员工说说也就算了,怎能在这么大的领导面前夸海口呢。王国平,时任杭州市委书记,赶紧救场说,张书记,你看,现在,年轻人敢想敢干敢说,如果10年后，杭州多一家50亿元的企业，我感觉很骄傲，希望小马他们做成。

这个场总算圆得不错。不承想，马云探进头说："领导，你说错了，我讲的是美元。"都无语了，参观团一会儿走了。

7年后，阿里巴巴B2B在香港上市，市值一度突破200亿美元。王国平见马云说："你说50亿美元，我当时真是捏把汗，没想到，阿里巴巴一个业务上市，就做到了。"

2020年1月11日，阿里巴巴总市值突破6000亿美元大关。2036年，阿里巴巴的目标是成为世界"第五大经济体"。

创业初期，马云和蔡崇信去硅谷谈风投，一分钱没谈来，但是他看到，即便是在周末的夜晚，硅谷到处灯火通明，从硅谷到旧金山的路上车水马龙。马云说："我们没拿到钱，但拿到了梦想，我相信，中国十年之后也会出现'硅谷'。"

阿里巴巴第一次员工大会在湖畔花园马云家里召开，后来到同小区一栋租来的"闹鬼"别墅里开，随着企业壮大，员工大会从华星大厦到招商宾馆、杭州剧院再到西湖体育中心召开。

阿里5周年庆典时，马云一边点燃生日蜡烛，一边面向所有员工畅想：总有一天，我们的员工大会要在黄龙体育中心召开……阿里巴巴18周年年会在黄龙体育中心举办。

王帅在一封内部邮件中这样写：没有这么阔大的舞台，到哪里安放我们牛逼的灵魂？支付宝最新的一句广告词：你是中心。

每年双11，小二都会穿一件集团统一制作的T恤。T恤，就是自信的战袍，穿上它，意味着不会放弃，意味着血战到底，意味着志在必得。

自信代表着开放的、兼容并蓄的自在心态。很多同学问逍遥子用不用微信？他说，全国几亿人在用，这么好的工具，为什么我不用？

双 11，如潮的包裹涌到阿里园区，有一位总裁义愤填膺地找逍遥子，包裹里面竟然有的东西不是从阿里平台购买的。"老逍，这个事你要不要管一下，我们的员工应该热爱自己的公司。"

逍遥子说，员工买别人家的东西不代表不热爱公司，他是消费者。反而，我们要思考公司如何能做得更好。

员工的自信源自公司拥有一片激发员工自信的土壤，一点一滴，时时刻刻。西溪园区 5 号楼 3 楼墙上，有这么一句话：蹲下，是为了跳得更高。还有一句话：你感觉不舒服的时候，就是成长的时候。每当心里不爽，看看这两句话，立刻打满"鸡血"。

自信的价值不是为赚钱，是每当前行乏力时，似乎能听到母亲在街头对幼儿的呼唤。

摄于阿里巴巴总部访客中心。

西溪园区院子里也有一句标语：感谢曾经努力的自己。一个人从出生到长大，感谢父母老师，感谢团队组织，唯独往往会忘记感谢自己。感谢自信的自己,坚信自己做得更好,团队、组织、社会才能发展得更好。在阿里所有培训课上,都有这样一个流程——老师先问:大家好。在场人一起喊:好,很好,非常好,阿里有我会更好。

马云极其鼓励员工自信。何一鸣(工号:3682),董事局办公室副总裁。她在"百年阿里"讲课时说,有一年,马云派她到北京做业务,她说:"我行吗?"马云说了一句话,让她一直记到现在,"我都选择相信你,你有什么理由不相信自己?"她当年放弃银行的体面工作,入职阿里,也是因为马云一句话:"幸福就是经历更多。"

自信就是需要舍我其谁,谦卑不谦虚。阿里提的"谦虚"特指把自己的能力藏着掖着,主管不三顾茅庐,我自岿然不动。对公司来说会丢掉一个战机,对员工来说丧失了证明价值的机遇。

我相信,所有能默默承受委屈,感觉脊背都被压弯的人,内心往往深藏着一个自信而笔直的灵魂。摄于阿里巴巴西溪园区4号楼前。

前文提到的保安杨过,就是不"谦虚"的人。当时,淘宝马上上线,但是达不到马云"上线10万件商品"的要求,缺口很大,差2万件,大家如同热锅蚂蚁。他走过来说,去新华书店,找2万本书还不容易……按照正常思维,一个保安断然没有信心去参与淘宝的事。杨过提议的时候,不一定知道这个方法就对,关键是他敢提。说错了永远比不说更重要,做错了永远比不做更重要。

2017年,戴珊时隔9年,再回B2B团队。她的开场白很直接:既熟悉又陌生,熟悉在于"中供铁军"那股味道还在;陌生在于,曾经那股天不怕地不怕的劲儿少了,对自己的怀疑多了,总挂念着集团会怎么看B2B。

"被这类问题自我困扰,就会显出深切的不淡定与不自信。"她进一步对"自信"进行解释,不是一定要有高智商、高情商或高职位才能自信,自信来自我们每个人内心的相信,相信我做的事是有意义的,我是一个有理想的人,我是那个最合适做这个事的人,这个事因我而不同。

淘宝天下电销团队每天上班第一件事是敲鼓,然后敲书,气氛造起,有一人问:"你的自信在哪里?"一群人大喊:"我的自信在心里。"自信的一天,在一问一答中开始了。

自信,更能放开自己,不去在意别人的看法,人生最大的痛苦就是活在别人的镜子里。西溪园区安放了3座男子裸体雕塑,低头,沉默。外界从哲学、美学甚至心理学做了很多种解读,其实,只是放了3座雕塑而已,没想去附加任何含义,或者说,任凭你怎样想都行。

不要过多揣摩别人的心思,简单做事就好。

霜波,是天猫技术部大拿,喜欢研究心理学,在《阿里学习》有一门课《霜波说心理学》,洋洋洒洒28篇,毫无说教,令人深受启发。她讲了一个关于自信的故事。她从小单侧耳聋，妈妈告诉她千万别跟别人说。当听不到别人说啥，她就只能冲人家微笑。

上学时，一男生天天送她回家，突然有一天消失了。多年之后，这名男生的妻子见到她说："你就是陈琴（霜波真名）啊，他一直保存着你的东西，不让我动。"后来，霜波遇到那个男同学，她问，你喜欢我，咋不告诉我？他惊诧地说："那天，送你回家，问你三遍，愿不愿意做我女友，你直冲我笑，就是不回答，这不就是不同意吗？把我打击坏了。"那时，她还没有男朋友，后悔莫及。

后来，她尝试告诉别人她一侧耳朵听不见，发现大家都不在意。她总结出两点：一是，相信自己，不必漂亮，不必完美，做真实的自己，不介意分享，不介意别人怎么看；二是，相信别人，相信他人有一颗同样的善心，理解你，支持你。

唯有自信才能不拖泥带水，不瞻前顾后，遇事就会"马上做，做精彩"。2003 年，马云把七八个人叫到湖畔花园，每人签一份英文合同，他说，你们也看不懂，我们就是要做一件事，你们签了就立刻做，所有人立刻就签。做的事就是创建淘宝，做事的方法自信简单。

谁都想自信，自信不是一种意识，是一种能力，要付出一天天的努力、一次次的摸爬滚打。就像考试，不是说只要自信就能考进大学，日积月累的知识积淀才是自信的资本。

阿里云对云计算的自信，来自王坚博士和一批批团队十年的血汗坚守。支付宝对支付的自信离不开从人工对账的开始，离不开简陋环境下不懈的坚持。

逍遥子说，阿里小二只有相信自己的价值，才能真正对别人有价值，这是文化自信。自信是建立在我们不断去打造自己业务的核心能力上,并由此带来客户价值。否则,自信就是一句空话。

道可道

谦卑而不谦虚,做发动机不做飞轮。

相信自己,关键不是自己,是相信,相信"相信"。

——改编自《阿里102句土话》

18　今天最好的表现是明天最低的要求

　　阿里巴巴公司小的时候，马云经常"扫楼"。芳原回忆，马老师拿着一个空烟斗，一路走过，有时会突然停下说，这个团队有问题，没有气场。激情是最大的气场，气场好坏是能感受到的。

　　高晓松说，在这个世界上，他见过一群富翁还在撅着屁股汗流浃背干活的，除了皇家马德里足球队，就是阿里高管团队了。激情是梦想的一种表现形式，没有了梦想和激情，这群财务自由的高管早散了。

　　有一次，晚上9点，我到文二西路阿里钉钉事业部开会，现场座无虚席，会议室也是满的，听完他们老大无招打鸡血一样的介绍，已经11点了，会议室好不容易空出一个，我们就去开会。

　　会上听说，钉钉规定晚上12点必须下班（后来提前到晚上9:30），不走，会有主管赶。想起当年高三，老师每晚驱赶学生回宿舍睡觉的情景。

　　激情是敬业的源头，敬业是激情的表现形式。激情是情绪，是脑，是上半身；敬业是行动，是腿，是下半身。

　　逍遥子说，我们为什么要到阿里来？因为梦想。我们要做的事情，是一件什么事？将来可以给子孙说说的事。

格非·埃布尔《敬业的激情》提了一个观点：企业的根本动力来自员工"敬业的激情"，它是现代企业成功秘诀。成吉思汗何以驰骋亚欧？他和团队一生只干三件事，吃饭、睡觉和打仗，心无旁骛，激情敬业。

无招，自称疯子，他招人要求两条：一要有点落魄文人的书生气，二是要有逼上梁山的"匪气"，他解释"匪气"就是"不顾死活"的激情。

在阿里"六脉神剑"中，"激情"，意味着乐观向上、永不放弃。其五大含义分别为：喜欢自己的工作，认同阿里巴巴企业文化；热爱阿里，顾全大局，不计较个人得失；以积极乐观的心态面对日常工作，碰到困难和挫折的时候永不放弃，不断自我激励，努力提升业绩；始终以乐观主义的精神和必胜的信念，影响并带动同事和团队；不断设定更高的目标，今天的最好表现是明天的最低要求。"敬业"，指的是专业执着，精益求精。也包含五个层面：今天的事不拖到明天；遵循必要的工作流程，没有因工作失职而造成的重复错误；持续学习，自我完善，做事情充分体现以结果为导向；能根据轻重缓急来正确安排工作优先级，做正确的事；遵循但不拘泥于工作流程，化繁为简，用较小的投入获得较大的工作成果。

"激情"和"敬业"在"新六脉神剑"中主体融入"今天最好的表现是明天最低的要求"。这句阿里土话为何脱颖而出成为新价值观？在阿里最困难的时候，B2B铁军正是以这种拼搏精神以及"本月+下月"的业绩考核方式（本月业绩决定提成比例，下月业绩决定提成基数），帮助阿里巴巴渡过难关，活了下来。其"诠释"为：逆境时，懂得自我激励，顺境时，敢设 dream target；面向未来，不进则退，敢想敢拼，自我挑战，自我超越。四条"行为描述"分别为：认真踏实，完成本职工作；保持好奇，持续学习，学以致用；不为失败找借口，只为成功找方法，全力以赴拿结果；不满足现状,不自我设限,打破"不可能"的边界。

在"新六脉"中,"此时此刻,非我莫属"本质上也包含着"激情"和"敬业"。"新六脉"最后一条价值观是"认真生活,快乐工作",本身也蕴含着激情,有激情,才能认真,不麻木;有激情,才能快乐,不郁闷。生活和工作究竟如何平衡?这是千古难题,所以这条价值观没有"行为描述",没有考核,只有尝试性的"诠释":工作只是一阵子,生活才是一辈子;工作属于你,你属于生活,属于家人;像享受生活一样快乐工作,像对待工作一样认真地生活;只有认真对待生活,生活才会公平地对待你;阿里因你而不同,家人因你而骄傲。马云说:"我们每个人都有自己的工作和生活态度,我们尊重每个阿里人的选择。这条价值观的考核,留给生活本身。"

纵观"新六脉",直接延承"激情"的价值观多达三条,可见,"激情"在阿里价值观中的独特担当。

南天(真名:庄卓然,工号:24840)是参加双11时马老师主动求合影的"明星人物"。2012年双11前一天,他和几个同事绕西湖边走了一圈,给自己鼓劲。每年从8月份开始,南天就开启另一个生物钟,一般到凌晨3点才睡。"不把自己完全耗得精疲力竭,根本睡不着。"第二天早上9点起来,精神抖擞地跑到公司,这样度过一天又一天。

霜波,最引以为傲的也是参加双11,她2012年负责天猫双11的稳定性,做了很多预演,直到双11前一个小时,还是不理想。这一年双11出现系统超卖,很多商家不得不紧急采购、加工、补货,买家则不得不等很久才收到货。

痛定思痛。到了2013年,一众技术骨干决定从源头做起,做全链路压测,很苦,一压一个通宵,连干三次都不成功。累到感觉想放弃,但是大家拍桌子说,必须做出来,哪怕所有人一起上。这一年双11预案达到破天荒的

2000 多个，最终，第四次全链路压测成功了，从此，双 11 技术系统走向平稳。

这群人极度专一，有一天，马云来了，有人说："哟，马总来了。"然后，低头继续敲键盘。马云转了一圈，又一圈，没有人搭理他，他情商果真高，说："我可以跟你们合影吗？"南天和同事们这才纷纷上前和老板合影。

木旗（真名：朱德云，工号：15744），第一届双 11 负责家纺类目，找商家谈合作，说要搞个促销，全店五折，还要包邮，一些商家直接拒绝了。从第二年开始，商家就积极了，因为第一年卖火了。

到了 2013 年双 11，木旗团队闹人荒，三个女孩都怀孕了，有人开玩笑："不孕不育，找木旗。"木旗说，采儿看到缺人，哺乳假没结束提前回来，有一天，HR 提醒他，采儿晚上 1 点钟在单位给孩子喂奶，"我一下子就懵了，很内疚，差点就哭出来了。"

这一年双 11 当天凌晨 2 点，迎着窗外即将到来的黎明，木旗团队开会复盘。木旗分享他到阿里前六年的体会，前面三年激情澎湃，后面三年关注内在，思考更全面，更务实，"双 11 的交易数字越来越大，内心却越来越平和。"

每年双 11 之前几个月，数万名阿里小二就开始昼夜奋战，行政会提前在园区晒几千床被褥和床垫，然后放置在各个办公角落。

每年双 11 结束那一

2017 年 11 月 7 日摄于阿里园区天猫事业部。

刻,向逍遥子汇报的同学会自发带点零食和酒到逍遥子办公室,边喝边聊,也有时,就静静地坐坐,然后各自回家睡觉。这短短个把小时,也是一年中唯一允许吸烟的时候。2012年,双11成交额猛增至191亿元,大家很兴奋,提早准备庆祝一下。结果老逍叫大家到摩天崖开会,先看发货是否到位,再与商家沟通,然后看消费者的反馈。做一件事情,不要紧盯数字,要看客户是否满意,行业是否发展——后来,这个环节保留下来,成为每年双11的固定流程。

应玲玲(花名:丽雪,工号:8442)2007年大学毕业进入阿里,一直在客服部门。一开始,做接线小二,8个小时内接160个电话。下班后喜欢聊工作中的趣事,朋友提醒:"知道你工作得挺开心,但不要老是和我们讲一样的事情,可以吗?"相比其他部门的热闹,客服是双11期间最安静的部门,都戴着耳麦,跟客户交流。他们也想抢购,只能等去洗手间时趁机下一单。

人是最不可思议的动物,因为他的情感是可以被激发的,他的行动是可以挑战极限的。

王坚说,做好一件事需要99%的汗水和1%的机会,上帝给了我们1%的机会,剩下看我们是否能做到99%的努力,能否努力到晚上睡不着觉,专注到即使老板站在你面前你也看不见。他要求阿里云用努力和拼搏告诉世界,技术不是拓展商业的边界,技术就是商业的边界。

2017年双11前一个月,公关部发了一个小提醒:每天例会傍晚6点开始,这是一般企业下班的时间。张锐(花名:耕铭,工号:6626)说,帅总凌晨2点,在钉钉上问他一件事情,6点,要答复。

帅总对同事们的邮件或信息基本都是"秒回"。有一次,晚上两点给他发邮件,也是"秒回"。对"秒回"这个事,他专门做过解释,他看到一本书上说,"秒回"是因为爱情,所以,他放慢了速度,一般五秒左右回。

有一美女同事问他,你到底是啥作息时间?他说,感觉随时都醒着,"比如昨天,马总早晨四点找我聊天,一直聊到六点。"帅总还说,他这个人一般晚上过了12点就不会找人谈工作了,休息为重,接着补一句:"但是呢,过了12点,一般我还都在,你们可以随时找我。"

他也天天召集开会,与一般人开长会不同,他一天开很多会,一个会就几分钟,效率奇高。一次,我们团队在千岛湖团建,他突然说,结束后回来开个会。马不停蹄赶回园区会议室,特意拿下纸和笔。他说:"我说两点,一是,你们做得挺好,二是,不要眼里总盯着钱。"然后说,散会,我的笔还没开始记录。

大家一致让他再说几句,他又加了有且仅有的一句:你们的职责是赋能商家、繁荣生态,不是为了赚钱。

看他的微信、微博,不是喝酒,就是画画、写诗,有朋友说他天天游山玩水,好痛快。他笑笑说:"发条微博、微信,也就两分钟,每天可能就这点儿空闲,不过,这两分钟也能让一个人足够快乐。"

一个新员工直接问他:早已经财务自由了,你咋还在这里不走?他说,在这里,一个人可以见证一个时代。"让我骄傲的事和我关联的人都在这儿,离不开了。"

2017年11月3日,董本洪办公室。刚结束一场会,他接着要赶到上海协调天猫双11晚会。空隙中,我找他录视频。他两次看表,一旦面对镜头,从容有余,邀请大家收看"猫晚",录制结束,来不及吃饭,匆忙奔上海。

2016年双11复盘,逍遥子开场有点出人意料:头发都该理了,该补觉的快去补觉……

在阿里，最忙的当属马云。戴珊前段时间发了一条微博：今天是阿里上市三周年，这背后，这个白衣男人和他身后的阿里人，很多日子都是这样过的。其实，18年来，一直如此。微博配了一张图片，马云在吃方便面，就着大蒜和咸菜。

偶遇几次马老师，他的脸上从来没有丝毫的优越感，显示出来的是历经沧桑之后的成熟和淡然。

芳原对激情和敬业有深切感悟。有一年，她作为主管，非常非常努力，干了很多很多活，最多的时候同时干着13件事情，这时，领导说，你找个地方休息休息吧。后来她明白了领导的意思，如果所有活都是自己干，那肯定不是一个优秀的主管，主管最重要的任务是领着团队一起干。芳原说，初当主管，很容易犯的一个错误就是，总感觉自己是专家，自己做的什么都好，员工都不如自己，总想着身先士卒。

马云对身先士卒有着独特的理解。什么叫身先士卒？干活你冲在最前面？傻子！身先士卒应该是打仗之前到阵地仔细研究，哪里适合架枪，哪里适合放大炮，哪里适合埋地雷，最重要的是找出下面比你干得好的人，等战争开始了，就睡觉去，这才是身先士卒。"领导永远要判断在前，前面该干的活不干，打仗时往前冲，这是送死。"

帅总在2017双11复盘时说："我就干了三件事，一是说了我要什么，二是关键词是什么，三是陪大家熬夜，等活动结束了一起合影。"

小二王雷曾有一段特别"敬业"的经历。白天出去拜访客户，晚上回来研究方案，每晚到两三点，坚持了一段时间，发烧41度，不得不到医院住院45天。主管到医院看他，说："你这个不叫敬业，提高自己的能力之后才叫敬业。"他当时认为这个主管太不近人情，工作久了，才慢慢明白主管的意思。

还有一名员工从入职开始，就天天加班，经常晚上12点回家，不料，年度考核是3.25。主管说，敬业不是每天加班，更重要的是每天不断进步。主管还给这个员工指出一个问题，不是自己负责的事情就不管，而且引发客户的投诉。事后，这位员工明白了，公司里任何事情都不能"不关我的事"。

在今天的阿里巴巴各个园区，每天夜晚都是灯火通明的。对于无数小二来说，这是一项充满激情的事业，累了就休息，休息好了，接着干。

2008年全球经济危机，阿里宣布针对中小出口企业推出"援冬"产品——出口通，项目定于12月20日上线，这一天恰好是杨锋（工号：10845）老婆的预产期。16日，还在上班的他，突然接到老婆临产的电话，一路狂奔。第二天，他目送老婆进入产房，突然听到有人叫他，是同事姜兴，他老婆也生孩子。前一天,他俩还在一起上班。"两个对家庭都有亏欠的男人,为了共同的目标,在产房前坐在了一起。"杨锋说。

道可道 18

> 敬业不是加班,加班是应该的,不加班也是应该的,完不成工作是不应该的。
>
> 激情不是有意识的坚持,而是无意识的自觉,其源泉是理想。
>
> 刚工作比谁更敬业,过几年比谁更有激情。
>
> 敬业和激情都需要心大脚实,员工不需要望远镜,需要铲子和斧头。

19　唯一不变的是变化

互联网时代，走的人多了，便没了路。走晚了，更没有路。

阿里有个万能答案，叫"拥抱变化"。很多问题都可用这四个字回答。有段子说，领导安排了一个项目，员工废寝忘食好几天，终于拿出方案，发现项目取消了，连领导也取消了。经常看见工作大厅突然间数排座位的人搬走了，也或突然间你身边多出很多新面孔。我的理解，所谓"拥抱变化"，就是一切从不确定的未来寻找"弯弯曲曲"的前进方向。

刘振飞给我们讲课时说，"六脉神剑"中最独特的一条价值观就是"拥抱变化"。在"新六脉神剑"中，"唯一不变的是变化"是"拥抱变化"的注解性传承，其"诠释"为：无论你变不变化，世界在变，客户在变，竞争环境在变；我们要心怀敬畏和谦卑，避免"看不见、看不起、看不懂、追不上"；改变自己，创造变化，都是最好的变化；拥抱变化是我们最独特的 DNA。其"行为描述"为：面对变化不抱怨，充分沟通，全力配合；对变化产生的困难和挫折，能自我调整，并正面影响和带动同事；在工作中有前瞻意识，建立新方法、新思路；创造变化，带来突破性的结果。

在阿里，随便问问一个老阿里人，几年内换七八个部门、十几个老板都很正常。"没有换过五个老板的人不算在阿里巴巴工作过。"马云说。

赵士博来公司15个月，从西溪园区4号楼搬到6号楼，后搬到乐佳国际3号楼10楼，在10楼历经三次工位变动后，从10楼搬到7楼，从7楼搬到乐佳4号楼10楼，后又搬回3号楼10楼，不久又搬到西溪首座。"我为搬家而生的。"他开玩笑说。芳原到阿里16年换了八次工作。我来阿里第一年，调了三次团队，搬了五次工位，换了三个地方办公。

《三国志》里的蒲元，是诸葛亮的产品经理，在斜谷坡为诸葛亮打了三千把神刀。阿里的蒲元（工号：88010），也是带着这样的梦想，阔别了生活15年的加拿大，回国入职阿里。话说蒲元，2014年与家人到杭州旅游，七月酷热，天生怕热的他立下"毒誓"，此生再也不来杭州。造化弄人，次年五月，他报到芝麻信用，妻子（花名：靖姗）一起回国，入职支付宝财务中台，他俩成为阿里双职工。在杭州，多少个夜晚和周末，黄龙时代广场22楼有他俩一起工作的身影，"也不知道谁在等谁下班"。

蒲元有着北美征信行业的资深产品经验，积极推动芝麻征信进入中国主流金融业务，第二年，获得"蚂蚁上数"奖提名。2017年，参与孟加拉、巴基斯坦"本地钱包"项目。2018年，支付宝组建加拿大跨境游团队，蒲元举家迁回加拿大，家在多伦多，工作在温哥华。妻子在多伦多重新找工作，孩子在多伦多上学。他周末从温哥华赶飞机回家，在空中将近5个小时，周一再返回温哥华。2019年，他又举家从多伦多搬迁到温哥华，妻子又要重新找工作，孩子重新找学校。"一个员工拥抱变化，整个家庭跟着变化。"蒲元说。

从加拿大到杭州再回到加拿大，从芝麻信用到蚂蚁国际总部再到区域团队，从产品到BD再到运营，蒲元在不断地拥抱变化中，练就了兵来将挡、水来土掩的应变能力。其实，蒲元的故事不是个例，这也是成百上千名从海外回国加入阿里的有志青年的共同历程。

刘博（花名：家洛，工号：3593），在阿里"百年运营"课堂说，入职阿里12年，淘宝以及天猫技术、非技术所有岗位都做过了，没有一次是主动转岗，全部是公司调动。"你说，这个变化多快啊。"他感叹道。

樊路远（花名：木华黎，工号：10766）2007年5月8日加入蚂蚁金服任总裁助理，一个月后调至发展规划部，负责金融事业，不到一个月，调至销售部，建第三方平台，和团队建立支付宝分公司，半年后，调去做政府关系。

2010年上半年老樊回归业务部门，完成支付宝快捷支付，银行卡直接绑定账号功能，这个革命性的创新，就是他带领团队做出来的，没有这一步，就没有今天的移动互联网支付。2012年12月22日启动"2号"项目——余额宝，2013年，做出支付宝App，2014年，做"淘票票"，2017年8月就任阿里影业CEO。

岗位快速变化的背后，是员工一次次调整心态的折磨和历练，也是大跨步的成长，如今，家洛已是资深总监；樊路远成为阿里巴巴合伙人。

拥抱变化还体现在晋升上。2017年，蚂蚁金服陈亮晋升副总裁，王帅说，好消息是恭喜你，坏消息是提醒你离3.25不远了。孙权也在一次晋升会上，对同事说，恭喜你，离3.25不远了。刘振飞也说过一模一样的话。

在HR看来，同样一个员工，晋升了，就需要更高的素质和管理要求，如果不积极学习和实践，就可能落后，跟不上变化，这时候，就容易不合格，打3.25也就在所难免。事实上，很多人都有过这种经历，所以，刘振飞接着说，一定程度上讲，在阿里，没有打过3.25的人生不是完整的人生。

这些年，与阿里业务飞速变化相辅相成的是阿里组织架构也快速变化。

2009年启动"大淘宝"战略。

2011年，上升为"大阿里"战略，淘宝一拆为三。

2013年，阿里业务拆分成25个事业部，交由战略决策委员会和战略管理执行委员会负责。

马云回忆，2013年组织架构调整影响深远，他在给全体员工邮件中坦言，这是阿里创办以来最艰难的一次组织、文化变革。

"因为这不是一次我们看见了问题的变革，也不是一次水到渠成的变革，而是我们对未来理想的实施，更是我们在走没人走过的尝试。"

这次组织变革最大的特点是把公司拆成很多事业部，更多年轻领导者拥有了创新发展的机会。当然，变革也是为了迎接未来无线互联网的机遇和挑战，可以让组织更加灵活、更加快捷地协同和创新。

2014年全面推行"合伙人制度"。

2015年12月集团全面组织升级，启动"大中台"战略，实现云计算、菜鸟、阿里妈妈等独立发展。

2018年，阿里云升级为阿里云智能，天猫升级为"大天猫"，形成天猫事业群、天猫超市事业群以及天猫进出口事业部，菜鸟响应调整阵型。老逍说，为未来5年到10年奠定组织基础和充实领导力量，全力打造阿里商业操作系统。

2019年，阿里新一轮自组织升级集中推进全球化、内需、大数据和云计算三大战略。

"没有一个组织架构可以解决所有问题。新诞生的组织一定犹如婴儿，长得难看，问题不少。但是，阿里的创业历程证明，阿里人总能全心投入，使得每次变革都超过预期。"马云说。

马云还希望未来的变革不是从上而下，不再是集团的通知决定，而是从员工开始。"你的点滴变化，是我们大家变革的开始和终点。"

有一次，我发现，一名新入职员工在"百年阿里"的实习报告中这样写道：拥抱变化是阿里巴巴的一个人格，我想说的是，拥抱变化太被动了，我们要做的是创造变化。后生可畏。

假设没有"拥抱变化"的坚定决心和职业敏感，阿里会是一个怎样的结局？从十八罗汉在湖畔花园创业，如果还是沿袭"中国黄页"的运营模式，就不会出现当时国外经济学专家也难以判定的"B2B"商业模式；如果只做"B2B"，不去预判互联网"C端"商业环境发生的巨大变化，就不会做"C2C"的淘宝。不管做"B2B"还是"C2C"，马云当时都面临巨大的压力。做"B2B"时，众说纷纭，意见十分不统一，马云从外面打回电话：立刻做，马上。做淘宝时，直接面临国际巨头eBay，项目宣布启动前一天晚上，还有高管找马云急切地说："阿里怎能斗得过eBay？我以前和eBay打了无数次，输得心服口服。"但是马云坚持要做。

如果没有淘宝2011年的分家，天猫就不会发展壮大，后面一系列衍生业务就很难发芽。如果没有2013年"All in 无线"，阿里电子交易业务就不会真正从PC端过渡到无线端，错失这个机会，就等于拱手丢掉所有战场。马云后来回忆，2009年云计算和2013年"All in 无线"，现在来看肯定是正确的，但当时经历了巨大的变革痛苦。

这就是变化，变化在时局变化之前。

拥抱变化，源于阿里与生俱来的基因，也是互联网发展的必然要求。马云说："我不断提醒自己，要在阳光灿烂的日子修屋顶。"逍遥子从企业角度指出，未来永远是多样化的，很多时候，一个企业看到一个新兴事物出来，本能反应是去追赶。"我十年的体会是，这一班车没赶上，要思考下一班车是什么，互联网技术的发展，使得创新周期越来越短，这一班没了，肯定不是末班车，一定会有下一班。"

变革是痛苦的，但是不变革，未来连痛苦的机会都没有，人们习惯于追求稳定，但在信息时代，变化才是最好的稳定。在阿里，唯一不变的是变化，为未来而变，为客户而变，变化不是一时的，是时时刻刻的。

"拥抱变化"确保了在快速变化中保持阿里巴巴的竞争力，也让新员工感到"最深刻、最痛苦、最烦恼"。彭蕾分析过员工价值观访谈，"员工不理解'拥抱变化'，是因为大家大多数时候是被变化的。"因此，无论何种变化，必须小心变化的"异化"，不能真的成了顺口溜——"拥抱变化"是个筐，啥结果都往里装。

一个 M2 召集会议，会议时间来回改，一会儿说在公司开，一会儿说到公司外面开，一会儿说两点，一会儿说四点，一个员工怒了，和他争起来。后来，这个 M2 给员工打了很低的分，说他不能拥抱变化，员工怎能因为会议时间的改变而愤怒？

彭蕾说，我要是那个员工，也会翻脸，你没有跟员工讲清楚，那就说"对不起"，如果人家不原谅，那也得理解。千万不能拿"拥抱变化"给人草率扣帽子。"'拥抱变化'不能成为领导做出任何决定的一个借口，这相当于用这四个字一下堵住员工的嘴，这就变味了。"

道可道 20

> 一个人不能掉进同一条河，三体人的水滴也注定不会是完美的。

20　猪八戒和孙悟空，谁才是优秀员工

在加里曼丹岛雨林，无花果是大型动物的主要食源，没有它，整个生态链就会崩溃。无花果其实有花，在果实内包着。榕小蜂是唯一能为它授粉的昆虫，无花果内也是榕小蜂唯一能繁殖的地方。

无花果花期只有一周，榕小蜂的生命只有几天，这在这样苛刻的条件下，榕小蜂钻进无花果产卵，顺便完成授粉，代价是钻入时翅膀折断。幼虫成熟后，没有翅膀的雄峰刺破无花果，蜂群出壳，开启新生活。

这个岛上，有 130 种无花果，每一种都有特定种类的榕小蜂为其授粉，这种"共存共生"的生活已经延续了 9000 万年。

"团队合作"在神奇的动物界，因生存需要，进化到令人惊叹的合理。人类，早已摆脱生存的困扰，相反使得"团队合作"不再容易。

阿里六脉神剑强调团队合作，倡导"共享共担，平凡心做非凡事"，包含五层含义。

一是，积极融入团队，乐于接受同事帮助，配合团队完成工作。

二是，决策前，积极发表建设性意见，充分参与团队讨论。决策后，无论个人是否有异议，必须从言行上完全予以支持。

三是，积极主动分享业务知识和经验；主动给予同事必要的帮助；善于利用团队的力量解决问题和困难。

四是，善于和不同类型的同事合作，不将个人喜好带入工作，充分体现"对事不对人"的原则。

五是，有主人翁意识，积极正面地影响团队，改善团队士气和氛围。

这五层含义从简到难，可以看作一个新员工迈向"一年香""三年醇""五年陈"不同职业生涯的不同要求，也可以看作一个员工晋升到不同领导位置的不同要求。在"新六脉神剑"中，"团队合作"融入进"因为信任，所以简单"。

有一年，马云和李彦宏一起参加央视节目，两人回答同一个问题：猪八戒使用激将法，把孙悟空找回去救出唐僧，如果颁发优秀员工奖，你会颁给谁？

李彦宏说，颁发给孙悟空，他是主要贡献者。

马云说，他会颁给猪八戒，原因有二：一是孙悟空一赌气就脱离团队，不是好员工；二是，猪八戒虽然个人能力远在孙悟空之下，但是他能用激将法，让孙悟空救出师父，这是典型的团队合作意识。

马云非常喜欢唐僧团队。唐僧，有点唯唯诺诺，令人讨厌，但是他坚持不放弃，认准取经这一件事，困难再大，九头牛也拉不回；孙悟空能力很强，是工作的主力，但是三天两头惹麻烦，所有强者都会惹麻烦；猪八戒，干活不勤奋，好色，但是幽默、乐观，有团队意识，把团队气氛搞得很好；

沙和尚虽然没有什么理想，但是每天上班八小时，兢兢业业干完领导交付的工作，而且有忠诚之心，从来不会害人。

四个人单独看，哪一个毛病都很重，融合在一起，互为补充，竟能创造出一番不世之功。

逍遥子认为，团队合作重在协同，但是协同是第二位的，第一位是自己先搞清楚自己该干啥，把自己的意义看清楚才有协同价值。所以，要锻炼出自身的核心竞争力，再看组织有什么可以为我所用，继而互为所用。

阿里的"团队合作"意识体现在生活、工作各个细节中，比如，小二共同发起的"蒲公英"计划，参与者每人每年交80元，随时救助困难员工，人人助我，我助人人。比如，所有团队都乐此不疲地搞"团建"，近郊游、沙漠西征、漂流、狼人杀，形式多样，短短几天，整个团队神清气爽，凝聚力更强。

团队合作就是敢于把后背交给同事，互相信任，一起协作。一个大厅，透明开放，这就是维也纳金色大厅，大家可以一起畅享交响乐；把大厅隔成一个一个小房间，互不透明，那就是洗头房，只能放《夜上海》。王帅说："一个个小房间，得挂多少钥匙？"

原淘宝天下副总陶刚参加阿里"百年阿里培训"，期间，我打电话问他啥收获，他说，收获了价值观。他举例，工作中，有一件很困惑的事，自己团队的产品被其他团队打包一起销售给客户，收入进了其他团队，他们团队承担成本却拿不到收入。

参加培训后，他的思想改变了：客户拿到产品服务，不会去分析到底是淘宝天下哪个团队做的，他只是整体感受产品好还是不好。如果因为融入自己团队的服务,客户感受好了,那就是"客户第一";如果,其他团队产品更好卖了,这就是"团队合作"。

他的一番话,让我豁然开朗,境界上升了,思想就想通了。

霜波是老阿里人,曾得过 3.25,那一年,阿里妈妈遭遇"420"故障,有一个文件系统被改造了,应收收入没收进来,导致损失 420 万元。"那一次,从一线员工到总监,全部都是 3.25。"她说。问题出现在前任,霜波才带团队半年。"犯错的同学请我吃了个饭,就是不吃饭,问题也是我们的。"

这是"团队合作"的一种具体表现形式,不推诿,愿担责,专注解决问题。

从团队合作这个角度,对所有公司来说,这可以尝试解决新老员工融合难题。在阿里 18 周年年会上,蚂蚁金服一个小品说的是一名新员工和一名老员工一起接到执行任务。起初,老员工心想,我在阿里江湖漂了多少年,挨了多少刀,凭啥你一来级别就这么高?新员工想,我过五关斩六将,这么厉害的精英来到这里,凭啥好位置你们老员工都"霸"着。

节目结局是这样:老员工的实操专业水准加上新员工的新鲜思维,密切配合,顺利完成任务。

彭蕾有过一个思考。她看内网,发现有一个支付宝的新同学说:"我要辞职了,去西藏旅游,有谁跟我同去?"彭蕾说,她心里很羡慕,年轻人太潇洒了,想走就走,这是他们的生活方式,这会成为新常态。

她思考的当然不是要跟着去西藏,而是如何让 70 后、80 后和 90 后能更好地协作在一起,让 90 后感觉上班和去西藏旅游一样快乐,一样有意义。

"团队合作"不仅仅是指员工之间协助工作的方法,更是一种企业战略管理的方式。2011年，淘宝分拆为三家公司：一淘网（www.etao.com）、淘宝网（www.taobao.com）和淘宝商城（www.tmall.com）。消息一经发布，很多小二担心，一拆为三，部门协作会成为一个大问题。

今天来看，这个决定如此正确，它确保了B2B和三家"Tao"公司组合在一起的阿里巴巴，在极其高效的协同下，完成对不同客户的服务覆盖，包括消费者、商户、制造产业链、物流、支付、云计算、文娱、健康等各个环节。

尤其让人惊叹的是双11，已经毫无争议地成为全世界"团队合作"大协同的"共振器"。

2017年10月31日，逍遥子在上海宣布全球同步进入"天猫双11时间"。

从线上走到线下，从农村田间地头走到一线城市核心商圈。海内外100多万户商家，全球52个核心商圈、10万家智慧门店、60万家零售小店、5万家金牌小店、4000家天猫小店、3万个"天猫优选"村淘点，全线参与双11。

零点钟声敲响，全球所有商业力量在科技、大数据驱动下的大协同立刻爆发出巨大威力，并远超想象。

3分钟破100亿元；5分钟57秒破2012年双11全天成交额；16分10秒，破2013年全天成交额；40分钟破500亿元；1小时571亿元破2014年全天交易额；7小时破908亿元，超过日均消费品零售额；7小时22分破912亿元，破2015年双11全天交易额；9小时破千亿元；13小时9分49秒达到1207亿元，破2016年全天成交额；最终成交额锁定在"1682"亿元。

有意思的是，2016年破2013年全天成交额的时间几乎和2017年超越

2014 年全天成交额的时间一样，仅仅相差 8 秒。这意味着，天猫如此庞大的交易平台，也能如此迅速地一次次自我超越。

双 11 技术支撑实现"柔丝般顺滑"：7 分钟支付次数破亿次；支付峰值达 25.6 万笔 / 秒，这是世界互联网史上最大规模的并发流量洪峰；12 分钟签收第一单；阿里智能机器人——AI 设计师"鲁班"为双 11 设计了 4.1 亿张商品海报。

苗人凤说，网上发一个红包，是一笔支付，在淘宝购一次物，也是一次支付，但是，完成这两种支付的技术复杂程度完全不可同日而语。

"1682"这个数字，看到的是买家鼠标一点、万事大吉，看不到的背后是阿里电商平台、支付平台、物流平台等 25000 名工程师以及所有阿里小二，全部链接在一起，就像水一样，所有环节都要跑通，一点阻碍都不能有。还有外部生态公司及全世界各大金融机构也要全部链接起来，缺一不可，这是极其庞大而复杂的团队合作工程。

如今，双 11 无疑已是世界上最大规模的商业协同，不仅仅是阿里 11 万名员工各司其责、交叉融汇、毫无缝隙地完成一张双 11 拼图。更意味着，在市场导向下，全世界每一个消费者、每一个品牌、每一家快递公司、每一个网站、每一个商业体一起参与完成双 11 的宏伟场景。这个巨大的场景由巨大的数字构成。

双 11，已经不完全是阿里巴巴的事，也是一个公共的商业和文化传播平台，也是人类协作同享的一个大 IP。2019 年，美国权威管理杂志 PM Network 评出 50 个世界影响力最大的项目，天猫双 11 名列第 6，与互联网、阿波罗登月、因特尔 4004 微处理器、欧元和人类基因组计划等一同被列为最顶尖的世界级重大项目，他们对天猫双 11 的评价是："它从根本上改变了人们的购物方式，打通了购物和娱乐之间的界限。"

另外，天猫双 11 的参与人数也超过了隋朝京杭大运河的修建。但是，两者之间有着根本的不同，京杭大运河的参与是强制的，天猫双 11 的参与是自然、自愿的协同实践。它证明了经济学的核心原理：成本趋于最低、效率趋于最高、品牌趋于最多元。

正如逍遥子的一个朴素说法：数字经济必须是互惠前提下的合作产物，天猫双 11 之所以能自发形成社会大协同，是因为对消费者、商家以及社会经济都有好处。

1815 年，比利时圣让山，拿破仑和威灵顿胶着激战，各待援兵，拿破仑的救援令在下达过程中延迟了，格鲁希赶来时，拿破仑已经被赶来营救威灵顿的布吕歇尔战败。结局无法挽回，滑铁卢至今是法国人心中的伤疤，甚至，在法国民间，滑铁卢是忌语。

没有一支协作的团队，纵使拿破仑这么厉害的人物，终将遭遇失败的命运。

曾鸣做过一个比喻，淮海战役是下面部队配合到位，越打越有劲，上面指挥官信心越来越足，调配越来越有灵气，越来越敢布大局，感觉不可能实现的目标都实现了，千古名局就"定局"了。

再看滑铁卢之战，该到的没到，该配合的不配合，甚至有一路救援队伍路遇敌方人员，以为人家兵败撤退，遂掉头追赶。

"救援不来，战略指挥官就会越来越缩手缩脚，因为根据组织现状，要不断做出妥协，甚至出现乌龙，这个局越走越僵，死亡就成了必然。"曾鸣说。

在魄天看来，双 11 是很神奇的一种状态，如果说日常工作中大家有职能之分，有工作边界，一旦切换到双 11 模式，"所有的事情都是我的事情，都会站出来一起扛。"

逍遥子也说，阿里员工没有参加双 11 的叫同学，参加了就可以叫战友了。

双 11，从最初 27 家商家参与的一次营销打折活动，演变成如今丰富多元的全社会协同的世界级商业现象——逍遥子，无疑就是跋山涉水、披荆斩棘后，迈入康庄大道的那位游刃有余的战略指挥官。

2017 年双 11 晚会结束，马云戴着棒球帽，身穿休闲装，赶到晚会现场附近的阿里双 11 数据发布中心，进门不久，恰逢交易额达到 500 亿元，他起身向人群致谢，然后，悄然离开。此刻，逍遥子在阿里总部与上海晚会现场媒体连线说："今晚的心情很平静。"他们两人，密切协同，引领阿里走过一片片山、一片片水。

阿里小二的心情也与 CEO 一样平静。2016 年双 11，每到一个交易节点，还有不少团队穿着战袍，敲锣打鼓巡楼，那份激动至今想来还会兴奋不已。2017 年，几乎没听到这种"春风吹、战鼓擂"的声响。

凌晨，郭靖来到我们团队，说今年的成交数字也太无悬念了。然后，通过支付宝口令"谢谢你们辛苦了"给在场小二派发红包。然后，悄悄离去。

一切在静悄悄地进行。

西溪园区 4 号楼钱塘书院的大屏显示"1207"时，也只是零星的鼓掌声，大家"该干吗干吗"。或许，2016 年双 11 结束时天猫官微的那句话，恰恰为 2017 年双 11 提前整整一年做好了预判：

曾经的不可想象，终究会化成平常。

道可道 19

团队不是肩并肩站成一排，风一吹就散。

团队是降龙十八掌，各打各的，最终却能融合成一掌，老板是胶水，负责融合。

团队不是面对面，而是敢于把后背交给搭档。

花名是每个小二的心灵密史

工号也是企业核心文化

一九九九

十八罗汉的阿里巴巴前传

阿里曾经只有5个月活命期

让每个小二成为更优秀的自己

信任是商业本质

很慢很天真

此时此刻，非我莫属

胸怀是委屈一撑一大的

一位小二父亲的铮铮"预言"

创意是床单睡过俩月后翻过来再睡

犹疑是老无颜哪个翅膀

马芸，有你这么说话的吗

阿里内网中的悲欢离合

从独孤九剑到六脉神剑

客户第一，员工第二，股东第三

猪八戒知刘悟空，谁才是优秀员工

变化在变化之前

诚信是阿里价值观红线

永远不变的是变化。
快乐生活，认真工作。

仿佛不夜城，这里灯火通明

《功夫遗》背后的木根战略

天马行空与脚踏实地

好（HIGH）玩又好（HIGH）玩

员工不是靠公司来纪律的

没有女人就不可能有阿里

一出生就站在舞台中央的人

阿里巴巴为何良将如潮

阿里巴巴不久给一个不关心公益的CEO

良善是一切业务的根本源泉

打假《黑科技》一种能让501本《康熙字典》

小企业是难为死的，大企业是舒服死的

《宇宙最"搞笑"的公关部》

"玩专门泰""揭笑""失败"的大学

湖畔花园，创业圣地

让天下没有难做的生意

一心为赚钱的企业没有未来

马云是一个"非常抱歉的存在"

杭州为何能孕育出阿里巴巴

阿里巴巴102句土话

21　诚信是阿里价值观红线

信是信用，是信任，是信念，是信仰。摄于西溪园区一号楼前。

2004年，金庸来到淘宝网，题字"宝可不淘，信不能弃"。如今，在西溪园区一号楼前，有一个雕塑作品，上面镌刻着这八个大字。

马云经常说，公司没有大小之分，只有诚信和不诚信之分。

曾有员工晚上 8:50 赶回单位，以加夜班的名义，吃晚上 9 点的免费夜宵，吃完，再以加班的名义免费打车回家。几次后露馅儿，被通报，记入不诚信名单。阿里价值观里面，诚信是红线，不得有半点越界，有点像发达国家的信用体系，充分信任每一个人，说啥信啥，一旦发现说谎，或做了不诚信的事，就会上黑名单，让你再无任何立足之地。

招待客户用工作餐，有招待标准，这里面有"空子"可钻：一看超标了，比如本来四人用餐，报销时写五人用餐，就不超标了——绝对不可以，不按实际人数写，就是违背诚信价值观，超标了可以和主管说明白，但不能作假。有人可能会想，反正没人知道，写几个人都行，岂不知，慎独是衡量是否诚信的核心要义。

对于发票报销我总结了两个经验：一是，自己消费的一律不要发票，尤其是交通票，以免时间长了，混淆成因公发票报销了。二是，有些财务规定，员工不一定全部洞晓，拿不准的地方，一律在报销备注中说明白，帮助财务人员了解实情，以确定这张发票到底在不在报销范围内。举个简单的例子，我去北京出差四天，每天有工作餐标准，我和四名同事一起吃的，一顿饭吃了三天的标准，我就只提交了这一张发票，发票总额没有超过四天的总额，但是有两个问题拿不准，一是我和同事一起吃的，不是我自己吃的，二是一顿饭超出了一天的工作餐标准。看似事不大，却不好判断能否报销。那就在报销备注中明明白白写清楚，我想这就是诚信，我们很难事事做对，但可以事事诚信。

诚信，倡导的是诚实正直、言行坦荡。阿里六脉神剑将诚信的含义分为五个层面：诚实正直，表里如一；通过正确的渠道和流程，准确表达自己的观点。表达批评意见的同时提出相应建议，直言有讳；不传播未经证实的消息，不背后不负责任地议论事和人，能正面引导，对于任何意见和反馈"有则改之，无则加勉"；勇于承认错误，敢于承担责任，并及时改正；对损害公司利益的不诚信行为正确、有效地制止。在"新六脉神剑"中，"诚信"主体融入"因为信任，所以简单"的价值观中。

阿里刚起步时，有两个员工业务量占据整个公司业务量的50%，因违反诚信原则被辞退。"这两人走了，对公司业务确实形成很长时间内的影响，但阿里更需要一个统一的价值观标准。"芳原说，"如果'刑不上士大夫'，价值观说得再好，也是废纸一张。"

阿里巴巴有一个很多企业没有的要害部门——集团廉正部。所有入职的阿里人，工作前必须接受廉正考试。阿里对员工廉正有两个基本要求：一是，坚决不接受客户宴请，不接受客户礼品；二是，坚决不能向客户行贿、给回扣。其他根据业务特性还有很多具体的廉正要求，有的可能不好判断，不要紧，廉正部给了每个员工两把卡尺，遇到情况卡尺一卡，就知道能不能做。第一把卡尺是：当你拿不准的时候，扪心自问，做这件事，敢不敢让媒体公开报道，如果不敢，就不要做；第二把卡尺是：你做这件事，问清楚自己的内心，能不能对得起作为一个正直人的良心，对不起良心的事不要做。

阿里HR招人把诚信作为一个很重要的量化手段。很多小二都有感触，面试时回答很不理想，甚至有的回答了好几个"不知道"，结果被录用了。有的不懂装懂，弄虚作假，连复试资格都不给。我有一次招人，应聘者说当了3年省报记者，想看她的作品，她说发在报纸上，报纸没上网……互联网发展到今天，还有没上网的省报？她说了很多，但我最看重的是一个人是否诚实正直，是否言行一致，是否真实不装。帅总也分享过他的用人观，他用人分历史阶段，刚开始喜欢找聪明的，后来找能干的，现在找诚实的。

在诚信问题上，一个企业和人一样，要敞开胸怀，实话实说，不要试图掩盖。

阿里巴巴18周年年会举办前夕，所有员工收到一封信：

非常抱歉，集团刚刚停止了年会T恤衫的发放。尽管6万件T恤衫已经全部做完。有同学反映，印在T恤衫上的年会LOGO与外部设计师作品神似，这个信息令我们极为意外和震惊。

信里说，对知识产权的尊重大于一切，即使相似未必侵权，即使年会LOGO不用于任何商业用途，即使这意味着一切重来，要投入巨大人力物力，还是决定重新设计LOGO，重新制作T恤衫。

"这不是法律层面的考量，而是我们内心的判定和取舍。"这封信这样结尾：作废的T恤衫，将成为我们每个人珍贵的一课。

2017年中秋节，阿里巴巴发放了23万份月饼，发现46份月饼有异物或发霉，阿里行政连发两封向全体员工的致歉信，说明情况以及如何善后。按一般思维，23万份月饼出现46份问题月饼，比例很小，私下处理就完了，用得着这么"大张旗鼓"？阿里行政部认为，必须诚恳地向所有员工说明白整个事情，这是价值观问题。

月饼在2016年中秋节曾把阿里巴巴推向舆论的风口浪尖。4名安全部程序员通过技术手段多抢购了124盒月饼，2小时内被开除。外界质疑，不过是盒月饼，小过重罚，让员工望而生畏，不利于员工身心健康。阿里则称，这是从价值观做出的零容忍。

这事是不是处理过重，不好评判。我所知道的是，阿里巴巴高层会议先后几次复盘总结，直到现在还在反思。一名 HR 这样认为，负责网络安全却利用安全漏洞"秒杀"月饼，要说违反道德底线，感觉有点重，但是的确违反安全底线……

卫哲在其《金领》一书中，有一句金句"程序大于权力"。这是他读 MBA、做职业经理人很深刻的一个体会，这也是西方法系一个基本的法则。

应用到企业中会怎么样呢？在阿里巴巴 B2B 上市前，他和 CFO 进行流程检查，吓了一跳，能够直接接触并可以修改核心信息的员工多达 500 多人。"随时可以修改，天啊，巨大的程序漏洞。"他说。

但是，令他吃惊的是，他认真检查，阿里巴巴从创建以来，没有一个同学这样做。他问了不少员工，回答是：怎么可能这样做？得有起码的诚信啊，这样做，价值观也太差了吧。

这件事对卫哲影响非常大，在跨国公司时，每年有流程编制委员会，围堵一个个可能发生的漏洞。真正坚守并践行价值观，比一千个规章制度更重要。马云说，如果有人找制度的漏洞，永远能找到。价值观需要制度来保证，价值观又是用来弥补制度不足的。

一个人做到诚信，并不容易；一个企业为了坚持诚信有时可能付出巨大代价，这种代价或会将你打垮，但越是这种时刻，诚信的价值越会发出更加璀璨的光芒。

阿里巴巴 2011 年本命年时，遇到一个重大危机——支付宝 VIE（可变利益实体）事件，经由知名媒体报道后，引发世界范围的轩然大波。当时，中国支付行业要发第一张支付牌照，"坦率地讲，中国政府对于支付创新的包容度是非常大的。"彭蕾说。

从 2004 年到 2011 年，支付宝七年内"无照驾驶"，有点匪夷所思，但是在中国就是发生了。"从老陆（陆兆禧）到邵晓锋，再到我接手，正是这样的政府信任，让我们整个团队觉得必须更加规范运营。"

即便在没有政府监管的时候，支付宝团队自己去找工商银行"托管"，再报给中国人民银行。2011 年，国家发放支付牌照，要求所有支付机构主动申报是不是有外资、是不是有 VIE 控制。

"其实，从 2009 年有这样的风声起，我们就跟雅虎进行了谈判。2010 年年底，基本完成一大部分股权转移，包括对价条件都谈好了，但留了一个尾巴，没有完全解决。"彭蕾说。2011 年年初，支付宝收到中国人民银行的公函，彭蕾和 Eric、马云商议，如果填写"内资"，意味着撒谎。撒谎不仅意味着要用一百个谎圆，更是严重违背阿里的诚信价值观；填写"外资"，不确定牌照能不能拿到。

他们商议的结果是：必须照实填，绝不会因眼前利益违反价值观。马云就支付宝 VIE 事件说过，当时的做法，可能不完美，但是唯一正确。

各路专家、评论家、经济学家纷纷质疑，投资界甚至对阿里一度恨之入骨，因为这个事件扒下了某些利益团体的"画皮"。"我们赌不起，我们没有办法赌上诚信、赌上牺牲淘宝中小卖家的风险。"彭蕾说。

马云回应各路"专家"：你们其实不需要真相，只需要你们想象中的真相。他又直截了当地说："一面呼喊政策透明，一面哭守着潜规则。从未搞清楚 VIE 到底是什么，假如 VIE 那么好，为何不能让它光明正大合法化？假如它不够好，为何不能完善它？"事实证明，诚信是最低成本的投资，国家顺利为支付宝发放了牌照。

2017 年 11 月 25 日，王帅突然少见地召开公关部管理层闭门会议，一开两天。他着重谈了一个人对自己的态度。"对自己诚恳，是很难得的。"他说，大艺术家作品一定是诚恳的作品，自己觉得美才去真诚地展示。现实生活充满自欺欺人，我们必须坚持真诚地做有意义的事。

道可道 21

对小事无原则，对大事也不会有原则。

诚信是对自己内心的诚恳，也是企业最高效的沟通和最重要的标准化认证。

22 《功守道》背后的太极战略

2017年10月28日,马云微博发出一则电影海报,配文只有六个字:那一夜,那一梦。这证实了他首次出演电影,成为中国一名"年轻演员"。电影的名字叫《功守道》。马云,与李连杰、甄子丹、吴京等11位功夫演员,向全球推广太极为代表的中国传统武术文化。

二十世纪六七十年代,日本借经济腾飞,向全球推广了柔道、空手道、剑道,并把柔道带进奥运会;后来是韩国把跆拳道推向世界。"今天,世界了解、认知并公认了中国这个巨大经济体,期待着中国奉献出什么样的武术文化。"李连杰说。

拍摄《功守道》对于从未拍过电影的马云来说,并不简单。李连杰要求马云必须拿出12天,每天12小时。他提前统筹了一个月,挤出了12天,每天12小时。期间,只请过一次假,墨西哥总统造访阿里巴巴,请假3小时陪同。

马云出演电影是酝酿多年的一次厚积薄发。李连杰说,8年前,马云找到他要拍一部推广中华武术的电影,马云也曾和张纪中探讨过类似事宜。

直到 2015 年，李连杰在北京参加天猫双 11 晚会，他感受到这是一个巨大的 IP，是向全球推广中华武术的巨大契机。他找到马云说，给他一点时间，他要在双 11 平台向世界宣传中国文化。

马云看看他，没有回答。2016 年，在深圳双 11 晚会，李连杰再次问马云，马云看看他，依旧没有回答。"2017 年 4 月，马云突然打电话给我，说阿里董事局同意今年的'猫晚'给你 8 分钟。"于是，有了这部在 2017 年双 11 晚会首映的 8 分钟电影《功守道》精华版。

电影取名的背后隐藏着马云的太极智慧。他拿到"功守道"这三个字，连连赞叹，告诉李连杰，"功"字取得好啊，李连杰赶紧说，写错了，应该是"攻"字。李连杰想的是，一"攻"一"守"，尽是武术之道。

马云说，千万别用"攻"，中国传统文化是以黄河、长江为依托的农耕文明，不管多强大，都不会产生外侵之心。"我们就是用功夫守护我们的家园，并把功夫与世界分享。"

"攻"是进击格斗，"功"是哲学思想。

《功守道》不能简单看成是一部电影，而是通过"猫晚"面向全球推广一套可标准化的太极武术，并于 2017 年 11 月 15 日在北京真正开启赛事。李连杰解释，一个人打太极是 1.0，两个人推手是 2.0，他和马云共创的是太极 3.0。

一个 1.5 米高的擂台，直径 3 米，看谁能把谁打下去，10 分钟学会，全世界的人都可以参与。推广太极，李连杰为他和马云进行了分工：马云是推土机，在没有路的地方推出一条路；李连杰是扫地僧，把不平整的路扫平。

2017 年 11 月 10 日天猫双 11 全球狂欢节晚会，妮可·基德曼的出场介绍让我有些意外,她完全没用西方人的语言和思维,而是以太极式的语言风格推荐电影《功守道》精华版首映:在中国,武术就是艺术,达到身体和精神的纯粹境界,它让人进入一个精神国度。

电影中的马师傅为了寻找武林秘籍,与各派高手过招,最终走到山顶。短短几分钟,马氏幽默抖出两个包袱,一个是"武功再高,也怕菜刀",另一个是见人就问"你吃了吗"。

《功守道》完整版11月12日在优酷首播,马师傅和扫地僧闭眼冥思,用意象打完一场旷世太极之战,作为观众的我豁然开朗,太极是武术,更是修身养性的哲学,天下所有功夫都不是为了打赢别人,而是为了超越自己。"求胜人,莫若求胜己"。否则,再硬的拳头也抵不过一把破菜刀。

一路艰辛,犹如西西佛斯推石上山,马师傅追求的终极秘籍不过是问天下苍生一句"吃了吗",这是杜甫的"安得广厦千万间,大庇天下寒士俱欢颜",也是阿里巴巴的"让天下没有难做的生意"。

我对电影的评判标准只有两点,一是,乍看好玩、有趣、乐呵;二是,再看能感受到意义和价值观,就是让人看了产生对美好生活的向往。这部短短的影片显然是我心中想看到的模样。两大太极高手终极对决,没有拳脚相向,在至高境界的切磋中,一行行不动声色的文字出现在屏幕上,直抵每一个人的心灵:

拳无影,脚无形

无门无派,随心从缘

天下万物,日月行天

勇而不敢,拈花微笑

得之则少，失之称多

人刚我柔，随心从缘

心中无敌，无敌天下

舍己从人，归去来兮

用功，守住有形

用心，融入无形

　　这些文字，阴阳相生，虚实相融，静动相变，来去无处，无所不容。天下功夫莫不是以强胜弱、以刚克柔，唯太极反其道而行，借力打力，无象无形，无为而为，大极为心，太极为道，化危为安。这是中国独有的文化哲学，这是阿里巴巴独有的商业逻辑。

　　阿里有个太极禅苑。一走进太极禅苑大堂，映入眼帘的是三个字：福、禅、寿。陈伟进行了分析：福是这个世界给你的全部，禅是你能"参"悟这个世界的全部，寿是有它才有全部。

　　太极讲究中庸之道，马云的解释是，中，动词，意思是"打中"；庸，是恰到好处。中庸就是打在恰到好处的点上。

　　在太极禅苑打太极的有各路大师，也有每天临时学两招的参观者。

陈伟与"风清扬"对练。

马云对太极有个形象的看法：要想活得好，多运动；要想活得长，少运动；要想活得又好又长，就得慢慢运动——打太极。

参观太极禅苑的大都是创业者，他们来这里能学会"创业三招"。

第一招：抗击打。陈伟说，创业者和专家不一样，专家不靠谱，尤其是互联网专家，因为互联网走在"教科书"之前。创业九死一生，投入的是所有的身家性命，所以创业初期的勇气和屡败屡战的抗击打能力至关重要。

第二招：倒立看世界。太极禅苑的墙上有一副画，站着看是挑战，倒立看是胜利；站着看是鲜花，倒立看出现一行字：你是最棒的，你是唯一的。

第三招：永不放弃。这一招隐藏在楼体台阶上，从一侧看是一个攀登的身影；从另一侧看是"永不放弃"四个大字。

创业为何总结成这三招？陈伟的答案是，抗击打，才能活下来；换个角度看世界才能活得好；永不放弃，才能活得久。

阿里巴巴有十万多名员工，业务复杂。陈伟说，其实很简单，阿里巴巴其实只有两个部门，一是太极禅苑，一个是非太极禅苑。后者的使命是改变世界，前者的使命是不让世界改变我们。

阿里内网幽默地说，马云的成功，有一万零一种说法，都是表面的，其成功主要是两点：一是在西湖边学了10多年英语；二是练了10多年太极。

马老师学太极源于孩提时的武侠梦。他小时候常跟父母去听大书，尤其喜欢听侠义故事，看过无数遍《水浒传》《七侠五义》，当然最喜欢的还是金庸小说，总梦想有一天行走江湖，行侠仗义。电影《少林寺》让他血脉偾张，整天找人练拳习武。在杭州拜过很多师傅，武艺毫无进展，参与同学、邻居间的"江湖纷争"不少，取胜概率很低。

他天天期待能获得一部武功秘籍，或者能得名师指点。时机终于来了，大学期间，同学给他介绍了在杭州西湖四公园教太极拳的冯素贞老师。起初，马云感觉太极就是老人健身操，他"有一搭没一搭地练练"。

一天，来一壮汉与马云师兄弟推手，胜了所有人。"只见冯老太太笑眯眯地走过来,与壮汉一搭手,谈笑间,壮汉腾空摔了出去……"

从此,马云对太极拳刮目相看,并逐渐体会到太极背后的哲学思想。马云对她的太极恩师很是崇拜,他讲过一个小故事。冯老师每早教拳的同时顺便买菜,回家时正值公交早高峰。"老太太每天神奇地拿着满满的菜篮子,稳稳地在拥挤的人群里上车,边上的人总会不自觉被移开……"

这才是功夫啊!太极,强身健体,深得中国中庸文化之精髓,一招一式可攻可守,阴阳互动、博大精深。

马云的愿望是,有朝一日,人们这样评价他,马云是一位太极大师,也曾创办过企业,阿里巴巴、蚂蚁金服等。

在阿里,千万不能把任何东西单一看待,所有东西都是互动的,危机中孕育着机遇,坏的开始可能会有好的结果,这就是太极哲学。2003年,公司因"非典"全员隔离,一般企业肯定就"挂"了。然而,互联网没有院墙,淘宝网就是在"非典"中诞生,并快速成长的。

任何的劣势都可能会变为优势。用马云的话说:"如果先下了一步臭棋,先不要着急,慢慢走或许会变成好棋。"

2003年做淘宝时,90%以上的市场份额在eBay手中,如果只是看"90%"这个数字,就很难下决心冲进去。但是,如果用太极思想放眼未来,会发现即便别人已经拿走"90%"的数额,对未来而言也是微乎其微的一个数字,从这个角度思考量,就可以义无反顾地进军C2C。

这个时期,诞生了马老师的一句名言:"凡是eBay认为正确的,我们都反对。凡是eBay认为错误的,我们都支持。"多年之后,逍遥子在给湖畔大学学员讲课时说:"这句话大家不要笑,面对一个强大竞争对手时,这是非常好的思考方式。对手朝东,你就要往西,因为东边这条路已经被占掉了，只有往西才可能找到路，但并不代表西面一定有路。"

菜鸟 2013 年成立，当时看，菜鸟物流起步较晚，甚至已是火烧眉毛。4 年后，逍遥子说，今天菜鸟的机会，是要抓住"后发优势"，说到此处，他特意注明"第一次用'后发优势'这个词"。

"后发优势"是什么？他解释，是在恰逢其时的新零售大背景下，重新架构、重新定义，能够真正站在未来设计覆盖城乡、覆盖全球的一张物流网络，这是一个极其难得的后发优势。"因为我们在很多地方留白了，留白是妙不可言的事，留白就能进行重新架构。"菜鸟董事长童文红接着说，关键是这个"后发"，如何尽快减少中间的曲折，尽快拿捏准我们的网络结构，协同生态伙伴一起往前走。

正如太极，阿里业务互动关联，从最初的 B2B 延伸到淘宝、天猫、聚划算、闲鱼、支付宝、菜鸟再到大数据、云计算、大文娱、阿里健康……这些业务线逐渐走出迥然不同的自己，却又共同形成一个完整生态链。

逍遥子比喻，本想孵化一只鸡，结果成了一只鸭，还生出鹌鹑蛋。

前几天，朋友问，听说阿里出版了一套书，名字大概叫《阿里战略管理大法》。我认为，阿里不太可能出版这种书。逍遥子说，清晰的战略规划是课本上讲的，阿里做的事很多听上去不成逻辑，等成为逻辑，别人总结为战略后，再开始做早就没份了。

莫奈也曾说：人们都在探讨我的画，并争先恐后地说他们懂了，其实，我作画时也不是很明白。

何为模式？磨出来的；何为战略？战出来的。当然，这也不等于说阿里巴巴没有大方向的战略，而是战略随着实际情况及时变化，比如，收购雅虎中国，集团战略自然要快速调整升级。

曾鸣曾向阿里小二进行过阿里战略方面的分享。阿里巴巴第一次讨论战略是2002年1月，主题是：这一年赢利一元钱。第一次一本正经地开战略会则是同年11月，从此，召开战略会成了阿里巴巴的传统。这次战略会提出，阿里在2003年要成为一家超亿元收入的公司，并形成年度战略规划制度，每年9月开始做下一个年度战略计划，12月底前，形成文案下发到各级管理层，第二年1月1日起启动年度计划。

2004年4月13日第一次尝试季度战略Review，"这是一次比较轻松的战略会。"曾鸣说，"一是，阿里巴巴业务良性快速增长；二是，开过几次战略会后，大家对怎么开会，讨论什么内容逐渐有了感觉。"

这次讨论了为客户提供什么价值以及淘宝适合卖什么商品。

2005年开了两次战略会议，一次是4月19日至20日，在北京长城公社，第一次提出五年战略规划。"到北京开会，主要是为提升战略高度。不料，长城公社离北京城一个多小时路程，在长城脚下，前不着村，后不靠店，又遭遇沙尘暴，让这些江南小资们遭了不少罪。"

第二次是10月12日至16日，在珠海召开。"这个马拉松式的战略会，整整开了五天，人人疲惫不堪"。"达摩五指"和"如来神掌"在这次会议上提出。"这次会议关于雅虎搜索的战略，事后看来，有重大失误，整个判断过于乐观。"曾鸣说。

2006年，阿里巴巴密集召开了6次战略会，雅虎整合、淘宝、支付宝快速扩张，管理人员严重短缺等问题严重，所有人压力非常大。

"这充分反映了阿里巴巴再一次进入了战略创新和尝试期，需要明确新的发展思路和方向。"曾鸣说，"2006年年底到2007年年底，是阿里巴巴比较艰难的时期。"

B2B成功上市，让外界对阿里巴巴的认可达到前所未有的高度。但是，内部各块业务都碰到了自己的挑战，"这些直接反映在2007年在宁波召开的年度战略会上。"宁波会议参加者有马云、李琪、彭蕾、卫哲、崔仁辅、孙彤宇、曾鸣、陆兆禧、王涛、金建杭等人。

"这是开得最艰苦的一次战略会。"

选择宁波，本想靠海，去了一看，不在海边，"我们在密闭的小会议室'拼杀'了三天，精疲力竭，会议结束时，也不是太清楚是否达成了共识。"但是，这次会议十分关键，提出了今天阿里巴巴战略的很多雏形。比如，建设电子商务基础设施，相当于城市"水电气"。

——这在10多年前提出，现在回望，是高瞻远瞩的决策。

会议认为，中国IT基础差，需要信息、信用、支付、配送等在一个平台上聚集，这是阿里要攻下的战略高地。于是，形成基本思想：建立开放平台、进行基础建设、树立行业标准。并提出了三个关键词：协同、开放、繁荣。各子公司战略，原则上围绕信息、支付、物流三大核心开展各自的打法。

阿里巴巴战略会2007年开了两次，2008年三次，2009年两次……

马云不但自己走到哪里就把太极拳打到哪里，2009年还在阿里内部开了两个太极班，报名帖上有这样一句话：

从某种意义上说，阿里就是太极哲学思想在网络时代"野蛮生长"的副产品。

有人经常问我阿里巴巴管理之道，说实话，作为一名小二，我也说不清楚，但我认为，如果一种管理方法，一出手，便惊天地泣鬼神，往往容易摔着，还可能夭折。只有不脱离现有环境，去创意，去顺势开拓，这样出来的东西，才能气顺腰直。

马云也曾说，一个人造势很难，顺势而为最可取。在我看来，阿里管理的一大特色就是，你给一分地，能跑出一片片山，给一片山，能连起一座城。慢慢地，给这座城起个名字，注入文化，再形成品牌。也可理解为，阿里人就是农夫，不舍昼夜地刨地，突然发现一个小金块，顺势找到一条金线，再寻到一个金矿，过程很艰辛，也很踏实，履带式前进，稳抓稳打。

彭蕾给小二讲课时说，阿里巴巴所有业务创新，其实就有一句话，"道生一、一生二、二生三、三生万物。"

淘宝交易需要担保，支付宝出现了。淘宝卖家发展需要贷款，通常有两条路，一是从亲朋好友那里借钱或用民间借贷，二是通过地下钱庄、高利贷——阿里小贷合法快捷地解决了这个融资难题。支付宝账户的资金越来越多，没有收益怎么办，余额宝诞生了。

卖家入淘不会开店怎么办？淘宝大学以卖家帮助卖家的方式，从平台卖家中甄选出一批实操经验丰富的商家，经过授课打磨，最终认证后站上讲台，传授经验，以帮助各类卖家提升运营能力。卖家做生意不会看数据怎么办？淘宝大学联合阿里生意参谋提供《数据高尔夫》，用大数据指导企业营销……

"道生万物"体现在企业文化上是"大树一棵，花开万朵"。企业文化自上而下地主张，自下而上地生长。阿里各业务群文化、价值观相通，气质迥异。天猫引领品牌时尚；淘宝古灵精怪，充满创新活力；阿里云是工程师文化；钉钉是典型的向死而生；菜鸟是创业公司，也是技术公司，既得撸起袖子下地干活，又必须学会聪明地干活……

逍遥子在湖畔大学讲了这么一课——《决定阿里命运的"分分合合"》。

"分分合合"就像太极推手,推动阿里纷繁复杂的业务融合共通。

2011年,淘宝"一拆三",分成一淘、淘宝和淘宝商城。逍遥子说:"有一次在永福寺开会,那时,老马已经下决心拆分。'拆'这玩意儿,最初的感受是,对我个人和团队是好事,业务发展多了一个空间嘛。"

他后来有了更深层次的考量。

一是趋势的判断,感觉B2C会发展起来,在一个发展势头很猛的东西,上面盖一个大盖子,会被束缚住。

"这个考虑用来诠释为什么淘宝和淘宝商城分开。"

二是B2C发展的态势到底啥样,淘宝商城能发展成啥样,当时不确定,也不一定有胜算。

三是关于一淘的考量,当一个市场群雄割据,有多个入口的时候,需要什么?需要搜索。当时搞不明白趋势会怎么样,所以架在"阿里妈妈"上搞一个购物搜索。

一淘的初衷未必完全服务淘宝,究竟能守住哪一个阵地当时也不太清楚。"到底能守住护城河前五公里,还是能守住护城河,或是能守住城门,这是不一样的。"逍遥子说。

曾鸣在《智能商业20讲》中也回顾了当时的情况。淘宝一拆为三,当时跟三家公司讲得很清楚,按照自己对未来的理解拼命往前闯,相互竞争没关系,你们的目标就是把对方"干掉"。

为什么会这样极端?"从2009年开始,公司争论了三年,对未来产业终局形成不了统一判断,到底是B2C、C2C,还是一个搜索引擎指向无数个B2C。"

当时，美国的经验是电商流量在谷歌，谷歌把流量导给 B2C 网站，亚马逊流量不太高，只是卖东西，不会在上面做购物搜索。直到 2011 年，阿里还是无法确定中国会不会走美国的路子。最后，马云下决心说："别争了，到市场上去试，在游泳中得到的真实感受才代表未来。"

于是，有了淘宝的"一拆三"。"干了一年就清楚了，购物搜索这条路走不通。"曾鸣说，那时淘宝、天猫的基础设施已经非常强大，大部分人发现开独立 B2C 成本太高，只有在淘宝、天猫做生意，才能把绝大部分成本摊掉。实践是检验真理的唯一标准，一年后，一淘变成一个部门，又重新回到阿里巴巴。

曾鸣说，很多传统企业觉得互联网公司管理乱糟糟，看起来像无头苍蝇，但是，为什么互联网公司做得很好？

"很重要的一个原因是，大家对战略的理解不同，对于互联网企业来说，市场变化太快，方向又不明确，通过行动摸索新方向是第一优先级，这种方向性浪费是完全值得的。"

淘宝三兄弟分家后，马云对逍遥子说，你是"刘邓大军"。"刘邓大军"意味着什么？千里跃进大别山！逍遥子理解的"大别山"是这样的：没有根据地，占到的地方就是你的，找不到地方，要么自灭，要么被灭。于是，他告诉兄弟们，往前冲，没有后路。

不久，他领导的淘宝商城发生"十月围城"事件，太极就是否极泰来，事件平息后，痛定思痛，逍遥子下定决心把淘宝和淘宝商城进行品牌切割。"十月围城"发生的导火索之一，就是大家不理解，淘宝口口声声说免费，咋转口就收费，并不太清楚"淘宝商城"不是"淘宝"。

2012 年 1 月 11 日，恰逢逍遥子生日，天猫宣布诞生。

"这是为对冲风险进行的布局,不瞒大家说,我经常干这样的事,特别是阿里越来越大,怎么避免系统性风险,有时要做风险对冲。因为不同的模式,有时你不知道哪个是对的。"

逍遥子还讲了一个"合"的案例。阿里巴巴的愿景是"让天下没有难做的生意",阿里妈妈的愿景是"让天下没有难做的广告"。

阿里妈妈决定开始干,大家气吞山河地就去干了,慢慢遇到瓶颈,广告靠两端,一端是广告主,一端是媒体,阿里妈妈作为平台,上找广告主,下找媒体,两头在外,中间没有核心价值,最多是个代理,很难找到前景。

一天,在杭州西湖国际大厦,逍遥子当时还是淘宝 CFO,马云把他们几人叫一起,他拿了一把长剑,说要找帮手共同"搞定"一个人——吴妈(吴泳铭),他是阿里妈妈创始人。

马云说,要把阿里妈妈塞回到淘宝的"子宫"里,因为淘宝卖家就是阿里妈妈潜在广告主,淘宝本身就是自带巨型流量的"媒体"。

资源还是那些资源,思路一变天地宽。

逍遥子是带着段子进阿里的,第一个段子说,他来为了赶淘宝上市,结果淘宝没上市,B2B 先上市了。第二个是说,他来给淘宝找商业模式,淘宝免费,每年烧那么多钱,赚钱的路径在哪里?几个月以后,他搞明白了一件事情,当一个地方每天成千上万人来,赚钱是可以办到的。

"把阿里妈妈放回淘宝的子宫,它就变成淘宝商业化的主体,同时能真正把'让天下没有难做的广告'的使命,跟阿里巴巴的使命融合为一体。"

阿里妈妈回归淘宝后,买家、卖家无非就是多了一个角色,卖家同时是广告主,买家同时是广告受众群。

逍遥子说，在阿里整个组织构架上，每过几年就来一次"分分合合"。"分"，分出了很大的场景，从天猫、支付宝、菜鸟到蚂蚁金服。不"分"，这些业务充其量是淘宝一个大部门。"合"，合出来产业链的延展，强大了自己的渠道，挖掘出潜在的巨大资源。

逍遥子也多次说，阿里业务奇妙就奇妙在一生二，二生三，三生万物。为什么？因为数据，基于这些数据发挥想象力，创造新业务。

2019年12月，老逍给湖畔大学讲课，其中也充满了太极思想。他非常有趣地发问，二战时期盟军攻打西西里，难道是在某年某月某日某个地方的哪块门板上画出来的？它充满偶然性，这正是我们的乐趣。真正的业务一号位，一定是在高度的不确定性当中去寻找确定性，不确定性是最大的确定性。"一号位"永远面临的是在特定历史阶段，看有没有合适的人，永远要根据手里有几张牌，有几个王、几个K，根据他的'将'来排兵布阵……但是，一旦决定以后，就要坚持，地球是圆的，坚持到最后，往东了，只要你还活着，就是往西。最怕来回折腾，最消耗、最没有成果、最让团队崩溃。"产业终局一定不是一段路可以走到的，我的工作就是在产业终局和现在之间，找到一条歪歪斜斜的路，今天偏五度，后天回十度，那边有个坑要跨过去，有时还要'背道而驰'。"他说。

道可道 22

道生一，一生二，二生三，三生万物。

模式是"磨"出来的，打法是"打"出来的，营销是"赢"出来的，品格是"拼"出来的。

23　天马行空与脚踏实地

阿里是一家天马行空、俯视未来的公司，又是一家脚踏实地、抓铁有印、踏雪留痕的公司。阿里是一家有着极其鲜明的个人理想主义的公司，同时又是与集体现实主义深度融合的公司。

在阿里，马云负责"仰望星空"，天马行空般制定宏伟"蓝图"。有意思的是，他画完这张"大饼"，逍遥子带领偌大的团队，总能脚踏实地，哪怕在磕磕绊绊中，也会完成这张蓝图，从战略决策到分层执行，有效协同，各司其职。

阿里不同于众人的独特性格，在"新零售"的探索上体现得淋漓酣畅。2017年国庆节，一种崭新的旅游模式在上海鲜活"出炉"："新零售一日游"，盒马鲜生、天猫无人超市等成为"一日游"热游产品包。

前推3个月，马云、逍遥子一起出现在盒马鲜生上海金桥店就餐，正式向外界公开阿里"动物园"家族又添一名新成员。"盒马区房"像学区房一样，瞬间成为中介卖楼的一个促销热点。

10月14日，云栖大会新零售峰会，盒马鲜生CEO侯毅（花名：老菜，工号：109516）第一次全面向外界讲述盒马的新零售商业模式。

盒马一日游旅游新物种。（牛镜摄）

巧合的是，一年前的云栖大会上，马云第一次提出"新零售"概念。马云说，纯电商时代很快会结束，未来十年、二十年，没有电子商务这一说，只有"新零售"这一说。这句话，在当时引发社会热议。

2016年双11复盘会，逍遥子说，"不要狭义地把新零售理解成线上跟线下的互动，我想新零售有很多表现形式。"这是马云提出"新零售"概念一个月后，老逍第一次面对这么多小二，给出了他关于新零售的思考。或许，复盘会上，他还没有完整的"新零售"执行概念，但已经知道哪种理解是片面的。

事实上，这一届双11，距离马云提出"五新"战略只有不到一个月时间，天猫还是打通了100万家门店，近10万家门店实现了电子化。

2017年2月20日,阿里巴巴集团与百联集团在上海宣布达成战略合作,在新零售技术研发等六个领域进行全面融合。逍遥子在这里明确提出了他的新零售观点:新零售是利用互联网和大数据,将"人、货、场"等传统商业要素进行重构的过程,包括重构生产流程、重构商家与消费者的关系、重构消费体验等。

他认为,每个企业都将走向数据公司,实现消费者可识别、可触达、可洞察、可服务。阿里巴巴整个生态体系将通过大数据、新技术帮助商家完成重构,未来的商业将不再有线上线下之分。

——这是在我所知道的范围内,老逍第一次明确了"人、货、场"重构是实现"新零售"的执行路径。

6月13日,54家全球品牌掌舵人齐聚阿里巴巴西溪园区9号馆,与老逍举行"新零售"闭门会。老逍进一步提出,阿里以天猫为主阵地,通过数据,帮助品牌企业乃至整个商业对人、货、场商业元素进行重构,并由重构产生化学反应,实现全链条数字化。

2017年5月,阿里完成银泰私有化。7月27日,逍遥子在银泰三位一体大会上说,零售和科技之间的化学反应才能催生新零售。与此同时,老逍的手下纷纷从理论和实践两个层面构架自己心中的"新零售"。理论方面,阿里巴巴供应链研究中心负责人希疆(真名:游五洋,工号:63237),对"人、货、场"进行了界定:

人,过去的"人"不可见,认知模糊,现在,数据可以清楚地知道一个客户进来、逛了哪些楼层、哪些店铺、停留了多长时间、买没买商品等,这些数据是非常有价值的,可以帮助商家建立新的客户管理体系。

货,过去,货品管理粗放,库存不可见,单品不可见。新零售可实现基于数据的单品管理，非常精准。

场，过去是各自割裂的实体卖场，现在是线上线下融合打通，多场景融合；过去以地理位置为中心，现在是场景化，以人为中心。

实践方面，盒马先行。侯毅在云栖大会新零售峰会上的演讲题目是《"盒马"是什么》，这个题目至少说明两点：一是，盒马是新零售的新尝试，是新生事物；二是，它已经有了相对成熟、可复制的运营模式。

阿里小二比外界更早些知道"盒马"。"盒马，是阿里巴巴原创作品。"侯毅在2017年4月21日第42期湖畔夜校讲课时，一开口这样说。

盒马的创意最早可以追溯到2014年。

"逍遥子和我聊了很多次，探讨生鲜电商，不做伪命题，真正实现线上线下融合。"

众所周知，生鲜电商是食品类目最后一块无法吞咽的"骨头"，因为冷链物流成本巨大。逍遥子明确向侯毅提出四个目标：第一，线上交易要大于线下；第二，线上每天的单店订单量要做到5000单以上；第三，盒马App不需要其他流量支持，能够独立生存；第四，在冷链物流成本可控的背景下，实现可控范围内（3公里）30分钟送达。

侯毅说，在老逍直接推动下，2015年3月，盒马成立，一共7人，后增加到18人。

——或许多少年后，这又是另一个十八罗汉的故事。

2016年1月15日，盒马鲜生上海金桥店开张，盒马App同步上线，一切都在极为低调中进行。外人只有走到这里，猛抬头才会发觉多了一家名字怪怪的店，很多人还会不经意间把"鲜生"念成"生鲜"，把"盒马"

误读为"河马"。甚至有人提议，改改名字吧，改成"河马生鲜"，正如马云给"天猫""菜鸟"起名时说的那样，名字叫着叫着就习惯了，关键产品要做好。

在湖畔夜校，侯毅高兴地告诉大家，老逍提的四个目标都已经实现。

在阿里巴巴的新零售试验田，盒马，靠的是顶层设计，无中生有，"平地起高楼"；银泰，则是物料多多，只能"旧城改造"，以此为传统商场寻找一条可复制的"新零售"路径。

"互联网不是一个渠道，而是一种生产力，数据是唯一新能源。"银泰商业 CTO 鄢学鹍在云栖大会上的话让人耳目一新。传统商场最大问题无疑就是商品、布局甚至服务都同质化。即便连到线上，消费者还是同一拨人，线上线下同质化导致商场转化率下降，零售链路效率越来越低。

老逍也说，零售企业如果只把货放到线上去卖，那还是传统零售商，品牌和消费者之间仍然存在一堵高墙。2017 年 11 月 20 日清晨，一觉醒来，互联网又被阿里刷屏：阿里巴巴投入 224 亿港元，直接和间接持有高鑫零售 36.16% 股份。媒体这样定位：1916 年首家自助商店诞生，这是商超行业的开端；2002 年，沃尔玛登顶《财富》500 强，这是商超行业黄金 10 年的起点；2017 年，阿里巴巴与高鑫零售牵手，标志着商超企业全面拥抱新零售。

评论人士认为，如果把新零售比作一个超级产品，由阿里全资控股的银泰商业升级改造，是产品内测；与上海百联战略合作，是产品公测；与高鑫零售合作，宣告产品正式上线。

"我们对这一天期待已久。"逍遥子当天下午在香港表示，牵手高鑫零售，是阿里巴巴推进新零售战略一个重要的里程碑。随后，又加了一句"是一个非常重要的里程碑"。

2017年10月31日，在上海举办的天猫双11全球狂欢节发布会上，逍遥子说，今天的新零售是什么，是盒马？盒马只是一种方式，社会零售业态多种多样，每个企业愿意拥抱互联网，有意愿和能力跟数字经济结合，都能变成新零售。

1个月后，在中国企业领袖年会上，他又进一步诠释：未来，零售不会再有线上线下之分，只有是不是数据驱动之分，金融亦然。未来的新制造也必然是由对消费者的洞察驱动，升级制造、产品以及供给渠道等，最终建立一个崭新的面向消费者驱动的C2B大愿景。

从马云的"新零售"，到逍遥子的"人、货、场"，再到"人、货、场"的理论解读，然后是盒马、银泰、天猫小店、无人超市的落地，似乎能嗅出阿里巴巴"天马行空+脚踏实地"的战略管理思路。

天马行空，是在理想中寻求实践；脚踏实地，是在实践中打磨理想——这种风格很阿里，这种案例在阿里也很普遍。

2018年天猫双11刚结束，逍遥子发出全员公开信，第一次明确提出"打造阿里巴巴商业操作系统"，这是一个崭新的概念，我们一众小二当时不是太明白。一转过年的1月11日，阿里举办第一次ONE商业大会，老逍正式发布阿里巴巴商业操作系统，通过品牌、销售、渠道、供应链、制造、组织等11个要素的数字化、智能化，激发商业增长新动能。他说："3年来，我们一直在尝试如何帮助客户走向新零售。要实现新零售，必须要建立一个全方位的数字化商业能力，这个能力阿里已经有所沉淀。我们希望把这些商业能力组合，形成全方位的数字化商业系统，支持和帮助商家全面走向新零售。"一年后，再来看这句话，至少有两层信息越发清晰。一是，马老师2016年提出"新零售"，老道和他的团队一直在思考和实践，最终拿出解决方案：阿里巴巴商业操作系统。新零售——盒马——商业操作系统,是理论——实践——实践性理论的螺旋上升;二是,这套方案效果如何,需要实践。

2019年12月18日,第二届ONE商业大会给出阶段性成果:从实际效果看,品牌商家触达亿级新客,仅2019年天猫双11就有100万款新品亮相,2000个淘品牌在淘宝上诞生,C2M产业带定制新品同比增长7倍,商家每月通过阿里妈妈营销推广200万件新品,1000万家企业组织通过钉钉实现数字化管理;从发展方向看,新客、新品、新组织,成为未来企业增长的新方法论。

老逍第二次站在"ONE"大会舞台,有了更多的感受和思考,比如,他说,阿里巴巴商业操作系统不仅是产品和工具,首先是理念和方法论,企业一把手,引领的不仅是生产力创新,未来更重要的是引领生产关系的创新;他说,从新零售走向新商业已是高度共识,今天已不需要讨论线上线下,只有是否数字化之分。他还说,阿里商业操作系统不是"包治百病",它是企业走向数字化经营的必要非充分条件……

这就是阿里巴巴,从理论到实践,从实践再到理论,大象军团,蚂蚁雄兵,纵有千难,纵有万苦,必有过程,必达结果。

道可道 23

一个组织必须有人负责"天马行空",其他人负责"脚踏实地"。没有前者走不远,没有后者走不动。
没有过程的结果是垃圾;没有结果的过程是放屁。

24 好（hǎo）玩又好（hào）玩

一个历经坎坷的企业往往更懂得"好玩"的重要性。阿里巴巴无疑是一个好（hǎo）玩又好（hào）玩的江湖世界。企业好玩，得先有一个好玩的老板。马云，每次年会都"花枝招展"，表演极具个性和创意，2008年他扮演白雪公主；2009年扮上了Lady Gaga。2017年摇身一变，成了"迈克尔·马"，一个乾坤大挪移，嘴含一支大雪茄，怀抱两名大美女，一名是蔡崇信扮的，一名是井贤栋扮的——阿里巴巴集团两位大名鼎鼎的爷们被他们的同一个老板"虐"得没法子。

在公布《功守道》电影海报前十几天，马云刚刚结束在云栖大会上的"四联唱"，他在微博中说，一直在看网上对我唱歌的评价，在大家"热嘲鼓励"下，第二天，再接再厉，又和一位顶级高手一起为一部电影录了主题曲……2017年11月3日，我们知道了这位顶级高手是王菲，她和马云演唱了《功守道》主题曲：风清扬。用马云的话说，乡土音配天籁。

马蹄声，千山外，繁花掷地；沧海笑，万籁寂，剑在手，天地生太极……《风清扬》不单单是唱尽纵横江湖的快意恩仇，更是道出历经沧桑"事了拂衣去,深藏功与名"的淡然和宁静。我听到的不是一般武侠歌曲的"喧哗与骚动",而是王国维心中完美呈现的那种"意境",自然无雕琢,唱者听者"你中有我,我中有你"。

马云跨界表演,我想他不是要表现自己在非商业领域有多么强,而是向每一个人传递一个信念:要敢于追求内在的自我。按照一般的"功成名就"论,到了一定位置,这个人一定要隐藏自己所有的弱项,给人以光辉灿烂的形象,马云显然不是。

"我发现自己内心深处原来一直活着一个爱玩的文艺青年……过了50岁,要给一个机会释放自我,同时也为下半辈子找个就业方向,就当小丑登台。"他还在云栖大会上有点俏皮地说:"唱得好,明年就不来了,唱不好,明年继续来。"对于别人的评价,他的回应颇具"马氏"风格:"喜欢我的人开心,我很开心;不喜欢我的人不开心,我更开心。"

一次,在央视,主持人问:"马云,你最欣赏的男人品质是什么?"他说:"乐观看待世界。"又问:"女人的品质呢?"他说:"乐观看待我。"

他去看恒大淘宝队踢球时说:"第一次,与许家印一起看,我方没赢;第二次,选吉日去,对方没输。"

他还曾一语惊人:既然敢来到这个世界,我就没打算活着离开。

陈伟在《这就是马云》一书中记载了很多马云好玩的事。

每当有女同学孑然一身从国外回来跟大家聚会,电话那头的马云就开玩笑:"告诉她,找个好人家嫁了吧,不要再等我了。"

某晚,马云打电话问陈伟最近有没有什么好段子。陈伟给他讲了两个,电话那头哈哈大笑,一会儿轻声说:"刚才笑得太响,把旁边一桌吓着了。"

大家一起去抱朴道院喝茶、打牌。马云身穿风衣,有人说:"鳄鱼嘛,跟谁谁谁的一样。"马云说："跟谁一样？看清楚，看清楚，鳄鱼头是朝哪边的，我这是法国鳄鱼。"

陈伟搬家，马云来看看，与人打赌输了200元。他说："本来想省点钱来你家蹭碗泡饭，没想到你家的泡饭比香格里拉还贵。"

创业早期，香港记者问："你们公司资金这么少，如果竞争对手来了，怎么办，你对'一山难容二虎'怎么看？"他说，主要看性别……

一进太极禅苑，门口第一把椅子是陈伟的临时工位，他对自己进行了两个"定位"：我是阿里巴巴唯一没有工位的人，我是太极禅苑的看门老头。

陈伟是名人，他写的《这就是马云》被翻译成15种语言，发行量高达几十万册。别人问他，咋就能写出这种超级畅销书，他答：谁写不重要，写谁很重要。

被阿里年轻人叫"陈爸"的他，有一个雅号：阿里"首席开心官"。在他的管理下，太极禅苑充满了各种好玩的东西。对标阿里业务，门口养着猪、蚂蚁、猫等动物。附近的卫生间叫"华山排出所"。这里有阿里吉尼斯纪录，最年轻奶奶、头发最长、打字最快等都有人来挑战，有一项目至今无人挑战，这个项目的名字是：马云最帅。陈爸解释说，胸怀是冤枉撑大的，相貌是梦想撑帅的。

这里有一项啤酒瓶上骑单车的记录超越了世界吉尼斯记录，陈爸说，很简单，世界吉尼斯只能给两三次机会，太极禅苑能给无数次机会。

在一间接待过稻和盛夫等很多名人的房间，有一个葫芦，葫芦里卖的是什么药？打开瓶盖，是一个显微镜，聚焦后会看到一行字：让天下没有难做的生意。这行字刻在马云的一根头发上，据说，目前全世界只有三个人能在头发上刻字。看完这个葫芦，陈爸说，最宏大的使命落实到最细微处。

陈爸有一项重要工作就是要看世界各地写给马云的信。他开玩笑说，你要写信给马云骂陈伟是件蠢事。

在太极禅苑能见到各种人，从贾斯廷·特鲁多等世界政要到寻常百姓。某日，一位老先生拄着拐杖来了，说要免费喝茶。凭啥？老先生一说原因，陈爸说，您老啥时来喝茶也免费。原来，当初马云领着学生去肯德基一起应聘，唯独他被拒绝了，这位老先生就是当时的面试官。他说："如果当年我把马云招进肯德基，他现在很可能是某肯德基店的店长。"

我固执地认为，玩好，才能工作好，连玩都不会玩，怎么会工作呢？

负面情绪是黑暗，赶不走，唯一的办法是点亮一盏蜡烛，点亮的过程就是好玩的过程。

有一次，公关部开会，王帅突然说："一屋子人找不到比我更不严肃的了，你们太严肃了，我恨不得叫你们叔。"千人千面，不要跟着学严肃。他又说："不严肃不代表不严谨，要找到自我，回归本我，展示超我。"

有马云这样好玩的老板，阿里就成了一个充满自嘲和搞笑的地方。他在2017年世界女性大会上说，他下辈子想当女人，生两个孩子。刚说完，内网回应：那得先考虑你能否嫁出去。

彭蕾自我介绍，体重：打死也不说；三围：活过来还是不说；个人专长：三扣一；过往工作经历：在大学当了四年老师，由于高校扩张师资匮乏，成为光荣的"百搭"，先后带过《国际贸易》《市场营销》《工商行政管理》等到现在都不太明白的课程。

她大学当了四年老师，过年过节发"蛋炒饭"。啥叫"蛋炒饭"？她说，就是一袋大米，一筐鸡蛋，一桶油，正好是蛋炒饭。"还挺丰盛的，因为特别有分量，拿在手里沉甸甸的，感觉特别好。"

王坚是个有趣的人，他很忙。但是，不管哪个小二问他一句，博士，你会开飞机？是直升机吗？他一般会坐下来给你讲清楚直升飞机不是飞机，只是会飞的运输器，因为任何国家直升飞机都不属于空军的编制……博士在美国工作时就学会了开飞机，他开的是战斗机。

陈伟第一次见到博士，在北京中国大饭店，博士披头散发，背着双肩包。一看到他，陈伟想起爱因斯坦。别人问爱因斯坦你咋披着毯子在街上走，他说反正没人认识我；等他出名了，还这样，别人说你咋还这样？他说，反正别人都认识我。两人在等马云，就闲聊，王坚问陈伟对爱因斯坦的质能方程咋理解？陈伟答：能量是已经释放的物质，物质是等待释放的能量。

有一次，内网突然上来一个帖子：如果由下属给老板打绩效，世界会怎样？

有人这样回应：世界会咋样不知道，我肯定会瘦，操碎了心，打 3.75，怕老板骄傲；打 3.5，怕他没动力；打 3.25，我怕自己还能不能混。

有人回：秀才造反，十年不成。

也真有当事办的：我以前在 Dell 工作过，每个季度要求员工直接给主管打分，我个人感觉主管受到约束会多，考虑角度会更全。

也有回应：我还是到 3 号楼前看美女如云。

有人展望：估计能看见传说中的 4 分和 5 分了。

叽叽喳喳一番，大家就回去忙了。

啥叫好玩？就是可以为事业辛苦地活着，而不觉得劳累，哪怕是焦虑也充满乐趣。

有一哥们突然说，他很焦虑：昨晚，就吃了三碗米饭，最爱的油焖大虾，草草吃了十来只，就停筷了，心里有事啊。

"老板悄悄告诉我，后天，要来一个95后小师妹，叫我做她的师兄，绝望地回想起上一个小师妹，一把屎一把尿，喂养了6个月……有一天，小师妹说，师兄，我想了一个好笔名，感觉能红，我要离职去做作家了……然后，还真红了……"

这哥们形象地说，在"被猪拱的白菜"的故事里，从来没有人关注那个愁苦的农夫。"我不确定还有没有勇气去新喂养一个小师妹——就像令狐冲永远不会有第二个岳灵珊。"能把这么一个小事写得这么好玩，我也真是服了他。

他苦诉完后，有人支招：你唯一需要做的就是，参考慈禧出行。扶牢了，你就是小李子。

2017年双11主题是"祝你双11快乐"。在西溪园区，提前好几天，摆设了一台"快乐制云机"，这台机器很好玩，可以"制造"云彩，云彩的模样是天猫LOGO，叫作"天猫云"，估计也只有"阿里云"能和它媲美。

11月10日下午5点，距离双11启幕7个小时。西溪园区的小二纷纷下楼合影、耍酷，天空开始降落小雨，但浇不灭这群年轻人的欢腾。

双11，一边玩，一边干活，是老传统了。2010年双11一个家纺商家一天做了2156万元的成交额，小二特兴奋，提议木旗唱歌，他跳到台上唱了一首《拉网小调》。这成了他们团队双11保留节目，要求越来越高，第一年站凳子上唱，第二年站桌子上，第三年，桌子上加凳子。有一次，在逍遥子办公室开"双11"规则会，晚上两点多了，都很疲劳，又鼓动他唱歌，唱完，精神抖擞了，继续开会……

2017年11月10日20:00，马云在上海"猫晚"现场观看直播，并准备《功守道》的出场。此刻,逍遥子在杭州大本营各个团队巡场。在安全部,美女们给他献了一段热舞。

有团队正在玩"国王与天使",国王团队许愿:要和逍遥子拍张合影,不一会,逍遥子居然真来了,一美女喊:"逍遥子哥哥,能帮我签个名吗?"

22:00,天猫国际在电梯口自导自演一场晚会,一群美女带着几名上身赤裸的胖男出场,阿里男人总是敢于自虐来映衬女神们的美丽。

场外,几名老外小二正在彩排,Alessandro 是阿里巴巴国际业务部资深国际业务拓展专员,他带着一个条形耳环,一面写着"中国有好货",另一面写着"世界担当"。不一会儿,他们上场,一名穿中式蓝旗袍的老外妹子"扇舞"惊人。

22:20,逍遥子、师太、童文红等人到公关部巡场,老逍说:"每年都和王帅在这里合影,没挡着你们看直播吧。"王帅说:"没事,挡的都是广告。"

逍遥子发表简单讲话:"今天,阿里业务生态非常大,业务类型非常多,每一个团队、每一个人做事的关键是对这件事有没有兴趣,有没有得到快乐,有意思他才会愿意投入,不完全是 KPI。"

帅总说:"总结一下,两点:一是老逍讲得好,二是老逍讲得对。"大家"哈哈大笑",一起愉快地合影。

道可道 24

真正决定公司能否走远的,不是 KPI,是这个公司好不好玩,有没有意思,员工是不是快乐。

25 员工不是来帮公司不犯错的

西溪园区有个地方，名曰思过崖，可供试错者静思。每当我被老板训了，都会去面壁几分钟。

板桥路上，清霜锁道马行踪；思过崖前，细雨渔樵晚霞红。摄于阿里西溪园区。

阿里从来不缺错误，马云想写一本书，叫《阿里巴巴的1001个错误》，王帅说："这本书至今没写，为啥？犯的错误还不到1001个。"

知错就改，是阿里管理哲学的一个具体体现。2010年1月22日，支付宝年会上。开场节目是听客服录音，大家还以为客户来送表扬。不料，全是批评、投诉、抱怨，甚至是痛斥。

朱宁（花名：白鸦，工号：21484）回忆，当时真蒙了。听完录音，先是客户满意中心的同学上台说，客户承受了种种折磨；市场拓展团队同学说，合作伙伴很失望。

郭靖（时任支付宝总裁）也表达了自己的不满，他要求必须重视用户体验，"这是支付宝的第一要务。"马云在讲话中更是毫不客气，对支付宝的用户体验评价为：烂，太烂，烂到极点。他说，如果不重视用户体验，支付宝将慢慢死去，现在醒来还有机会……

那一刻，朱宁明白了，任何一份互联网产品的设计，离开了用户体验，设计再专业，也没有出路。

苗人凤回忆，把录音直接放在年会上播放，马老师又直接在年会上怒斥，压力非常大，很多人都哭了，"我第一次看见郭靖也流了泪。"这次录音放送，让全体支付宝人陷入沉思，找出自身问题，并真正回归到"客户第一"的初心。

2006年5月10日，淘宝网推出"招财进宝"，理想模式是愿意付钱的付钱，不愿意付钱的不付钱，这是一个很前卫的境界，不料，遭到商家反对。苗人凤回忆，他加入阿里14年，印象最深的一件事就是"招财进宝"事件，他原本以为一家公司可以自由推出自己的商业政策，没想到，"招财进宝"引发商家巨大争议，阿里最终拿出的办法是：让商家投票决定，投票结果是"取消",马云说:"错了就改,召回。"

苗人凤那时意识到,淘宝其实不是阿里的,是这个社会的,是大家的。

2017年初,支付宝上线"生活圈",其中,"校园日记"圈子惊现女大学生"不雅写真",引发轩然大波。彭蕾召集团队深刻反思,并向全体员工发出一封名为《错了就是错了》的致歉信。

她坦言:"过去这两天,是我到支付宝七年以来,最难过的时刻。我们经历过许多困难的时刻,但从没有任何一件事,如此深地刺痛我。"

有心也好,无意也罢,校园日记事件伤害了大家的感情,也令一直热爱并坚信阿里文化的同事产生了怀疑。彭蕾连发四问:我们要向数亿用户传递什么信号?我们到底要什么?我们最终去哪里?在所谓的用户活跃度面前可以不择手段、不讲节操?

当时,很多员工不太理解,网上这么多圈子,为什么唯独支付宝的"校园圈子"被不依不饶无限放大?背后定有所谓"幕后推手"。彭蕾说,我们在选择做这事的时候,在确定运营规则的时候,在对可能产生不良影响做判断的时候,难道不曾迷失方向?难道不曾存有哪怕一丝的侥幸心理?难道没想过打打擦边球?

"唯独忘了我们是'知托付'的支付宝,承载数亿用户信任的支付宝,在普惠金融使命下,要实现更多价值、更多意义的支付宝。"

支付宝是否需要转型,这已是一个不需要再回答的问题。"但为何要选择这样一种类型的圈子?它到底创造了什么用户价值和美好体验?人跟人之间真需要以这样的方式'赤裸相见'?"她再次发问。

彭蕾呼吁蚂蚁金服员工,需要真正"拷问"自己,任何掩耳盗铃、自欺欺人都只是自掘坟墓。内部信发出的同时,涉嫌打擦边球的圈子全部关停,恶意发布突破底线的图片用户永久封号,团队内部整顿。

随后,马云发声:"阿里巴巴珍贵的是改正错误的勇气。支付宝,继续努力。阿里人,学习、反思和自查。"

从我一个小二的视角看,彭蕾这封致歉信在当时至关重要,倒不是因为化解了公关危机,而是,这个团队在历经竞争的焦灼和苦痛之后,回归初心,重新找到属于自己前行的方向。没有白犯的错误,它让支付宝团队认识到,最好的竞争不是去研究对手,学习对手,甚至和对手做一样的东西,而是研究自我,真正做大做强自己的用户价值。

事实证明,这个事件后,支付宝不仅没有停下发展脚步,全球化路径还越发清晰:支付覆盖超过 200 个国家和地区,支持美元、港元、英镑、欧元、日元等多种货币交易,在北极村都能使用支付宝。

2017 年 9 月 28 日凌晨,有人在网上发文称,阿里巴巴旗下"智能测肤"团队以合作的名义,拿走了"你今天真好看"团队的技术方案,全盘抄袭了他们的 App。天猫立即核实调查,29 日发布调查结果:

一、"智能测肤"在功能说明和口播文案上,存在抄袭行为。为此,向"你今天真好看"团队诚恳道歉。

二、永久下线"智能测肤"功能,立即执行。

三、对于"智能测肤"相关业务、产品、设计团队三位总监予以严重警告处分,计入年终绩效评定,影响其年内晋升、股权激励、年终奖励等。其余涉及员工,均予以警告。

四、阿里健康此前与"你今天真好看"团队的商业接触以及最终合作未进行是独立事件,与"智能测肤"项目没有关联,不存在盗取代码行为。我们愿意与"你今天真好看"团队一起回顾,或尊重"你今天真好看"团队意愿，提交第三方机构鉴定，以做出公正评判。

天猫最后说，保护原创，是对创新最大的尊重和推动，更是天猫必须遵守的原则和底线。感谢"你今天真好看"团队的警醒，并感恩所有关注和评论此事的人。翌日，阿里巴巴集团CTO张建锋（花名：行癫，工号：2308）发文，反思抄袭行为对合作者的伤害，并明确将彻查整个事件并做出严肃处理。

王帅有一次开会说："今年双11，我只有两点要求。第一，这是全世界的大事；第二，要和以前不一样。"又说，如果双11你们做砸了，很牛。真的，很多开幕式都是因为失误，才让人记一辈子，记忆不是因为完美，而是因为深刻。

王帅的观点是，不要证明每件事我们都不会犯错误，而要证明每件事我们都很认真，以认真的态度、创新的态度去犯错，而不是犯愚蠢的错误。

"你们想想，谁因为创新之错受到过我的批评？"

认真犯错和愚蠢犯错，区别在哪里？王帅说，本质不同。比如，你们年轻人，如果你们学老一辈，拿两把菜刀打天下，那就是愚蠢，你们得学会用导弹，用最新的技术打天下。阿里鼓励试错，只有颠覆自己，才能创造未来。

"我们追求的不是可能性，而是一般人所认为的不可能性，这就意味着要付出更大的代价和很多的错误。"2013年面对一个公关事件，王帅在内网发文：我相信，即使同事错了，我也能帮他们处理好，他们在前线勇敢地冲锋陷阵，我在后面做一个敬业的消防员，错了又怎么样呢？不错怎么知道是错了呢？我的同事不是来帮公司不犯错的。

彭蕾在一次讲课中说，她从来不相信常胜将军，她看团队时，情愿选择那种真的经过很多挫折（当然，不能一次成功都没有，那种也不行）的人。"如果他从来都没有失败过，我心里就很担心，说不定死都不知道怎么死的。"

马云在湖畔大学讲课时也提到，诸葛亮挥泪斩马谡这个案例说明，重要项目不要交给常胜将军，要交给有30%失败概率的人，因为他有敬畏之心。企业里面最危险的就是永远成功的人，作为老板一定要把这种人放在不容易成功的位置上，反之，一个屡屡失败者，老板要考虑给他一个运气好点的位置。

马云对犯错还有一个独特的理解：一个人在他犯小错时，要批评他，犯大错时要笑着面对他。"十月围城"对逍遥子来说，那是"极为艰难的一周"，对淘宝商城的攻击后来直接转向马云个人，有人还在香港街头为他设立灵堂……

"我很内疚，遇到'十月围城'这么大的事，马老师没有为此责备我一句。"逍遥子说。

道可道 25

> 员工不是来帮公司不犯错的，但不要犯愚蠢的错，最愚蠢的错是照葫芦画瓢。
> 员工也不是来帮公司不失败的，与其怕失败，不如狠狠失败一次。
> 错误的决定远好于不决定；尝试的失败远好于不尝试。

26 没有女人就不可能有阿里

阿里女生是一道亮丽风景，很多人是从学校毕业直接进入阿里"象牙塔"，穿着、举止还是女生范儿。2017年三八节，数据显示，阿里女生来自全球45个国家和地区的32个民族，不同肤色、不同母语、共同梦想，最年轻的只有19岁。她们毕业于741所高校（海外未统计），星座前三名为天秤、天蝎和处女座。阿里巴巴经济体男女生比例原为1∶1左右，后因并购公司男性居多，男女比例变成53∶47。截至2018年，阿里巴巴一共36名合伙人，女性12位，正好三分之一。

在王帅看来，马云背后的女人有两类，一类是用购物车支持马云的女人；另一类是一起用肩膀支撑马云和阿里巴巴一起发展的女员工。2017年9月8日，阿里巴巴12位女性合伙人集体亮相：彭蕾、武卫、童文红、吴敏芝、戴珊、蒋芳、郑俊芳、闻佳、彭翼捷、俞思瑛、张宇、赵颖。这批掌管阿里"半壁江山"的美女们，穿着统一的T恤衫，印有"湖畔魔豆"四个字，他们共同宣布成立湖畔魔豆公益基金会，帮助困境中的儿童和妇女们。"同时邀请所有阿里女郎加入，未来也向所有女性开放，期待给这世界带来更多温暖与柔韧。"彭蕾说。

这个世界上，人心与人心隔得最远，同床都可异梦；人心与人心隔得最近，素昧平生也可紧紧相拥——魔豆，来自一个极其感人的故事。

周丽红，一名身患绝症的母亲，下肢瘫痪，丈夫离婚，为了生计和孩子，躺在床上经营着一家叫"魔豆宝宝小屋"的淘宝店，以此维持自己和年幼女儿有尊严的生活。

2006年4月18日，她带着对女儿小魔豆的无限之爱离开这个世界，离世前一个礼拜，在淘宝网论坛发帖：转让淘宝店，条件是接手者从赚的钱中拿出一点，照顾一下她的孩子和父母。她的网店至今由爱心志愿者帮助运营，女儿上大学的学费早已赚了出来。周丽红以极其柔弱的身躯，给这个世界留下了一颗极其坚强的种子，淘宝网由此发起"魔豆爱心工程"，已帮助5000多位女性走出贫困。凡又军，双腿残疾，2010年经过"魔豆"爱心工程培训，开起了网店，一年后，获得"魔豆"爱心工程创业奖。马云说，周丽红去世那一年，正好是淘宝最艰难的时候，不知道赚钱的路径在哪里，但正是看到，淘宝可以帮助周丽红这样的身残志坚者就业，帮助中国最平凡的百姓通过开店过上有尊严的生活，这就是淘宝一直坚持的意义。

湖畔魔豆公益基金，彭蕾是主要发起者。女合伙人们一起到西安考察留守儿童公益项目，连续两个晚上开会到凌晨，商议如何帮助0到3岁的留守儿童，这是人生成长的最关键时期。

在阿里巴巴脱贫基金启动会上，彭蕾一上台就说，在座诸位来自农村的请举手，六成人举手，我惊讶地看到，阿里合伙人绝大多数来自农村。

彭蕾，小时候在重庆农村长大，脚底至今留下不少伤疤，都是小时候光着脚走路受的伤。她从一名普通的教师，入职阿里，十九年后，在阿里平台擎举一片大大"江山"，被《财富》评选为全球50大最具影响力女性。她说，我们尽最大努力帮助偏远农村妇女和儿童，这个时代，没有一个人可以被抛弃。

武卫（工号：12367），在毕马威会计师事务所工作15年，2007年8月入职阿里巴巴。"直到坐上飞往杭州的飞机，还在恍惚，没想到两周之内就决定离开毕马威。"一切源于与马云、蔡崇信的一次会见和彭蕾的一次短信交流，还有和邓康明的一次吃饭。一个公司出现一个有意思的人并不难，难的是公司里个个都那么有意思。如同受了某种幻象的吸引，武卫义无反顾地投奔到阿里这块巨大的"磁石"上。

武卫不停地奔波于杭州和北京，当时，女儿才两岁，不会用人称代词，一觉醒来，发现妈妈不在，就问："你妈妈又出差了？"

她入职阿里B2B任CFO，后担任阿里巴巴集团CFO。她很低调，一出镜头就是"大事"，比如发布阿里财报。有人曾问武卫，管理1元和1000亿元是一样的吗？她说，不管1元还是1000亿元，都得好好管好。不同的是，1元没了赔得起，1000亿元没了可赔不起。

吴敏芝，长期在B2B任职，号称"滨江女神"（B2B业务在阿里巴巴滨江园区），2017年出任阿里巴巴首席客户官（CCO）。小二为她贴了很多标签：美丽与智慧并存、敏锐、知性美、亲切、阿里内外通讯录头像好美、身材越来越好、曾经一听黄段子就面红耳赤……

敏芝2000年11月2日入职，谢世煌是他第一个主管，她入职干的第一件大事就是"教育"老板："我想和你聊聊，你不太懂管理"。

她讲过一个有意思的故事，她一个好朋友比她早怀孕一个月，朋友老板说职业女性必须在职场和家庭中做出选择，她朋友孩子出生前两周才请假，职位还是没有了。吴敏芝产假期间接到金建杭的通知，告诉她晋升到M6。"一个员工在家休产假，也能得到晋升，很让我感动。"

闻佳（工号：9013）是2017年新增的合伙人，阿里老公益人，倡导"公益从家人开始",集团对她的评价是"处理复杂问题有分寸,拿捏得体,勇于担当"。

彭翼捷(花名:翼捷,工号:152),从应届生一路走向合伙人,身为气质美女,有个特好听的英文名,叫Sabrina,大家偏偏叫她"萨巴"。入职一年,竞选马云秘书,结果她的徒弟入选,她哭着给姐姐打电话,差点"绝尘而去",如今是蚂蚁金服副总裁。

俞思瑛(Sara),阿里法务部律政俏佳人,爱看《中国好舞蹈》,喜欢金星,在对湖畔同学做自我介绍时颇有风格:我嘛,三十出头,四十不到;喜欢的东西不少,精通的东西不多。我还算有些用途,比如,最近已经接到不少关于期权是否属于夫妻共同财产之类的电话……

俞思瑛大学毕业后进入杭州市工商局做工商登记,1999年9月,一名年轻人来办理工商登记,他就是谢世煌,一个在柜台外,一个在柜台内,他俩办理了阿里巴巴的营业执照,也因此认识,2000年2月,俞思瑛辞职到律师事务所工作,不久,谢世煌推荐她进入阿里,工号是131。2002年初,俞思瑛从阿里辞职又回到律师事务所,以法律顾问的方式继续从事阿里法律业务。离职前,她曾负责一个商标权诉讼,离职后继续跟这个官司。人生有时缘注定,2005年4月1日,俞思瑛回到公司组建阿里巴巴法务部,继续打这个商标官司,一共打了9年才结束。

与其他老阿里人一样,俞思瑛也担任过一段时间的"闻味官"。她形容,如果说阿里云是阿里业务的底层,"闻味官"就是阿里文化建设的底层,帮助业务寻找自我驱动、自我帮助、自我修复的阿里人。

张宇(花名:语嫣,工号:1972)在阿里是个有故事的"女汉子"。大学志愿填错,偶然进入公安大学,毕业后成为警察的老师,在杭州公安机关有不少弟子,这段经历让她在公司新人秀上"一打成名"。她的绝活是散打，没人敢应战，干过保安的杨过（李顺顺）最终不敢上来，丁典表示愿意牺牲自己，没有站稳就被她摔在地上。"非常感谢丁典的牺牲精神，以及他没有要求再摔一次，我就只会一招。"

语嫣从园丁改行，毅然投身于自己喜欢的市场营销行业，肚子里带着女儿读完经济学研究生，背井离乡一个人在上海从事营销咨询工作，研究生期间旷课1年，远赴非洲，坐大巴横穿西非……

2004年三八节当天，入职淘宝。看见几十号人密密麻麻挤坐在一起，条件简陋，但是她看到每一个人都那么年轻，一脸创业时独有的光彩。孙彤宇给她推荐了一个花名叫"闵柔"，岂不一下就知道是妈妈级了？她决定叫"语嫣"。语嫣习惯了以前公司的一本正经，对于一会"鼓掌欢呼"，一会"可乐庆祝"，还有小宝时有时无的"鸳鸯蝴蝶梦"，有一点不适应，时间长了才慢慢习惯了。

2005年，淘宝2岁嘉年华，语嫣"一女挑三男"，笑得那么灿烂，那么经典。

26 没有女人就不可能有阿里

十几年过去，在这张照片上仍然能嗅到当时的那股浓浓的"阿里味"。

语嫣见证了淘宝超越易趣的那个夜晚，阵阵欢呼，不眠之夜，她懂得了看似不可能的任务是可能实现的，尽管要付出无尽的汗水和血泪。

赵颖（花名：芷雪，工号：4696），2005年入职，长期在财务岗，最近的头衔是阿里巴巴全球化领导小组组长，向逍遥子汇报。集团在纳其为合伙人的公告中对她这样评价：简单实干，心胸坦荡，追求理想，言行一致。在会上和业务领导激烈争论，永远对事不对人。

从阿里巴巴一线女员工到女合伙人，她们以女性特有的柔韧和坚强，推动着阿里巴巴壮大发展。2017年，挪威女首相埃尔娜·索尔贝格专程到阿里西溪园区，向阿里学习女性领导力。马云会见加拿大总理特鲁多时，专门谈到女性，作为"妇女主任"的马云表达了女性对未来的重要作用，特鲁多说，用两年时间让自己的内阁女性人数占到一半。两人一致同意"女性是秘密武器"。

前段时间，网上突然出来一批名人，都自称是"马云最崇拜的人"，有一个名人还加了一个定语：没有之一。《界面》刊发了一篇文章，通过排除法，认定了他们心目中马云最崇拜的人，一个是金庸，一个是"天下女人"。

2015年5月20日，马云身穿"清明上河图"，参加了一场全是女人的大会——全球女性创业者大会。一个企业为全球女性举办"歌颂会"，以往还没听说过。马云一开口，我们就知道了他在家里的"地位"，"姑娘们，早上好，今天，我相信我受到无数人的羡慕、嫉妒，可能还有恨，早上起来的时候，我太太说，记住，一年只能有这么一次。"

马云一身"清明上河图",女嘉宾一脸"蒙娜丽莎的微笑"。

很多人问阿里巴巴成功的秘方是什么?"我觉得大概有三个主要要素,第一个要素是女人,第二个要素是年轻人,第三个要素是专注小企业。"他说。

马云发现,今天活得不错的企业,基本上女性成为大多数。在他看来,这世界上不管多伟大的男人,多了不起的男人,都离不开女人的支持。

这一点,我深表赞同,经常发现,身边的小二突然认真地站起来接听电话,不用问,正在虚心接受老婆批评。

马云在定性女性作用时讲了一个有趣的故事。孔子带学生去拜访老子,老子满嘴没有一颗牙,也不说话,只是笑笑,伸了一下舌头。孔子离开,学生问为什么这个老头无语?孔子说,牙非常刚强,舌头很软,但是牙没了舌头还会在,因为它柔软。

马云在这次大会上，公开感谢全球女性：没有女性就不可能有阿里巴巴，没有女性，淘宝就没有用户。他说，男人做公司都喜欢做大，女人做公司都愿意做好，好比大重要多了。

他还为武则天、慈禧太后"正名"。

"事实上，她们以柔克刚推动了中国历史的进步。"马云说，你去看慈禧太后的书法，极其娟秀，说明老太太内心十分宁静。一个了不起的男人，一定是欣赏女人、尊重女人、用好女人，她们两位的共同特点是欣赏男人，并用好了男人。

有人开玩笑，阿里巴巴这么多女人，是为了把女人当男人用，把男人当动物用。马云说，在公司刻意做一些事情，反而体现出对女性的不尊重。男女是两个不同星球的人，必须学会互相配合、互相欣赏、互相尊重。

小村晓子，日本人，2009年入职，她说，阿里巴巴和日本企业一个显著的区别是日企重视上下级关系，阿里巴巴注重平等，像朋友，也像合作伙伴，工作上，男女没有差别，有很多女同事和女主管。

2017年，阿里巴巴再一次举办全球女性大会，马云直接说，阿里巴巴创业很艰难，最倒霉的时候是女性支持着前行。他还拿出大数据证明淘宝上没有"败家娘们"，只有爱家女人。在淘宝、天猫，女性网购专注儿童用品、家具、度假和家庭消费品；男性喜欢外卖、手机、电脑、车、网络游戏。"你看，女性考虑的都是家庭和别人，男性多考虑自己。"大数据还显示，女性比男性更加诚信，女性借钱还得特别快，男性不还款的比例要比女性高25%。在蚂蚁金服网商银行，女性贷款额度平均比男性高7%。

一位女士请马云帮她"教育教育"老公，老公总在外喝酒应酬。马云直截了当说，男人应酬99%都是借口，生意绝不是喝酒喝来的，男性如果做生意不错，容易不顾家，觉得自己很了不起。女性做生意，不仅企业做得不错，还顾家，淘宝开店的女性好多都是带着孩子开的。

马云很新颖地提出，女性的直觉思考是真正的大数据，女性能在很复杂的事情中一下看到本质，生活中瞒老爸容易，瞒老妈很难。

2017年12月5日，淘宝发布达人收入排行榜——淘布斯，32岁的薇娅以年收入2500万元高居榜首，远超2017年度编剧作家周梅森的收入。这份榜单显示了强大的女性力量，85后女性是淘宝内容创业生力军，平均年龄28岁，"淘布斯"前十排名中，九位是女性。最小的"小侨Jofay"只有24岁，在淘宝拥有120万名粉丝，年收入870万元。

互联网、大数据、云计算、人工智能和机器人的发明，将改变以男人为中心的世界，世界五百强当中，女性领导者会越来越多，国家政要中女性会越来越多……

不管男人乐意不乐意，女性时代来临了。

道可道 26

阿尔法狗证明了直觉源于潜意识的算法，女人的直觉是真正的大数据，人工智能越发达，女性时代到来得越快。

27　一出生就站在舞台中央的人

作为70后的我，走在阿里巴巴园区，有些骄傲，也有些惭愧。骄傲的是，几乎从入职那一天起，阿里的股票开始了举世瞩目的上涨，一年涨了一倍还多，我自认为是我的到来"拉高"了股价。惭愧的是，我同时"拉高"了阿里员工的平均年龄。

据不完全统计，阿里员工平均年龄不到30岁，在并购其他一些公司之前，只有27岁。2017年2月24日，新增合伙人中，有两名80后。

胡喜，2007年加入支付宝，是蚂蚁金服技术领军人物，主创了第一代支付宝中间件，开启了支付宝基础技术自主研发之路。入职刚一个月，就针对支付宝技术文本提出很好的建议，把第一代框架已经摸了一遍。"新人的成长，不要抱怨，抱怨只能损害自己，要靠自己去摸索，这是成长的关键。"这是老同事李静明对他的评价。在蚂蚁金服流传一句话：支付宝不可能有第二个鲁肃，也不可能有第二个胡喜。

他在给我们"百年湖畔35期"分享时，"不小心"透露了他的传奇经历。

他原本在大连软件园一家企业工作，大学学英语专业，两年后辍学，因为实在提不起兴趣。退学后，瞒着父母在外面租房，学计算机，从 C 语言开始，再到 Java、Perl、Python、Ruby 等。他来阿里的原因是听说阿里的技术很牛，就来看看。作为一个非科班出身、没有正规学习过计算机知识的辍学大学生，10 年后成为蚂蚁金服副总裁，担任技术架构师，负责支付宝技术架构规划。

——这个传奇经历，似乎只有王坚和他有一拼。

他自称有个特点：不把一件事想清楚，就很不舒服。他读了很多专业计算机书籍，并从具象走向抽象。他说，每一个程序员都得具备抽象的能力，要研究哲学，因为哲学就是解决抽象的问题……

那堂课，这位年轻的合伙人，向我们敞开心扉说了很多技术话题，我在本上记录了很多，但是，限于理解能力，我只能明白这么多……

范禹 2004 年入职，是阿里电商体系业务架构的主要参与者和负责人，现任天猫技术部副总裁。

2008 年 10 月，一个代号为"五彩石"的项目由行癫负责，范禹负责总体架构，这个项目参与人员多达 200 多人，此前，超过 10 人参与的项目就是公司级大项目。这个项目原本是为了打通淘宝和淘宝商城（天猫）的数据和系统，却意外给整个阿里架构带来了巨大的正面进化。

范禹，入选阿里巴巴合伙人时，集团给他的评价中有一句：十多年来，通过对供应链平台、导购营销平台以及商家运营平台的升级，让天猫成为商家商业互联网化的主阵地。

范禹给小二讲课经常直接开讲，麦克风都不拿，即兴发挥。他说，业务成就技术，技术成就人；又说，技术改变世界，阿里会因技术而不同。

纵观阿里各个业务部门，年轻人堪当大任。

2015 年，阿里巴巴构建"大中台"，淘宝、手淘、天猫形成"班委"负责制，班委由蒋凡、庄卓然（南天）、杨光（青云）、吴泽明（范禹）、蔡勇（脱欢）、墙辉（玄难）、龚玉萍（雨荞）、靖捷、石旻（菲蓝）及行业领导等共同担纲，其中有 7 位是 80 后管理者。

如今的阿里小二，充满年轻的活力，以绝对主力，凝聚成阿里巴巴的宣言书、宣传队、播种机。有人说，90 后这批年轻人应该是历史以来最幸运的——因为，他们一出生就站在舞台中央。

人类社会被习惯于分成三个时期：农耕社会、工业社会和信息（数据）社会。农耕文明，年长者因自带的经验优势、人脉优势以及所谓权威优势，毫无争议地掌握着人类的话语权。工业文明开始撞击这种权威，但是，在一个个工厂车间，年龄较大者还是能凭借这三种优势当上车间主任。如今，已是无可阻挡的信息社会，以经验为中心的世界观瞬间跳转频道，转移到一切以信息数据为中心的世界观。

出生在互联网时代的年轻人，可不就是一出生就在舞台中央？遇到问题，年轻人不会再跑去村里问族人，再老的族人最多能记忆百年历史，年轻人只需敲打键盘，就能得到所有信息。

过去，一艘轮船航海的关键是船长，船长必须历经无数风险、经验十分丰富；现在，已是无人驾驶，船长的作用已经大大减弱。

就连硅谷，很多 40 岁以上的工程师都开始心慌脚乱，寻思要不要去寻找一份传统的工作，比如汽车销售、商场业务员。因为，恍然间发现，他们就是船长，无人驾驶的数据掌舵者悄然变成了年轻人。

在中国，由摇滚人赵明义的一个水杯，引发出一个现象级网络事件——"中年人的保温杯"。70 后、80 后、90 后难得一起产生了共鸣。

70后，上有老下有小，虽是"保温杯"的主人，但是来不及唏嘘，倒是80后成了伤感的主要人群，90后则多是"幸灾乐祸"的戏谑调侃，甚至有90后企业家公开称：雷军爷爷你已经老了，让贤吧。

我也有一丝伤感，去北京一家媒体找朋友聊天，他正在布置一个选题《BAT的"保温杯"们》，一看见我，像见了大救星：快坐，看茶，你就是我们最适合的采访对象……

如今，身置于一个还将飞速发展的数字化时代，一切传统的思维都正在被颠覆中。预防流行病，谷歌遥遥领先于政府，不是因为经验而是它掌握着搜索入口。

淘宝、天猫已经比消费者更洞晓自我消费心理和习惯，更能描述出比你自己想象中更完整的消费画像。脱胎于淘宝二手的闲鱼为何一鸣惊人，形成又一个万亿元级商业平台，因为它为年轻人而生。阿里电子商务体系中，淘宝成就创新与创业，天猫成就品牌和商业力量，闲鱼成就快乐与分享。快乐和健康，正是阿里巴巴这家永远年轻的企业赋能年轻人的底色。

从时间维度区分，天猫是帮人节省时间的，淘宝是帮人消磨时间的。逍遥子说，如果人们来淘宝逛很长时间却没买东西，淘宝就牛大了。闲鱼呢？它是帮人分享时间的。

"将有价值的闲置用品转让，把多余的空间分享租住，用自己的一技之长为他人提供所需……"闲鱼负责人谌伟业（花名：初端，工号：11099）这样为闲鱼定位。每月全世界超过5000万名年轻人积极加入闲鱼"挖鱼塘"。王菲在闲鱼拍卖手抄《心经》，papi酱来拍卖广告，小到几斤红薯，大到3架波音747，都可在这里找到"新家"。

代替马车的不是马车，是汽车和火车；代替柯达胶卷的不是胶卷，是数码相机；代替数码相机的不是相机，是手机。这个时代打死你的不是直接竞争对手，往往是八竿子打不着的外来新物种——死，真的不知道是怎么死的。

人类几十年的信息化革命，完成了过去几千年未有的变革。互联网瞬间消除信息鸿沟，"秒连"世界每一个角落。

麦哲伦以一艘船的环游证明了世界是圆的，托马斯·弗里德曼以一本书的假想证明了世界是平的，如今，用形容词描述地球已经不是最准确的，或许应改用一个动词，世界是"握"的，就在每个人手中。每一个人不分穷富，不分种族，不分时差，平等地与世界沟通。

2017年11月4日，阿里巴巴首个海外eWTP试验区——马来西亚数字自由贸易区在吉隆坡正式启用。马云为了将写入"G20"的eWTP在全球落地，2017年飞行时间超过1000个小时，为的是让全世界的年轻人实现"让天下没有难做的生意"的梦想。他说："eWTP到什么时候可以算是成功？一个年轻人只要有一部手机，就可以做全世界的生意。"

依稀记起，曾经有一位大学生刚刚入职，在一次会上问帅总："我应该怎样向老员工学习？"这是新员工都想问的问题，帅总的回答让我改变了以往的体系认知。他说："我们的用户已经到了90后，我们招人，肯定不能招和我一样的人，只需大致相同的世界观，我们要的是你对眼前世界的自我体验，让你给我们带来新的视角和你内心深处的想法。"

他现场问："有一个成语叫'流水不腐，户枢不蠹'，谁会写'蠹'字？"研究生毕业的也不会写。他说："你看，经验主义靠不住。"

有一次公关事件，帅总说："微博已发出，我琢磨着给不给同事打电话，最终没打。我觉得年轻人觉得对的东西，应有他们的道理，我有些担心我们被卷进去，但是我相信他们的热情，他们的判断，他们年轻，他们懂的东西，表达的方式，更真实。"

2017年12月8日,王坚在全球架构师峰会上说:"大家嘴上都在说早晨七八点的太阳,目光却离不开下午四五点的太阳。"他非常坚定地说,年轻人最了不起的地方是,他们觉得自己什么都能干,当然不一定什么都能干成。今天的中国要创新,要为世界做贡献,只有年轻人才能做得到。

王坚坚信三个词永远是连在一起的:创新、自信和年轻。今天,人类面临巨大挑战,挑战天生离年轻人更近,因为只有年轻人想学东西,年纪大了只想天天教别人东西,也只有挑战离年轻人更近的时候,未来才会离我们更近。

他同时又说,未来一定是年轻人创造的,但是年轻不是特权,把机会给年轻人这句话是错误的,机会是靠主动解决问题赢得的,要积极接触最困难的问题。

2015年亚布力论坛,马云说,判断一个国家经济是否健康,要看年轻人是否有就业机会。"中国不是需要一个BAT,需要几十个、几百个BAT,这样国家经济才会更加繁荣。"

主持人质问马云,既然你说只要拥有年轻人就拥有未来,我考你一个有关年轻人的话题,什么叫二次元?马云说,不知道,不知道不丢人,不知道说自己知道很丢人。"了解年轻人,最重要的是尊重年轻人做他自己的决定,明白自己哪些方面不如他们,但不等于说我一定要知道年轻人知道什么。"

王帅在一次网商大会上说:"我来阿里巴巴可能最正确的一件事就是辞去CMO职位,因为我对年轻人的理解差了20年,我手里却拿着几十亿元的预算去打造年轻人喜欢的产品,这纯粹是浪费公司的信任,也很难打造适合年轻人的产品。现在,我是集团市场公关委员会主席,我们经历过的错误,可以让年轻人少犯错误。"

2015年5月7日，马云发出一封邮件，题目叫《这是年轻人的时代》，将阿里"兵权"移交给70后乃至80后。马云说，把握未来的最佳方法不是留住昨天或争取保持今天，而是开创未来。逍遥子说，要站在未来看现在。永远相信年轻人会比我们更能开创未来，因为他们就是我们的未来。投资年轻人群体就是投资企业的未来。

马云时时刻刻在推动年轻人更加快速地成为未来的主宰。在杭州，他抽出很多时间与年轻人交流，到杭师大与大学生整整座谈一下午，还告诉大学生："假如你毕业于名校，请用欣赏的眼光看别人；假如你毕业于普通的学校，请用欣赏的眼光看自己。"

在CNBC专访中，马云说："30岁以下的年轻人是互联网一代，他们才是真正改变世界的一代人。"马云每次见加拿大总理特鲁多，都提议加拿大简化签证，"要相信和信任年轻人。"

在非洲，马云出资1000万美元，设立青年创业专项基金。在菲律宾德拉萨大学，鼓励年轻人不要担心梦想是否愚蠢，不畏人言，勇敢尝试。在莫斯科国立大学，他告诉大学生，当有人抱怨时，这就是机会。演讲结束，他特意留了学生可以发简历的邮箱。

马云和普京同台演讲说，坏消息是，我们已经进入了未知世界。好消息是，没有人知道未来的世界什么样，年轻人才是未来的解决方案。越南总理阮春福与马云一见面，"拜托"马老师点燃越南年轻人的创业激情。马云说，在中国，卖糖炒栗子都可以用支付宝，他建言越南总理：请让年轻人更便捷地上网做生意。

针对各种对未来的担忧，马云呼吁相信年轻人，"年轻人不担心未来，他们只担心我们因为担心未来做出愚蠢的决定。"

马云会见特朗普、默克尔等诸多政要，利用一切机会为年轻人鼓舞与呼吁。在西方媒体看来，马云的领导力不光体现在对员工展露人性的一面，更体现在他对赋能全球年轻人的执着。"在广阔的英文世界中，马云提出情商和智商之外的第三商'爱商'（LQ），更是外国年轻人追捧的新概念。"

年轻不单指年龄小，更是心理年轻，一个60岁的人要有18岁的心理。我曾看过一部电影，两名年过40岁的大叔，进入谷歌实习，最终凭着更加年轻的心理、更加火热的激情和丰富的人生阅历被谷歌录取。

马云无数次告诉大学生，年轻人一定要快乐和健康，这也是阿里巴巴未来业务的一个发展方向。

前几天，在公关部一次会议上，王帅说："你们很年轻，早晚会老，老得很快，甚至是加速度老去。""所以，一定要让心年轻，不要有城府。有城府最没意思，做事出发点是考虑自己还是考虑别人，成就别人还是成就自己……我希望，所有同事不要少年老成。"

阿里巴巴是个快乐的青年，是个永远相信年轻人的地方，永远鼓励年轻人从不同的角度、靠不屈的意志、用不懈的精神去理解、回馈、改造世界。

道可道 27

> 人类面临越来越大的挑战，我们已经进入未知世界。
> 我们不知道未来会怎样，但知道年轻人是未来的解决方案。
> 移动互联时代的年轻人和历史几千年的过往都不同，他们一出生就站在信息世界的中央，一切触手可及。

28 阿里巴巴为何良将如潮

1999 年的阿里巴巴，寂寂无名，公司很难招到人，也很少有人知道马云是谁。一名大学生兴致勃勃地穿越一片田野，推开湖畔花园马云家的门，心顿时凉透，拔腿就走。

就在湖畔花园，马云对着十几个员工说，总有一天，我们阿里会美女如云，良将如潮。"总有一天"是憧憬，也是决心。有一句话，在阿里，20 年来从没有变过：相信"相信"。18 年后，在杭州黄龙体育场，马云面对在场员工说，今天，我们已经有 22000 名美女，超过 30000 名良将了。

2019 年 9 月 10 日，马云卸任阿里巴巴集团董事局主席，接任者张勇（逍遥子）。这不是一件大新闻，因为，一年前的今天，马云通过邮件发了全员内部信。此前，他发内部信的开头几乎无一例外：各位阿里人。这封信的开头：各位阿里巴巴的客户、阿里人、阿里巴巴的股东们。显然，这是一封份量很重的内部信，且秉承阿里巴巴"客户第一，员工第二，股东第三"的价值观。

提前一年官宣，这是底气。毕竟，阿里巴巴作为一个"经济体"，拥有 10 万多名员工、市值位列全球前十，牵一发而动全身。

马云说，这是他深思熟虑、认真准备了 10 年的计划。"10 年前，我就问自己，如何保证马云离开公司，阿里巴巴依然健康发展？只有建立一套制度，形成一套独特的文化，培养和锻炼出一大批人才的接班人体系，才能解开企业传承发展的难题。"请注意这三组词汇：制度，文化，接班人体系。

10 年前的 2009 年，阿里成立十周年，恰逢全球经济危机，一个十岁"少年"，站在西子湖畔，何去何从？这一年，马云发了四封重要的内部信。

1 月，他发内部信说，尽管经济危机，阿里还是会拿出巨额预算培训员工。阿里员工培训制度可追溯到 2000 年代互联网泡沫时期。阿里七周年时，马云发内部信回顾 7 年历史，他说，2001 年最重要的决定是：今后，每一个加入阿里巴巴的人，都要接受百年阿里、百年大计、百年诚信等入职培训，我们克隆属于阿里人的独特 DNA。

2009 年 2 月，马云的内部信是一张人事任命。20 年来，马云内部信中人事任命占了很大比例，每一次人事任命几乎都伴随着组织架构的调整，这种习惯演变成一种文化，一直延续到今天逍遥子的内部信。外界看来，阿里人事任命、组织架构变化之快，之大，之猛，似乎难以承受，但是，在阿里内部，员工习以为常，正如阿里价值观强调的"拥抱变化"。

马云在这封内部信中宣布蔡崇信兼任集团财务总裁；彭蕾兼任集团人才资源总裁；曾鸣兼任集团董事局办公室主任；陆兆禧晋升为集团执行副总裁兼任淘宝网总裁；邵晓锋晋升为集团资深副总裁兼任支付宝总裁。一连串的兼任，这在今天的阿里已经不多见，可见，10 年前的阿里巴巴，人才尚未达到"良将如潮"的地步。但是，这些人名，即便在当时，也没有人感到陌生，他们每个人独特的成长史都被外界津津乐道。

8月，又是一轮人事任命，张宇担任口碑网总经理，王帅担任中国雅虎总经理，同时负责集团市场、公关、会展、《淘宝天下》等业务。马云直接说，拥抱变化是阿里优良传统，唯一不变的就是变化。

仅仅一个月后，马云发出当年最重要的一封"内部信"——他在阿里巴巴十周年大会上宣布，十八罗汉一起辞去"创始人"身份。"我们18个人不希望背着荣誉去奋斗，我们今晚将是睡得最香的一晚，过去一切归零，明天开始，18人重新应聘入职。"十八罗汉的一小步，阿里巴巴的一大步——自此，阿里巴巴进入合伙人时代。

这是一个企业改革的决心和力量。三天后，彭蕾在阿里内网公开了所有创始人的辞职信。有小二这样评论：为博大的胸怀，长远的眼光，坦荡的态度而鼓掌。还有一个评论：创始人永远只有18人，是荣誉，是传承，是象征；合伙人则可以成为一种机制，一种体系，一种力量。

回望2009年马云四封全员信，可理出三点启发：

第一，《天下无贼》中说得对，21世纪最贵的是什么？是人才。

第二，人才要培训。对于员工，不管是本土成长，还是外来加盟，要对所有员工进行系统培训。阿里培训体系如今纷繁复杂，核心却没有变，那就是文化和价值观。对人才培训，阿里的看法也与众不同。培训，不是把员工培养成思维一样的人，而是培养成理想一样的人，让一群有情有义的人做一件有情有义的事。

第三，人才是"打"出来的。对于人才的锻炼，阿里强势推动组织架构调整。逍遥子担任CEO后，调整步伐越来越快，从每年"双11"之后的一次大调，到现在的随时调整，说明如今的阿里人才济济，最高指挥官的指挥也越来越游刃有余。当然，在马云眼里，阿里的良将如潮现在仍然只是一个开始。

按照2018年9月10日9点10分马云发出的那封全员内部信，2019年9月10日，他不再担任董事局主席，继续担任阿里巴巴集团董事会成员，直至2020年阿里巴巴年度股东大会。这标志着阿里巴巴完成了从依靠个人特质变成依靠组织机制、依靠人才文化的企业制度的升级。也正如马云在阿里巴巴20周年年会上卸任董事局主席时所说："今天不是马云的退休，而是制度传承的开始，不是一个人的选择，而是制度的成功。"

今天的阿里最了不起的不是它的业务，而是阿里已经变成了一家真正的由使命、愿景驱动的企业。新型合伙人机制，独特的文化和良将如潮的人才梯队，为公司传承打下了坚实的制度基础。

事实上，自2013年马云交棒CEO开始，这种机制已经顺利运转到现在。2013年淘宝十周年大会上，马云卸任CEO。当时，他面对全体员工单腿跪谢说，大家一定要充满责任，让天更蓝，让水更清，让粮食更安全，在别人的抱怨中找机会，解决问题，推动社会变得更加美好。这个思想，在阿里巴巴18周年年会上，他形成了更简单的四个字：家国情怀。

2014年，阿里在美国上市，首批30名阿里巴巴合伙人公布，这是外界第一次正式知道阿里巴巴合伙人。前推一年，马云在内部信中说，创始人总会离开公司，大部分公司失去创始人之后，会迅速衰落蜕变成平庸公司，我希望阿里走得更远。为此，阿里从十周年开始，酝酿试行"合伙人"制度。马云强调，合伙人不是股东，合伙人制度不是建立利益集团，不是为了控制公司，是传承使命、愿景和价值观，创造性解决规模公司创新力、领导人传承、未来担当力和文化传承"四大问题"。

与很多公司只有老板一人聚焦在镁光灯下不同，阿里巴巴"名人"甚多，简直璨若星河。早期，十八罗汉的故事业内皆知，他们的花名和工号大家耳熟能详；再看合伙人，每一个人都是一个IP，都是开疆拓土的良将，都有鲜明的个性，也有共同的阿里味；在阿里巴巴众多事业部中，也都"名人辈出"，蒋凡、乔峰、老菜、无招、万霖、沈涤凡、昆阳……甚至给"支付宝到账X元"配音的员工也成了网红。

马云对人才的珍爱，从不避讳。创业初期，他的内部信多是展望未来。那时，阿里一穷二白，只有梦想和情怀。现在回望，不管是一个人，还是一个民族，梦想和情怀是最重要的财富。后来，随着收购雅虎中国这个"庞然大物"，马云不断发布欢迎人才加盟的内部信，卫哲、武卫、曾鸣、王坚等人都有过这种待遇。

如今，阿里达摩院汇集全球精英人才，甚至有人开玩笑，全球最聪明的商业和技术脑袋在两个地方，一个是硅谷，一个是阿里巴巴西溪园区3号楼。但是，阿里已经很多年没有再发布欢迎人才加盟的内部信了——曾经的不可想象，已经化为平常。

合伙人制度是阿里接班人计划的"果"。从2003年开始，阿里对每一个岗位进行了接班人培训计划，把文化、价值观以及团队合作纳入对每个员工的业绩考核之中，比如员工360考核。2012年，阿里开始实施领导群体年轻化的整体换代升级计划，成立了组织部重点培养管理人才，还有"风清扬班""逍遥子班"等不同的培训体系。

纵观马云20年来的内部信，阿里在接班人建设上，大致走了关键几步，可谓踏石留印、抓铁有痕：

2009年，十八罗汉辞去创始人身份，阿里进入合伙人时代；2013年，马云辞去CEO，交棒陆兆禧；2015年，逍遥子接任阿里巴巴集团第三任CEO。在蚂蚁金服体系，2007年，邵晓锋担任支付宝执行总裁；2015年，彭蕾任蚂蚁金服董事长兼CEO；2016年，井贤栋接任CEO；2018年，井贤栋接任董事长兼任CEO。

一步步"退"，一步步"进"，"退"是最大的"进步"。

实际上，阿里绝不像外界有人猜测的那样充满权力斗争，20年的"一进一退"就是明证："进"，是通过尝试和建立合伙人制度，完善和推进阿里接班人制度；"退"，是做过6年老师、一直牵挂教育和环保事业的马云，一步步交出接力棒，变成"麦田里的守望者"。马云在2015年内部信中说，未来阿里会有无数次CEO和组织接班，我们必须在年轻力壮的时候制定并积累组织传承的经验和规则。

2000年3月4日，阿里巴巴从湖畔花园搬迁时，所有家当用三辆卡车拉走了。20年后，阿里股票市值突破6000亿美元。从三卡车到6000亿美元，中间的支撑是什么？如果问阿里小二，他们准会异口同声，是文化。文化是什么？不是墙上的口号，在我看来，对阿里而言，文化核心是八个字："因为信任，所以简单"。这是阿里巴巴102句土话中的原点，也是阿里价值观的原点，这个原点不是自封的，是阿里人亲身走过20年总结出来的"血汗之作"。从这个意义上说，"因为信任，所以简单"价值超过6000亿美元。

在阿里，啥叫人才？公司相信你是，你逐渐就是了；你相信自己是，自己逐渐就是了。

阿里的"相信"，体现在价值观中叫"因为信任，所以简单"；体现在业务原点上是"淘宝和支付宝的伟大不在于技术，在于技术背后的思想，思想的核心是'陌生人可以建立信任'"；体现在日常工作中，"敢于把后背交给同事，敢于对自己的主管表达不满，并直接说出自己的不同意见"。

这三个体现，看似简单，真正做到，就是一个伟大的企业。真正伟大的企业不在于业务有多大，而在于是否坚定地相信良善，坚定地信任员工，也让员工坚定地信任公司。

马云对员工的信任，源自他内心深处的相信，他相信，每一个人都可以成为更好的自己。他早年求职屡屡落选，所以，他说，我如成功，中国80%的人都会成功。2013年，他交棒CEO时说，既然交出去了，你们怎么叫，我都不会回来，因为，你们一定比我做得好。

"因为信任，所以简单"，对小二而言，就像那句阿里土话，"员工不是来帮公司不犯错误的"，也像另一句土话，"做错了远比不做好"。有此垫底，大家敢于犯错，敢于拼命，敢于担责，敢于填坑，而不是小心翼翼、明哲保身。对公司而言，天下诸事，唯有信任，才能简单、高效、创新。两者相加，"让每个小二成为更优秀的自己"就不再是口号，而是HR的KPI。

阿里"闻味官"，面对应聘者，不看学历、学校和出身，就"闻"有无阿里味，看你是否有一颗诚实单纯、相信别人、信任社会的良善之心。反之，一个看破红尘的人很难打动阿里HR的心。

阿里巴巴为何良将如潮？我把这个题目甩给三名老阿里HR，钉钉CPO澄真说五个"特别"：特别好奇、特别好学、特别皮实、特别乐观、特别坚持。原菜鸟CPO、现任蚂蚁金服副总裁菲蓝说，"三观两使"，三观是全球观、全局观、未来观，两使是使命驱动，使众人行。阿里合伙人大炮则说了两个字：通透。

一个企业或组织良将如潮，很难。更难的是，良将协同，战则必争，行则必果，尤其是受命于危难之时。2020年新冠肺炎把国人猝不及防地推到战"疫"最前沿。没有任何预演，也没有现成经验，一面坚定抗击疫情，一面全力助推复工，阿里在这次疫情中的表现，作为小二，身在其中，其实难以从外界的角度来认识。浙江工商大学浙商研究院教授杨轶清认为，通过这件事情可以看出，马云已经成功地把个人能力转化为组织能力，阿里体系准备充分，"商业操作系统"强大，具备了快速反应和全天候机动作战能力。"更重要的是，在整个过程中，我们没有听到马云发表公开讲话，好像也没听到张勇对外界说什么。这一切，就这么静悄悄地自然而然地做完了。"

杨轶清教授还认为，阿里组织能力的强大比马云个人的强大更重要，也更难。"有了这个强大的组织，得以在这样一个危急时刻，让我们看到了一个'国家企业'的样子。"

道可道 28

▎啥叫人才？公司相信你是，你逐渐就是了；你相信自己是，自己逐渐就是了。

29　阿里绝不交给一个不关心公益的CEO

在阿里，每次去卫生间都是一次精神洗礼。观瀑亭、听雨轩每一个坑位都有一块宣传板，几天更换一次内容，大多都是公益题材，有一次是第50期"汶川地震志愿者"开始招募，汶川地震已经过去这么多年，阿里援川公益行动还在进行。

2008年5·12大地震，仅仅几天后，一篇名为《马云在此次地震中仅捐款一元钱》的文章迅速"霸屏"，"网骂"铺天盖地。

今天，可以还原当时场景。马云当时的助理陈伟回忆，地震当天，马云在莫斯科参加ABAC会议，他打断会议："各位代表，对不起，我的祖国发生了很大的地震。"随即，以个人名义捐款100万元，并打电话要求公司："一天之内把能买到的帐篷全部买下，不计成本，火速送往灾区。"马云提前回国，一夜没睡，发着高烧部署抗灾事宜，专门设立了2500万元专项救助金，之后，带队几次去灾区。

"只捐一元钱"到底咋回事，翻阅很多资料查明，马云2006年6月16日在一次讲话中说，慈善是每一个人的善行，中国做慈善有一个误区，总认为那是富人的游戏。

"我们倡导一块钱慈善,人人可做到。"马云举例,比尔·盖茨参加募捐活动也捐一元,这样可以避免因富豪捐款数目大而影响普通人参与的热度。就是这段话两年后被人嫁接在网络上。

当时,舆论压力巨大,有人建议赶紧向社会澄清。马云说:"如果一只鸟只想着每天梳理羽毛,一盆脏水就毁了它。"彭蕾事后说,当时救灾远比证明一个人的清白更重要。

梅艳芳在《英雄本色》中似乎有句台词:每个人做事都有原因,哪个对,哪个错,以后大家自然会明白。

江卫忠,来自阿里 UC 部门,2015 年 9 月第一次在公司当顺风车主,"从一个人开车到一路有人做伴,体会到了更多乐趣和意义"。在阿里开顺风车成为时尚,总裁捎过小二,程序员搭过妹子。2018 财年,发车 15801 次,搭载 22977 人次,公益从拼车开始,很多美好的邂逅也源自拼车,听说有的还拼成了小两口。

我入职阿里前,最早认识的阿里小二,名叫沅枝(真名:任晓莹,工号:64589),她坐在我对面,为我勾勒一个帮助安徽农民土地流转的闭环:土地流转给市民,市民雇佣农民种地,种出的粮食蔬菜再卖给市民。恍然间,有一种记者采访县长的感觉。我问她,这是你的业务范畴? 她说是她的理想范畴,就想为农民做点事。

有一个叫果冻的男孩,他跟着在阿里上班的妈妈,去西湖边捡垃圾。每一次简单的捡起就能多一座干净的城市。有小二说,阿里周边都让小二捡得溜光水滑,如今,找个能捡垃圾的地方已不是太容易。

张培昂(工号:72360),公关部小二,几年来,深入大西北、大西南,帮助马云基金会寻找生活在偏僻角落的优秀乡村教师,这不是他的KPI。他一有时间也会自愿去山区,"陪孩子们一起玩玩。"

"我在永嘉山水的日子,这位穿红衣的娃,用泥土给我做了很多好吃的,有饺子、披萨、麦饼,还有热狗、汉堡,我都带回来啦……她四年才能过一次生日。"(摘自张培昂微信)

孙权,曾带领阿里云团队,以脚丈量茫茫戈壁,完成112公里的"玄奘之路"。马云公益基金会从成立之初几名员工,跋山涉水,披星戴月,支持着一项又一项教育公益事业。

马云曾说,隔壁家老奶奶和银行行长,必须能享受到一样的金融服务,这才是最大的平等、普惠。如今,支付宝一揽子解决了这个问题。2016年12月,支付宝上线"器官捐赠志愿登记"功能,不到20天,近10万人登记,超过往年全国志愿登记的总和。蚂蚁森林截至2019年,5亿人参与,种植树木超过1.22亿棵,种植面积超过168万亩。

蚂蚁森林阿拉善1号林。

2017年2月22日，阿里巴巴年度公益琅琊榜出炉，这是一张和KPI无关的榜单，是阿里热心公益的员工忙碌一年的复盘。团圆打拐、自然之歌、蚂蚁森林、公益云图、互联网安全志愿者联盟、钱盾防骗……这些公益项目一一展示各自的"江湖地位"。

非常知名的"团圆打拐"项目，学名叫"公安部儿童失踪信息紧急发布平台"，比北美地区的儿童失踪信息即时发布平台还先进。截至2016年年底，该平台共发布信息648条，找回儿童611名，找回率高达94.2%。技术让"天下无拐"走向现实。

公益早已进入阿里巴巴的血液。套用鲁迅《朝花夕拾》的语言套路：在阿里园区，不说缤纷的环保人物图片长廊，不说挂在柿树上随风飘逸的公益卡片，不说内网上鼓励拼车的温馨提醒，单说卫生间墙上的厕纸箱，下面画有一条横线，倡导撕纸不要过线，够用就好，节省纸张……

29 阿里绝不交给一个不关心公益的CEO

在阿里，每一名员工每年都要完成至少 3 小时的公益活动——这是公司对员工的倡议式"铁律"，截至 2017 年 11 月，马云本财年的"公益时"为 45.5 个小时。阿里巴巴 18 周年年会，何炅带领现场 4 万名阿里员工向全社会推广"人人 3 小时"公益平台。3 天后，阿里巴巴宣布，有 2.7 亿人次参加了"人人 3 小时，公益亿起来"活动。"人人 3 小时"公益平台从根本上改变了传统公益的复杂模式：无论线上线下公益项目的发布、参与，还是公益时记录，都能轻松实现，真正为公益赋能。

——这些数字掷地有声，马云并不满意。

在阿里巴巴公益基金会理事会扩大会议上，他直言，阿里做了很多公益，多而散，浅而不专。公益的目的是唤醒每一个人的良知，要让更多人知道，吸引更多人参与，这就需要做出真正有感动力的王牌公益项目。

"我们还没有做出公益中的淘宝、天猫、支付宝，'蚂蚁森林'是个好东西，但远远没有做透……"马云讲完，基金会理事长金建杭说了三个字："一身汗。"

这次会议上，马云直截了当地说："未来，如果我们把企业交给一个不关心公益，没有社会责任的 CEO，交给一群不做公益，没有良善只盯业绩的员工，那是相当可怕的一件事，那阿里巴巴就没有未来……"

你怎样，世界就怎样——这是阿里巴巴"天天正能量"的口号。用企业所有力量参与公益，是阿里人用另一个视野回馈世界和审视自我的方式。

马云的头衔很多，微博认证只有一个：乡村教师代言人。

每年农历腊月初八，他雷打不动去海南三亚，陪来自全国偏远乡村的 100 名教师度假，为何选海南？很多老师没有坐过飞机、没有看过大海、没有住过高级酒店。"老师们辛苦一年，一定请他们到海南看一看、玩一玩。"

从 2015 年开始，马云乡村教师计划，每年出资 1000 万元奖励 100 名乡村教师。马云说："中国可以没有阿里巴巴，没有马云，但是不能没有乡村教师。"

中国有 300 多万名乡村教师，直接影响 9000 多万名乡村儿童，这些孩子直接影响着中国的未来。2016 年 7 月 4 日，马云乡村校长计划启动，旨在培养新一代具有优秀领导力的"乡村教育家"。首批 20 名乡村校长每人获得 50 万元发展基金。

"我们没有资格为乡村校长颁奖，我认为今天是一个感恩仪式，对守住最贫困、最艰难地区的乡村教师和校长表达一点点我们的感恩之心。"

2016 年 8 月，马云跑到贵阳看望乡村老师和校长。他说，希望工程很了不起，用了三十年，让中国每个角落都有了校舍。校舍不等于学校，我们要思考，接下来三十年做什么。

一名老师告诉他，他们那里 260 多个学生只有 12 名老师，有一个还是代课老师。孩子们特别喜欢音体美，但从来都没有过一个音体美老师。

还有一名老师说，他所在的小学，九年换了三个校长，走了 50 多名老师，他是 85 后，已是资深教师。还有的代课老师，20 年前月工资 92 元，现在月工资 800 元，生活都成问题。

马云感慨地说，乡村老师在做着中国最大的善事，是保安，是保姆，是家长，又是医生，最后才是老师。

他看到一个学校 200 人，180 人是留守儿童，"整整一代人因为经济发展原因，在没有父母的陪伴下成长，这会留下人格隐患，甚至会在未来成为矛盾对立的根源。"他决定，马云基金会在乡村教育投放上，聚焦音体美老师和留守儿童两个重点。"这两个问题如果能够长期研究，找到一

个科学的解决办法,就是百年大事。"他说。

每一个乡村都有这样的灿烂笑容,这是每一个人身体力行关心乡村教育的动力和源泉。

2017年12月1日,马云让阿里巴巴所有合伙人,浩浩荡荡赶到蚂蚁金服Z空间,36人相约一起做件事。这是2014年阿里巴巴在美国上市之后,阿里合伙人第一次一起亮相。出了啥大事?外界一致猜测,可能是蚂蚁金服宣布上市。到现场才知道,不是研究支付宝,也不是研究新零售,是一起启动他们的一件"私事":成立阿里巴巴脱贫基金。

马云说,紧密围绕十九大报告"2020年中国全部脱贫"的总目标,把社会脱贫建成阿里巴巴战略业务,未来5年,投入100亿元,"希望做一件事,证明绿水青山一定可以变成金山银山。"

阿里巴巴创建之初,十八个创始人就决定每年把营业额的千分之三投入公益。"为啥是营业额,而不是利润,因为利润容易动手脚,我们怕后继者缩小利润而减少公益额度。"马云说。那时,阿里巴巴尚无一点赢利。

阿里这次宣布投入的 100 亿元资金,一部分出自千分之三的营业额,其余由合伙人以及阿里员工筹资。马云说,100 亿元解决不了问题,但加上每个人身体力行,就一定能解决问题。每半年,脱贫基金对外公布一次脱贫报告,内容很直接,多少绿水青山变成了金山银山,多少贫困地区的农产品卖出去了,马云还对合伙人进行脱贫 KPI 考核。

这个基金,马云任主席,张勇、蔡崇信、彭蕾、井贤栋 4 员大将任副主席,阿里巴巴党委书记邵晓锋任秘书长。以往,阿里任何重大业务架构或组织保障升级,都没有这次的规格高,对扶贫项目的重视,不言而喻。

捐钱是做公益的重要途径,但在我看来,捐了钱,还要捐"心",这才是公益的真正意义和价值。2017 年,马云以个人名义捐赠的数亿元人民币,在他的"公益时"计算上,只折算 0.5 个公益时。他说:"公益不是慈善,不是捐钱捐物,更重要的是身体力行,投入时间、投入力量、改变现状。"他还跑到非洲马赛马拉草原,跟踪、研究和保护野生象群,给一头大象安装卫星定位器,并给它起名"杭州"。

阿里巴巴脱贫基金启动大会上,马云几次说:"阿里用公益的心态,商业的手法做公益。如果是商业心态,公益手法,那就不是做公益,而是为了借公益宣传自己。"

他认为一个良好的公益共同体中,应该有三种人:一种是科学家,负责研究做公益的方式;一种是社会活动人,负责和社会沟通,让更多人关注公益;一种是企业家,负责效果、效率,这就是商业手法。

他还说,现在让他睡不着的是,技术如何让人更强大,人如何让世间更温暖。

道可道 29

公益不是慈善,慈善是个人行为,要低调;公益是唤醒每一个人的良知,人人可为,要高调。

公益心态,商业手法,是企业公益的可持续之路。

你怎样,世界便怎样。

30　阿里巴巴商业原点是良善

外界很多人探寻阿里诸多先河业务是如何诞生的？话题很大，每个产品诞生都有特殊原因；话题也很小，在我看来，阿里业务究其根源来自设计者内心深处"人之初，性本善"的文化情节，良善是阿里企业文化的终极核心，也是阿里一切业务的原点。

人之初，究竟性本善，还是性本恶？关键不在于答案本身，在于你相信什么。相信"性本恶"，业务设计的"原始路径"自然防范为主；相信"性本善"，路径设计自然信任为主。"只有相信人原本良善，才会认为陌生人之间可以建立信任——有了这个思维逻辑，就可以围绕信任建立创办淘宝、支付宝、芝麻信用。" 2017 年，苗人凤在支付宝大厦坚定地告诉我，"支付宝是技术产品，但首先设定于'相信每一个人是良善的'。"从中国黄页到阿里巴巴；从"中国供应商""诚信通"，到淘宝、支付宝——业务多元，运营迥异，内在思想稳定统一：马云和他的公司相信人是良善的，由此外延，跨钱塘，行海外，不断打造"生意流+全赋能"的商业场景。

前推 20 年，人们的基本认知是：个体人信誉最低，卖家收钱放货，买家验货付钱——在"性本恶"思想的支配下，不可能开发出一种技术解开双方死结。或者说，在"性本善"论的基础上，支付宝技术才被研发出来。同样，淘宝的伟大，不在于它日益成为一个巨大的电商交易平台，在于从零开始打造了一个蔚为壮观的陌生人互信与协作体系。

马云说，阿里要做一家好公司，强大的公司不容易，做好公司更难，强大公司是商业能力决定的，好公司是担当、责任和良善决定的。逍遥子对"好公司"进行了进一步阐释：因为我们的努力，社会能有一点进步，商家生意更好，消费者生活更好。

马云从小就是"性本善"的坚守者。十几岁开始在西湖边跟老外打交道，做导游，学英语，全是陌生人，偶遇成友，他和澳大利亚人 Ken 的友情在 Ken 过世后仍旧延续，马云在 Ken 的家乡纽卡斯尔大学成立 Ma — Morley 奖学金，圆了 Ken 没上过大学的遗憾。

这个故事是人与人之间实践良善的一条通路：素不相识——萍水相逢——相濡以沫——感恩社会。逍遥子说，阿里巴巴文化原浆来自于相信人和社会的美好，我们对这个时代充满感恩，感恩越多，就应为社会担当越多，不断创造价值，承担更多责任。

良善注脚在阿里巴巴 HR 文化中，就是"一群有情有义的人一起做有价值有意义的事"。看似一句平常的话，却是阿里 20 年总结出来的"江湖法则"，"有情"是有感情；"有义"是有道义、规则、底线；"有价值"是创造客户价值；"有意义"是因为有你而不同。具体到工作场景，就是互信、透明、简单、可信赖的协作，追寻商业价值和社会意义。阿里员工入职都会安排一名师兄，师兄言传身教，新员工慢慢体会什么叫"相信'相信'"，什么叫"因为信任，所以简单"，什么叫"如果你对他不满意，直接告诉他"，什么叫"有情有义"，什么叫"阿里味"……体会着，体会着,新员工变成师兄。

语言天生包括两个部分,一部分是语言信息,另一部分是情感信息。一句完全相同的话,在有情有义的环境中,和在明哲保身、关系复杂的环境中,一个人的直觉和情绪反差巨大。有一次,我去找主管诉苦,他就回了一句:都40岁的男人了,这点委屈都受不了?"我40岁了怎么了,年龄歧视啊?不给我解决问题,还批评我受不了委屈?这是什么领导?"这是一种情景下的自然反应。事实上,听完主管这句话,我心里特别踏实,一溜烟回去干活了。为什么可以这样?背后是"有情有义",主管对你信赖,你对主管诚实,简单直率、互交后背。

有时,说啥和咋说不重要,重要的是你能否感受到被善待,以及你能否真心善待别人,人与人、人与企业、企业与用户之间,莫不如此。一个锅里把勺子、一个战壕打仗,一起经历千辛万苦,才会懂得啥叫"有情有义",啥叫"玉汝于成"。反之,有句阿里土话,一个团队越是表面和气,气氛越是微妙,心越散,关系越是复杂,事情越不好做。

良善,浸润在阿里每一项业务中。"让再小的店也满载人情味,让再大的社区也有一个照应。"阿里零售通事业部运营中心负责人云通(工号:130153)说,这是做天猫小店的初心——这种初心同样来自相信人心的良善。在云通的办公区,我看了一个名为《我知道》的天猫小店品牌视频,里面有一段感人的话:

我知道,每天唤醒城市的最好方式,是来自你心底的关心;我知道,每一次的精挑细选,都是为了你身边的人;我知道,他想和世界互联的按钮,其实就在你这里。所以,我们努力做到的是让好货流通,让情感留住……

良善沉淀在阿里日常生活中。从每年的"阿里日"到"阿里家书";

从人人参与的"蒲公英"大病支持计划，到公司给员工父母提供年度体检，并向社会延伸到上亿国民参与的"相互宝"；从员工顺风车到每人每年公益 3 小时，并倡导生态伙伴一起做公益……

建立在良善之上的简单信任，体现在每一个阿里小二身上，陌生员工之间也是如此。有人问我，你到阿里最大的转变是什么？原来，我的既定思维是"熟人思维"，如果找一个陌生同事办事，总想先找一个中间人介绍一下。到阿里之后，师兄告诉我，通过钉钉，你能查到每一个阿里员工，不必认识，有啥说啥，快速协同。

良善还坚守在对未来无知却依然坚守的坚守中。众所周知，淘宝最初没有盈利路径，马云看到魔豆妈妈开淘宝店的故事，坚定地说，哪怕找不到盈利模式，也要做下去，为什么？一个在床上不能动的病人，能做生意养活家，这就是淘宝的价值，这就是"让天下没有难做的生意"，这就是良善，一群人的良善，一个社会的良善。

王坚当选院士，为什么中国第一个民营企业的院士诞生在阿里巴巴？从 2009 年阿里启动云计算，十年烈日苍穹、雷隐雾蒙，即便到了"千山鸟飞绝，万径人踪灭"的绝境，即便王坚连续几年被骂骗子，也没放弃，如果只为赚钱，没有服务未来的良善初心，十个云计算也关门了。

阿里有一个"感动阿里"奖，所有获奖者都是见义勇为，以生命为代价去帮助别人——这是发自内心的良善。

2017 年，阿里云迈乐、铧剑、清眸、周皓、亮伟、承宗、大邪、羲遥开车去千岛湖，路遇一辆红色轿车被货车撞上，冲进湖里，车子快速下沉，他们跳入水中，车内四人，只听一声："先救孕妇。"刚把四人捞出，车子沉入水底。同年，胡展、桑蝶、歌琳看到一辆车起火，车内有人拼命招手，车门变形,三人拼命拉门,将人救出,轮胎爆裂,火势凶猛,一会儿烧成空壳。蒋芳为他们颁发"感动阿里"奖时说,也没啥多说的,就是想通过这个奖,告诉大家,这是一种好的行为,希望世界上有越来越多正能量。

真正的社会正能量立于心,发于行,喻于义。阿里小二路见危难挺身出,这种超越公益的良善之为已经成为常态。面对突然开来的公交车,邓鹏迪推开身边同事,自己被撞断 7 根肋骨,在床上躺了一年才康复;徒手接住从 10 楼坠下的两岁女孩,女孩得救,吴菊萍手臂撞成粉碎性骨折;刘畅深夜智救 31 楼跳楼邻居;王绍国、林国赐、于涛都曾有跳水救人的壮举……

"感动阿里"奖已经颁发 13 次。"我们不希望看到见义勇为的事迹,但需要见义勇为的时候,我们义无反顾。"这是阿里小二贴在内网中的一句话。一颗源自良善的本心,推动设计"相信良善"的业务产品,产品发展壮大,推动人们进一步相信良善,这是阿里在人性和业务之间找到的默契。

道可道 30

> 金庸小说是写一个人、几个人、一群人或成千上万人的性格和感情; 阿里业务是以交易的形式链接一个人、几个人、一群人或成千上万人的性格和感情。

让天下没有难做的生意。

花名是每个小二的心灵秘史
工号也是企业核心文化
一九九九
十八罗汉的阿里巴巴前传
阿里曾经只有5个月活命期
让每个小小二成为更优秀的自己
信任是商业本质
很傻很天真
此时此刻，非我莫属
胸怀是委屈"撑"大的
一位小二父亲的铮铮"预言"
创意是床单睡过俩月翻过来再睡
马总，有你这么说话的吗
蜻蜓起飞先扇哪个翅膀
阿里内网中的悲欢离合
从独孤九剑到六脉神剑
客户第一、员工第二、股东第三
猪八戒和孙悟空，谁才是优秀员工
变化在变化之前
诚信是阿里价值观红线

仿佛不夜城，这里灯火通明
《功守道》背后的太极战略
员工不受老婆公司不犯错的
天马行空与脚踏实地
好（hǎo）玩又好（hǎo）玩
一出生就站在舞台中央的人
没有女人就不可能有阿里
阿里巴巴为何良将如潮
阿里绝不父债给一个不关心公益的CEO
良善是一切业务的根本源泉
打假"黑科技"，一秒能读501本《新华字典》
小企业是难为她的，大企业是舒服苑的
"宇宙最'搞笑'"的公关部
一所专门教"失败"的大学
湖畔花园，创业圣地
让天下没有难做的生意
一心只为赚钱的企业没有未来
马云是一个"非常独特的存在"
杭州为何能孕育出阿里巴巴
阿里巴巴102句土话

31 打假"黑科技"一秒能读501本《康熙字典》

假,形声字,从人,从叚。"叚"原意为"借""非原本"。假,本意为"代理人",引申义为"代理",再引申为"非真"。《诗经》中已经有"假寐永叹"的句子。

假货,是每个社会、每个国家必然遇到的一种周期性社会现象,周朝已经有了简单的假货制裁措施。欧美等发达国家无一例外从"假货泛滥"一步步迈向"无假少假"时代。假货认定是一个相当复杂的过程,2008年,中国工商出版社出版了一本学术专著,专门论"假",这本书叫《假货研究》。

中国目前习惯于将"假冒伪劣"统一归类为"假货",国外一般把假货定义为"商标侵权",口径不同导致国际研究机构人为地大大提高了中国的假货比。另外,对于假货的认定——特别是非授权渠道销售的正品能否认定为假货,从业界到法律界存在重大争议。

"我们在新闻中看到的高得惊人的假货率,就是把非授权渠道算了进去,这种统计是对公众和消费者的误导。"阿里研究院治理研究部研究员阿拉木斯说。

当前，中国正从发展中国家向发达国家转型，此时恰恰是假冒伪劣从泛滥到根治的最关键时期——这个时期，从已经走过的发达国家看，长达几十年乃至上百年。就是在这种极其复杂的时代背景下，阿里巴巴一个神秘组织——平台治理团队披荆斩棘出发了。

晓萱，一个林黛玉一样的女孩子，大学读新闻专业。鲁迅先生弃医从文，她弃笔从"戎"。2009 年进入阿里安全部，她的工作"火力十足"，每天需要从数亿件商品中甄别并查处涉嫌黄毒、枪械（高仿）商品。

"刚来时，根本不懂行业暗号。"她说，这种卖家都很精明，不可能直接将这些东西在淘宝店卖，都有暗号。那段时间，她天天到各类边缘论坛"补课"，知道了有色药丸、鸡（手动鸡、自动鸡）、老鹰等各类暗号的意思，然后将商品下线，并把线索提交给警方。

有一次，一个小二为了研究某非法商家的获利路径，购买了一支仿真枪，邮寄到自己家中，警员马上找上门，小二好一顿解释。后来才明白，即便是小二为了打击非法行为而购买，也要提前向警方报备。

2013 年，晓萱加入阿里平台治理部，主要负责手表类目打假治理，和田鹏、明艺等团队协同打假。明艺，负责服装、箱包类目打假治理，很多消费者在购买这些产品时，不太在乎品牌，多考虑价格及款式。"这段时间，我们主要治理卖家图片过渡美化的问题，让消费者拿到一个和想象中一致的商品。"她说。

明艺还得应对参差不齐的"职业打假人"。有的打假是假，牟利为真。比如某"打假人"把国家推荐指标混淆成强制指标，说他买的是假货，让卖家赔偿，好在小二及时介入。

田鹏介绍，阿里打假这些年，从整体看可主要分为四个阶段。

第一阶段，靠"红旗"法则和"避风港"法则。"红旗"飘飘，一眼就能看见，比如有人 100 元卖 LV，肯定是假货；"避风港"则是对付高仿商家，不容易看出来，要联合权利人一起打假。"几年来，平台治理小二大多都练成了火眼金睛，一打眼，基本就能判断真伪。"

第二阶段，尝试用阿里平台搜索引擎屏蔽涉假者，起初效果挺好，后来，涉假卖家学乖了，在阿里平台做形象店，然后想尽办法把消费者导流到其他电商平台，继续售假。阿里平台治理随之改变策略，不仅打线上假货，还要打线下假货，打其他电商平台假货，不仅集团所有人都要加入进来，还要联合社会力量一起治假。

第三阶段，尝试与假货相对多发的区域政府合作，一方面打假，一方面推动高仿商品制造者"从良"，这些高仿商品制造者有相对较高水准的制造能力，有希望做出自己的品牌，走正规合法渠道，在网上卖自己的品牌产品。这实际上是通过阿里平台打假，倒逼售假者自我转型。

"这是一个正循环，收到了一定效果。"田鹏说。但是，因为售假赚钱快，所以有的厂家过不了多久，又回到老路。对待这种商家就需要"像治理酒驾一样打假"，让他"死无葬身之地"——这是阿里平台第四阶段的主要打假目标。

打假是复杂的系统工程，造假者隐蔽在暗处，需要打假者付出百倍努力。法相负责手机类目打假。前几年，华强北是他们团队主要的蹲点地，那时，人人都想拿一部苹果手机，因此苹果造假翻新机泛滥。

他们对此出了重招，一是，直接将淘宝手机卖家的保证金一下提高到 5 万元，二是，与国家质检部门的 3C 认证联网，消费者买到后输入验证码便知真伪。"售假路径一下走不通了。"

手机造假现象式微也与行业环境有关系。"华为、vivo、OPPO 等国产手机迅速崛起，造假者的市场一下萎缩掉了。"

2017 年两会，马云向两会代表委员致信:《像治理酒驾一样治理假货》。他的振臂一呼，是中国电商巨头坚持不懈地进行打假斗争的嘶哑式呐喊；也是多少年来早已刺入国人神经对假货深恶痛绝的突然性火山爆发。国家市场监督管理总局局长张茅直面假冒伪劣问题："一些企业家像马云提出来要加大惩戒力度，像打击酒驾一样打击造假行为，我是赞成的。"

全社会都应正视假货问题，而不是去指责和回避假货问题，这是能够解决假货问题的基本路径和正确姿态，这个共识的达成太不容易，从这一点来看，确实应该给马云和张茅都点一个赞。

在两会期间，从企业到官方，从大咖到百姓，集体达成打假的民族性共识，这是一次心灵互不设防的良性互动，也或意味改变民众生活的开始。毕竟，如果"天下无假"，则意义重大。

阿里巴巴首席平台治理官郑俊芳，马老师不仅"亲赐"花名"师太"，还打算给她的副手起名"鬼见愁"，让造假者一看见他们就颤抖。《2017 年阿里巴巴知识产权保护年度报告》（简称《打假年报》）称，阿里"黑科技"打假超乎想象：一秒能读 501 本《康熙字典》的图像识别技术，商品管控大脑能记忆 20 亿件商品详情；一男子伪造 8 张身份证，除了名字和脸是真的外，其他全部造假，瞬间被阿里打假系统"抓获"；97% 疑似侵权商品一上线即被封杀，每 1 万笔订单中仅有 1.49 笔为疑似假货，假货率远低于线下。截至 2019 年的 3 年来，阿里打假特战队利用"知产保护科技大脑"协助警方在全国 31 个省份抓获制售假嫌疑人 4439 人，捣毁制售假窝点 4289 个。这颗"大脑"采用 AI 打假，相当于 5 万人同时工作，"可以毫秒级发现上万颗圆球中混进了一颗有细微黑点的圆球。"阿里巴巴安全专家张晓峰说。

　　有些事情，时间是最好的答案。2016年，国际反假联盟（IACC）暂停阿里巴巴会员资格，阿里回应："有没有IACC，打假都在进行，十几年来从没停歇。"有意思的是，美国服装和鞋履协会（AAFA）2015年曾建议将淘宝网列入"恶名市场"名单。4年后，AAFA为阿里巴巴、联合国艾滋病规划署国际亲善大使等5个企业及个人颁奖，该协会CEO里克·海芬贝林公开表态："阿里巴巴已经举起了知识产权保护的旗帜并为之持续奔跑，感谢整个阿里巴巴团队的不懈努力。"美国众议院司法委员会副主席道格·柯林斯也公开表示："阿里巴巴使用尖端技术详细检查和侦测假冒产品。我发现令人震惊的是，美国平台远远落后。"

　　注：为保护小二人身安全，本节中打假小二姓名均系化名。

道可道 31

> 大数据是这个时代最大的打假利器。
> 像治理酒驾一样打假，全民才能更快走向"天下无假"。

32　小企业是难为死的，大企业是舒服死的

人贵有自知之明。很早以前，我到一个港口采访，看着排队等候入港的各国货轮，港口领导说："只要海水不干，我们就有饭吃。"那时，很多人托关系找他们，就是为了让船早一天进港，他们港口的外号是"港老大"。仅仅几年之后，海水没干，船却不来了，再次去他们厂区，看见一条破旧的横幅在风中飘扬：热烈庆祝建港150周年。

早在2007年，马云就说，阿里要痛批官僚主义："应聘者在楼下坐了50分钟，我们的人迟迟不来见面，把自己看得太高了。"马云还透露，他2015年最严重的发火就因为有员工对商家傲慢。

"我们运营的是世界最大的网上商业群体，客户就是我们的上帝，如果连这个都做不到，这个公司就完了。"

当年年底，阿里巴巴向全体小二印发"三项纪律八大注意"，要求所有人真正把对客户的尊重和敬畏落实在行动上。其中一项纪律是跟客户开会不能看手机。

在2017年集团组织部讲话中，马云又说，有些才来一年的员工已经

非常自负了,"我非常羞愧,大家为杭州有这么一家公司骄傲,但这家公司如此傲慢,如此不重视别人……这会出问题的。"

当年年底的阿里巴巴脱贫基金启动大会上,马云说了几件让他睡不好觉的事,其中一件是怕员工自负。

马云时刻保持着警醒。他在广州 2017 年财富全球论坛上坦承:"即便阿里巴巴是一个大公司,也必须像一个小公司那样保持忧患意识,要像小公司一样去运营,因为有时太大的公司意味着缺失活力,没有足够的创新能力。"

小的时候做大事很难,很多企业不等长大就已经难为死了;大的时候做小事很难,很多企业好不容易长大了,结果一不小心舒服死了。

一位商家友因和阿里有业务来往,按照阿里定的开会时间,提前一天开车,赶了一个晚上,准时到达阿里开会,会议室空无一人,半小时后来了第一个,最后一人迟到 1 个钟头,在呆了 10 分钟后,说领导有事,一走了之。故事还没完,好不容易算是对接好了业务,对客户多少天没有反馈,客户催一催,小二动一动,一个多月后,彻底没有音信了。

不守时,不践行。还有一个客户有一次怒气冲天打电话给我,说你们阿里太瞧不起人了。他说,好不容易约好一个小二,等了近半小时见到了,内心还在劝自己说,阿里这么大的公司,小二忙也正常。小二坐在他面前说"稍等",头发挡着脸,又去敲键盘了,良久,抬起头,说:"我们领导说了……"连用 5 个"领导说了"表达完了自己的观点,基本没让客户插上话,最后说,领导说了就 2000 元,你们做就做,不做就算了。

客户非常恼火,我劝他说,这是个别现象。他说,我只见到了阿里巴巴这一个人,她就代表阿里巴巴的全部,我走了,再也不会来。是的,阿里组织架构再大,它只是一个无形品牌,需要一个个小二来有形呈现,小二的态度决定了大众对阿里的整体感知。

有小二KPI至上,有关自己KPI的,嘴上抹蜂蜜一样,和客户紧密协作,一旦不是自己的KPI,就想法子躲开,甚至还能把客户的联系方式删除。有一位离职的女同学,在内网留下这样一段文字:办完所有手续,最后一次到园区徜徉,看见一些"自负"的脸,感觉世界都是他创造的,其实离开阿里平台,你啥都不是……我走了,你们好自为之。

彭蕾在2016年蚂蚁金服高年级同学会中谈了以下四种怪现象。

一是,好大喜功捂盖子。一点小事发战报,"七大姑八大姨"全部表扬一遍,小题大做,只讲好的,不讲坏的,就像猴子爬树,上面看到的永远是猴子的笑脸,下面看到的都是猴子的屁股。

一个小二发了一封关于春节红包的邮件,很长,表扬了很多人,各种细节,非常详细。"我根本没有耐心看完,拉到最后,想看看到底有没有反省的内容,没有。"

彭蕾说,春节敬业福,不能说做得不好,但是难道看不到骂我们的那些文章?有多少"大V"在微博吐槽?我们视而不见,还是故意屏蔽?还是说我们今天只需要自我麻痹,自己给自己打鸡血,掩耳盗铃就可以?

彭蕾直接回复邮件:我看了之后,非常失望,心里很不安。更担心的是,有很多这样的邮件,我根本看不到,有些问题是不是就随着一封一封的战报,从此不被我们发现,直到有一天成为一颗定时炸弹突然爆掉?

二是,随波逐流不进步。每一个人要自问,你是不是全身心投入,没有丝毫懈怠,每天带着敬畏和勤勉之心,每时每刻不放松,认认真真面对客户的问题,面对团队的问题?

彭蕾质问，有没有南郭先生，得过且过，不思进取？有人这么多年下来，几乎原地踏步，没有进步。蚂蚁金服业务裂变非常之快，对整个行业影响非常之大，可你跟得上这种裂变吗？

很多问题出在中层，有的员工为了梦想而来，但因中层管理者而离开，中层管理者是不好做，但如果好做要你干什么呢？

"有一段时间出现危机，只有负责人有解，他不出面，事情没有办法收拾，一个人能顶到什么时候？"彭蕾说，问问你们自己为此承担了多少？业务复杂到这样，岂能靠几个人搞定？

随波逐流不进步，只是个体层面的现象，但或多或少是一种心态，觉得树大好乘凉，大家必须反过来思考：今天有你，会有什么不一样？如果今天有你、没你一个样，那么你的价值在哪里？

彭蕾又说到那封邮件，她回复邮件时，抄送给了一位主管，想让他明白这是一种现象，非常令人担心和焦虑。主管单独回复说，其实也可以理解，大家很辛苦，就是想鼓励鼓励。彭蕾说，你的团队非常牛，做得很好，可是被表扬多了以后，是不是任何批评都不能听了，或者至少听得不是那么顺耳了？你今天是不是要反省你自己，如果所有事情你都是对的，那"有则改之，无则加勉"是说给谁听的？

"我今天必须要用一记狠榔头敲大家一下，以免陷入集体无意识，觉得今天做得够好了，但事实呢？种瓜得瓜，种豆得豆。今天，所有的质疑，就是当年因、今日果。"彭蕾气愤地说。

三是，老虎屁股摸不得。老虎屁股上写着四个字：功劳、苦劳。摸一下，跳三尺高。有人对客户、对合作机构傲慢，把客户逼到墙角，让他们俯首听命，这样还算是生态吗？这样做，所到之处寸草不生。

彭蕾举了一个例子，她有一个学生在新华书店工作，想将新华书店接入支付宝,很长时间没有接上。后来找到彭蕾,迅速接入。

"我的学生用钉钉给我发红包,说,老师感谢你,你太有威信了。我当时真的是恨不得找个地缝钻进去。"品牌建立是一件多么困难、多么艰辛的事,但要毁坏它,只需要连续几个事件就可以。

四是,畏首畏尾不担当。"徐浩(花名:一象,工号:71999)鼓足勇气在会上说了一件事,会后找我说了半天,感觉会上说多了不妥当,让人不爽。徐浩都有这样的顾虑,我们的同学是不是更有这样的顾虑?"

"一个员工跳出来说点事情,怕什么,说了会怎么样,是少块皮,还是掉块肉?今天,一定要放下顾虑,放下负担,勇敢地去做事情。如果老是畏首畏尾,整个人都会变得猥琐……"

彭蕾的谈话,很长,很直接,很放得开,从高管到小二,批评毫不留情面。在此赘述,是因为感觉这也是说的我自己,或者说是两三年后的自己。

这么长时间以来,彭蕾的谈话,我反复阅读了无数遍,有些段落,真的能背下来,它振聋发聩,能让所有阿里人永远记住自己的责任是什么。

生于忧患,死于安乐。

道可道 32

小企业做好大事很难,大企业做好小事很难。
认真扎实的员工,自带光芒,必有远方。
不革自己的命,就会被别人革命。

33 "宇宙最'搞笑'的公关部"

阿里公关部，在我来之前，对其了解有限，只听说，人称"宇宙第一公关"。进来后发现，没有任何人提及"第一公关"之事，倒是时刻感受到一个"宇宙最不'正经'的公关"，人人都是幽默大师、段子手。

同事老狗说，幽默是天赋。我以前在朋友圈也算是小"黄茜"，有谁委屈大了，都得请我吃大餐，然后我给他讲几个段子。来到阿里，这活基本玩不转了，竞争太激烈，段子手们甚至倒请人吃饭，要不，好段子"卖"不出去啊。

马克·吐温是生活幽默大师，将段子集成书能比他的文学作品还厚。据说，美国总统竞选，幽默是拿到选票的重要砝码。幽默是一种气场，公关部的幽默源于老板的幽默。

有一次，王帅说："我给你们的是信任，信任一旦被破坏，一切全无。就好比，我们无法画出女神的样子，一旦画了出来，就是女人。"

他介绍 B2B 公关团队：冯雨（工号：111563），是你们团队唯一一个女孩子，你看看 B2B 的老爷们，哪有文质彬彬的，一个个长得跟土匪似的，这充分说明，冯雨真的是"出淤泥而不染"。

他在"百阿大会"上说，早年，在家种地，他爸总嫌他懒，就这样的人，阿里巴巴也敢用，真正说明了阿里"不拘一格降人才"。

有新人在全体会上做自我介绍，可能因为紧张介绍错了，过了一会儿，他站起来向帅总提问问题，好不容易回答完了，这位新人说，我站起来主要为了再做一次自我介绍，大家大笑，帅总说："原来我是道具啊。"

他曾在微博发过一句话：有朋自远方来，终于走了……配图是他和朋友对饮，边上十几个空啤酒瓶。

2015年，逍遥子发了一封邮件，不小心带出了文案酝酿的全过程，帮逍遥子整理文案的正是王帅。这事在阿里内网一下火了，小二把他称为"为CEO改稿的男人"。帅总在内网回应：

事情就是这么个事情。逍遥子上飞机前，给王帅打了很长时间电话，说要表达这么个想法，这就是公司该有的一个态度。王帅说："那你上飞机，我帮你整理一下。然后，逍遥子下飞机后，公布了我俩的这次合作，这是互帮互助、各司其职的典型案例，也是老道表里如一的一个直接外在的表现。这样的好男人不好找了，大家要珍惜，哈哈。"

老道跟帖：写文章经常都有这样一起字斟句酌的过程，老王的"外脑"很强大，这次让大家看到了……

2017年11月9日，距离天猫"双11"只有两天，冲虚（真名：颜乔，工号：15708）突然发出一条信息@所有人：

"双11"马上进入最高潮，老王刚给大家提了几点"战时"要求，各团队带队同学是第一责任人。

相信很多同学跟我一样，赶紧拿笔记下"要求"：

一、要求大家务必保证体力，务必保证精力，有体力才有精力；二、务必休息好，保证一人一床，绝不允许像之前因条件受限拼床睡，如果房间价格超过级别，可以申请；三、多喝热水，别喝冷饮，一定保障前方热水；四、吃饭不要随便，要按时，尽量吃好；五、注意保暖。

公关部有一个大群，所有员工在里面，群名叫"快乐工作，认真生活"。新人进群，就像新媳妇入洞房，"闹婚"必不可少，先来的人被别人"闹"过，基本都培养成了"整蛊"专家。

某日，突然来了一男一女两个新同学，男生花名"宫爆"，女生花名"摩卡"。大家一看就饿了。不愧是做公关的，有同学沿着"宫爆"，找"鸡丁"，阿里内网显示，很多带"鸡"的花名，就是没有"鸡丁"，很遗憾。

男女主角进场。"宫爆"说："大家好，之所以取'宫爆'这个名字呢，是因为我喜欢吃，在中国所有烹饪技术中，'宫爆'是唯一一种包括酸甜苦辣咸所有滋味的烹饪手法，希望以后工作也如同'宫爆'。"

"摩卡"接话说："起了个菜名还这么振振有词……你知道吗，就是因为你，大家改叫我'鸡丁'了。"

自始至终，我没在群里插话，我的花名叫"长勺"。

一位从湖畔大学转岗过来的郭兄弟，进群报到。我恭维一下，说，从大学来的，应该称呼你为郭教授，他很谦虚地推让了很久。虫哥说，你不用谦让，用不上两天，大家就都叫你郭胖子了。

在公关部，我总感觉自己很笨，作为"70后"，和"80后""90后"代沟深得能摔断腿，很多时候听不懂年轻人的对话。某日，来了一位美女，我以"70后"眼光看也确实很美，看来真正的美没有时代差别。

杜茜，花名"来哞"，我来年的一个梦想是想问问她"来哞"的来历。

  张锐说，欢迎"90后"物理小魔女杜茜（花名：来哞，工号：148557），请杨树协助报三围。杨树说："女生三围怎么能随便报。"回应靠谱。

  杨树接着说："欢迎大家亲身感受物理系小魔女，可以约着一起解二元一次方程。"霍磊（花名：雨易，工号：79349）弱弱地说："我也是理科生。"

  上一次来了个文科妹子，这群老爷们儿都说自己是文科生。

  来了一个"貂蝉"，引来一堆"吕布"……

  有一天，群里不知咋回事，议论起"CHOKER 风"。陌叶（真名：卢星英，工号：81314）说："我们女生都觉得好看，男生好像不喜欢。"崇晓萌（工号：103751）说："国庆节刚买了一个，套在脖子上，老公说感觉缺一根手里拎着的……"

帅总说："一个话题解锁了好多妇女的心啊。"然后，他发了一个女同事专属红包，抢到红包的还可以每人领一副某书法家的字。

夏毅（花名：宴兮，工号：121235）没有抢到，帅总说："送你一张我画的画。"接着说："天天审你的美，无以回报，以身相许公司也不允许，只能这样了……"

帅总经常给大家发红包，研究出一套红包文化：要是每人只发一分钱，铁定24小时后，大量退回。他喃喃地说："红包越小越不能歧视啊。"发大红包时，他盯着，等晚上12点一过，还有没领的就可以退回了，"这也算是止损。"经常到了晚上11点59分，红包被领完，"这个时候领红包的人，我深深记住了你们的名字。"他说。

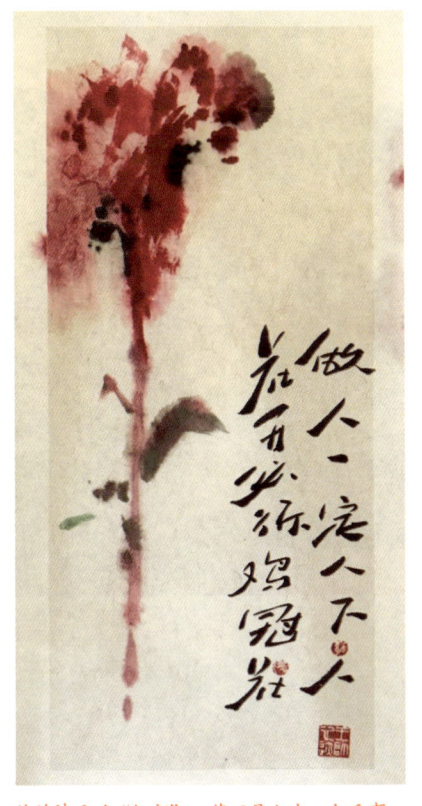

帅总诗画送"红颜"，莫不是人生一大乐事。

双11"猫晚"开始，我们一边干活一边看大屏直播，马滢（工号：24168）说："关灯吧。"帅总说："你们又想谈恋爱。"帅总也会被我们一众小二"整蛊"，在入职13周年时，大家一起送他一个锦旗，上面写着：赠给钟楚红永远得不到的男人……

钟楚红是帅总心中的女神,正如朱茵是我的女神,不可动摇,历久弥新。

有时,我也会思考,为什么这个团队这么幽默和有趣?为何争分夺秒的工作状态,大家累得跟驴一样还能这么乐呵?这些情绪对工作又会有怎样的推动?

就在"双11"前夕,几位远方的朋友来杭州,我讲起这些幽默的故事,他们一致认为,如今社会,逼着员工伪装的组织没有前途,唯有让员工真正张扬个性,在一个开放的平台上,才能产生无限的创意和斗志。

有一次,群里有人问,阿里是不是收购乐视了?帅总不慌不忙,说:"稍等一会儿。"几分钟后,阿里影业官方微博发出这样一句话:阿里影业目前没有拍科幻片的计划。

有人批评菜鸟到处拿地建仓储基地,"路走歪了。"帅总回应,尽管我们在云计算领域取得了快速的发展,但是坦诚讲,还是无法解决把物流基础设施建立在云端的难题,我们也无法把全国的仓储建在一个地方。在全国建设仓储中心是支撑智能骨干网的"下半身"。这个下半身,事关命根子,实在缺不了。

他前段时间写了一封邮件回应所谓"阿里创业门",文中提到,他唯一一次创业冲动,是想在杭州开一家粥店,投了70万元,还没开业,就被老婆叫停了。有同事说,要是给这封邮件起个标题,应是《论老婆在投资创业中的决定性作用》,要给这个标题打分,应是上北大的分。

阿里公关的一个个创意就在幽默好玩中呈现给外界。2017年11月20日,"周一见"重出江湖:阿里巴巴224亿元直接和间接持有高鑫零售36.16%股份,这则新闻瞬间在网络滚屏,"滚"得最有意思的是淘宝官微写了一副对联。

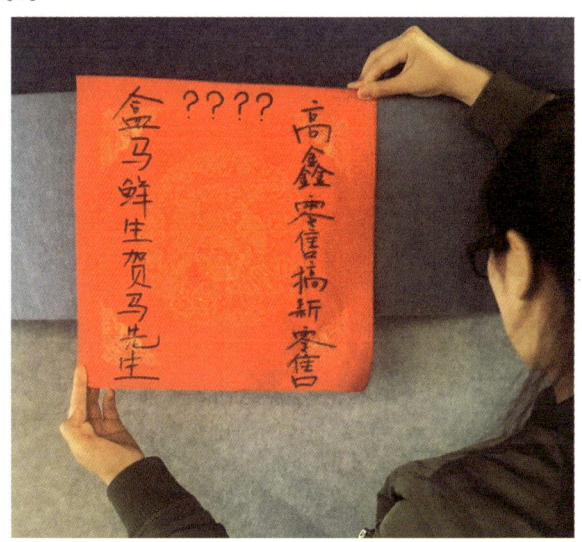

淘宝官微出对联求横批,帮着写横批的粉丝很多,独爱这一个:阿里高薪。

手持对联者,左壹也,真名陈璐,公关部"90后"女同学。她说:"感谢组织让我的老脸出镜了1/5。"

微博上,有好事者说:"字看明白了,姑娘的脸没看全,能否转身?"

阿里巴巴公关体系罕见的企业公关的"严正声明"。新来的同学问帅总,如何做好公关,他说,我们不是去"攻"谁的关,我们是要证明一件事和人的关系,坦诚地还原事实的真相。

"不要为了爱而爱,为了眼球而眼球,为了语出惊人而语出惊人,为了与众不同而与众不同,只要能真诚地表达清楚自己就可以了。"帅总说,人能把自己讲明白,这就很了不起了,这是一种最大的审美观。

他在接受优米网CEO王利芬采访时这样阐释公关的职责:不是通过各种媒介手段,让别人接受公司的理念。阿里公关,是希望这个社会能感受到阿里巴巴真实的存在。

……

在帅总的带领下,阿里巴巴的"公关文章"散发出诗歌的芬芳。2007年,阿里巴巴B2B业务在港上市:"自是钱塘潮头蟹,应喜江湖有风波。"2016年11月11日24点,天猫官微:今晚,世界小得像身边的街;今晚,未来带着露水走来。

有知名企业家站出来说,马云的"五新"战略除去新技术,其他都是胡说。帅总说:"电商不是多能干,我们只是把别人怀念过去的时间,用来拥抱未来。作为企业一把手,就意味着必须承担拥抱未来的责任,而不是拥有抱怨的权力,也不是站在楼上看风景,站在河边看风水,站在夜里数星星。"

他是性情中人,有时,发火了,就顾不得写诗了,有人暗地里在网上发布谣言,他直接就怼上了:你这样,我丝毫不尊重你。

——公关的任务是把真实告诉外界,这并不代表不可以有情感。

道可道 33

> 公关不是"攻关",是传递事实的真相。
> 公关是感性的,不是死板和教条的,是可 IP 化的。

34　一所专门教"失败"的大学

西子湖畔浴鹄湾，有一公交站点，下车拾径而入，过石桥，不经意间遇一石门，上写"仰商"二字，进其门，右转，一栋古香古色的江南水乡建筑映入眼帘，这便是湖畔大学。前对一个牌坊，上刻"功在利民"四字，边有两口"三台梦迹"古井，水清见底，古意昂然。此处得西湖水系和湿地生态融合之美，林缘野卉，芦苇环绕，静谧悠然，自是治学之地。

不远处，得一厅，名曰舒云亭，门联是：同伴彩云归去，待邀明月相依。似乎冥冥中为湖畔大学做了一个恰如其分的注解。前来参观湖畔大学的人不少，恰逢学生休课。端详间，一对对新人穿着大红的旗袍，特来合影，"沾沾这里的文化味"。

湖畔大学，由柳传志、马云、冯仑、郭广昌、史玉柱、沈国军、钱颖一、蔡洪滨、邵晓锋九名企业家和学者共同发起创办。马云出任首任校长，曾鸣教授出任教育长。湖畔大学坚持公益性和非营利性，旨在培养拥有新商业文明精神的新一代企业家，目标学员主要为三年以上创业者。

2015年3月27日，第一届36名学生入学，包括汽车之家、优米网、十月妈咪、亚朵酒店、快的打车、俏江南等企业创始人。开课不学知识，先参加体力劳动——制作木琴,三天后,他们在静谧的西子湖畔狂弹一曲《沧海一声笑》。

在开学典礼上,马云说,阿里巴巴做102年就够了,湖畔大学要做300年。

——马云,对未来哪怕几十年甚至几百年的展望,也会提出一个明确的数字目标。

一年后同一天,湖畔大学第二届开学典礼在刚刚启动使用的阿里西溪园区9号馆举办,共39名学员,包括姚劲波、吴国平、贾国龙、霍启文等知名企业家。这一次,马云明确提出,湖畔大学不教怎么赚钱,而是希望形成一种文化,让每个企业活长、活久。

为何要创办湖畔大学?马云跟前三期学员都说过,2008年经济危机,一批企业家心情郁闷,相约去不丹"吸一口甜蜜的空气",到了那边,发现哪有甜蜜空气?但是那里的人特别有幸福感,都讲幸福指数。

"在回程飞机上,我们议论企业这么难做,成立一个民营企业大学吧,让它成为中国经济发展过程中的黄埔军校。"马云说。

飞机上,大家一哄而上,推任马云为第一届校长。经过七年的深思,湖畔大学终于成立。为啥叫湖畔大学?是因为阿里巴巴创业的公寓小区叫湖畔花园。

"每个公司都有自己的车库文化,起步时都这样,所以干脆叫'湖畔大学',寓意是记住每一位创业者。"湖畔大学不仅会授业解惑,而且引导大家共同寻找、发现、创造更好的方法,创造更多就业机会,让中国经济更加繁荣。

在湖畔大学第三期开讲时,这一期学员增加到44人,录取率是4.07%。

第三期与前两期有两个显著不同的特点:一是学员结构不同,立白集团、老板电器、众安保险、正大制药、国联国际、美年大健康等线下非互联网企业成为参与主体；二是，这期的学员都有了统一的校服。

第三期开学典礼提出了"湖畔四为"：为市场立心，为商人立命，为改革开放继绝学，为新经济开太平。

这一次，马老师身穿红上衣，黑布鞋的鞋底露着白线，他站上讲台，给学员们讲的是"失败"。

"1992年，我创办海博翻译社，第一个错误是租了太大的房子，每月收入付不起租金，第二个错误是管理混乱，财务小姑娘每天往外拿钱，我浑然不知。"

1995年创办中国黄页，后与国企合资。"判断互联网有未来，这一点没判断错，但是没判断好自己有多大能力，也没意识到董事会在合资企业中的决定性作用。"

曾鸣接受记者采访时说，湖畔大学和任何MBA、商学院都不同，其不讲成功经验，而是分享失败教训。"马云、冯仑、史玉柱，都是来讲失败的，他们本身也是从失败堆里爬出来的。"

为什么研究失败比成功更重要？马云认为，成功者的成功方法各不相同，但是失败者的失败原因大致类似。曾鸣则说，每个创业者前面都会遇到类似的坑，提前研究这些坑，就能避免掉进去。

马云2017年去马来西亚演讲时，再一次说，设立湖畔大学，我们用的大部分案例是失败的故事，商场如战场，生存下来才是赢家，做生意必须从别人的错误中吸取教训。

道可道34

▍成功各不相同，失败大概类似。

35 湖畔花园，创业圣地

2017年11月12日，杭州文一西路176号，这里是杭州湖畔花园南大门。入门，路两边是果实累累的香泡树，"今年结得特别多。"一位老大爷说。树下，几名年轻人摆卖食品，开玩笑说："我们也算是创业了，沾沾马云的喜气，争取早日成功。"前行百米，见一栋白色四层小楼，只有两个单元，一个单元8户。这里藏着阿里巴巴的诞生地：湖畔花园风荷院16幢1单元202室。

左首，玻璃窗包装阳台的房子为202室。

这栋楼极其平常,在1单元入口处,泡沫箱里种着菜,堆着刚刚从一楼住户运出来的装修垃圾,窗户上挂着洗完的衣服。进楼是杂乱的电线,墙上有一个水费箱,202水费明细表插在箱口。迈上二楼,两户相对,一户是新门,写着"201",对面没有门牌号的无疑就是"202",门很陈旧,门框上还有没修复的窟窿。"就是这里,一点没变。"华蕾说。其实,有一个地方变了,他们创业时经常到楼前草坪席地开会,如今,草坪改造成了停车位。

在每一个阿里小二心中,湖畔花园是阿里巴巴的创业圣地,这里诞生了很多脍炙人口的故事。

前推20年,故事刚刚开始。

华蕾,作为十八罗汉之后的第一位阿里员工,一路打听,赶到当时还是地处农田的湖畔花园,好在,附近有一所大学,平添了一些繁荣气息。多少年后,华蕾都记得她敲开阿里巴巴的门,看到的是一家"网吧"。当时,有同感的人不少。

屋里,电脑线纠缠堆砌,办公物品胡乱混杂,一开门还一股臭脚丫子味。一个送盒饭的师傅进来,观望四周,丢下一句:想不到,居民区里还藏着一个黑网吧。十八罗汉搬进来时,没有装修,满是灰尘。突然一天,墙体漏水,马云说,我有办法,一会抱着一摞报纸回来,贴在墙上……

华蕾的第一个工作岗位是做信息编辑和客服,前者是到各个网站去找企业信息免费贴到阿里巴巴网站上,后者是回复所有客户的邮件。邮件问她最多的问题就是:你们免费发布信息是真的?免费了靠啥赚钱?

202室四室两厅两卫,约150平方米。她当时面试的房间是主卧,带卫生间,随着人员增多,卫生间成了机房,放着所有的服务器。主卧,这个最好的房间也就成了工程师们的房间。

这间主卧挤了 7 名工程师，姜鹏（花名：三丰，工号：60，阿里巴巴荣誉合伙人）因为来得晚一点，实在塞不进来了，只好坐在客厅。

客厅是行政、客服等人员，"张英、彭蕾、蒋芳、金媛影、孙彤宇，还有我，都在客厅办公。"华蕾说。

产品等团队不固定地分散在其他几个卧室。最多时超过 30 人，去卫生间也得排队。

那时，马云没有自己的办公室，也没有固定的办公桌，"到处转悠。"

不知是谁的主意，主卧室的门上贴过一张纸，写着：Dream Factory。17 年后，阿里官方制作的一部视频在互联网上刷屏，名叫《造梦者》。

主卧室的卫生间，尽管是毛坯的，却是阿里巴巴的中枢神经，最好的一台电脑放在里面，是 Dell 1300，当时阿里全部代码和数据都在这台电脑里面。2000 年搬家，这台电脑被运到了华星科技大厦，直到网站技术架构从 Perl 切换到 Java，才结束它的峥嵘岁月。这台电脑备受崇拜，一个新来的小伙子，名叫沈少峰，把自己的 ID 取名为"Dell 1300"。

从当初的这台"Dell 1300"，阿里一路绝尘。2007 年阿里妈妈创办之际，阿里光报废电脑就找出 3000 台左右。

2013 年，阿里云完成"飞天 5K"计划，正式运营服务器规模达到 5000（5K）台的"飞天"集群，成为中国第一个独立研发、拥有大规模通用计算平台的公司，也是世界上第一个对外提供 5K 云（集群 5000 台）计算服务能力的公司。

"飞天 5K"有多厉害？"飞天 5K"单点集群拥有超过 10 万核计算的能力、100 PB 的存储空间，可处理 15 万个并发任务数，承载亿个级别文件数目……然而，没有最初的这台"Dell 1300"，就没有后来的一切。

湖畔花园创业，对阿里而言是非常珍贵的历史。当时他们号称是整个杭州城最卖命的人。月薪 500 元，后涨到 800 元，搬迁到华星大厦后，蒋芳拿到 2000 多元的工资，幸福满满，感觉"公司发展好快啊"。

在湖畔花园，所有人吃喝拉撒全在一起，且都租住在附近的毛坯房里，租金 500 元，数人分摊。工程师需要安静，深夜奋战，基本都在凌晨三四点下班，这个点了，也就经常席地而睡。每天上班推开门，地上躺着横七竖八的人，女生们小心迈步绕过去——韩敏和彭蕾都有类似的回忆。直接睡在办公室的习惯保留到现在，阿里园区墙角旮旯放满行军床和帐篷。

华蕾刚来时，蒋芳告诉她，午饭想吃啥点啥——叫外卖。条件稍好，公司出钱给大家包餐，到湖畔花园对面一家酒楼吃"旅行餐"。

"十个人一桌，人不齐的时候，我们先玩'杀人'游戏。"这种游戏 18 年后再度流行，名曰：狼人杀。

那时，杭州限电，白天居民用电拉闸，晚上工业用电拉闸。阿里在住宅区，白天停电后大家就一起玩，打扑克，唱歌，晚上一来电，赶紧干活，华蕾经常凌晨三点回家，第二天九点再赶回来上班。

下夜班太晚，不能再骑自行车，华蕾和同事一起打车，一次，的哥憋不住了，问道："你们到底干啥的，每天晚上都这么晚？"她说："阿里巴巴。"

的哥问："阿里巴巴是干啥的？"她说："互联网。"

的哥又问："互联网是干啥的？"她只好说："电脑公司。"

的哥这次明白了，哈哈大笑："卖电脑的呀。"

不久，华蕾在办公室见到两位外国人，是《华尔街日报》记者。他们从一家外贸企业听说了阿里巴巴的名字,恰好他们到杭州出差,顺便来访。《华尔街日报》笔下的阿里巴巴是这样的:"没日没夜地工作,地上有一个睡袋,谁累了就钻进去睡一会儿。"

金媛影在《阿里之旅》中的分享,图为其PPT截屏。图中拍照者为《华尔街日报》记者

当时,办公室最高档的家具是一个破沙发,常常是大家横七竖八地堆在上面,听马云站着"预言未来"。电暖气是张英从家里拿来的,地毯是最便宜的。这间民宅,白天静悄悄,夜晚灯火通明,人员川流,有一次被警察盯上,怀疑涉案。为了节省开支,他们把6元的盒饭改成4元的,结果集体腹泻去了医院……

即便如此,梦想仍旧宏大。

一天,谢世煌迎面碰上一个来面试的研究生,他是学IT的,围着拥挤的办公桌转了一圈,没看好,临走,谢世煌突然语重心长地对他说:"年轻人,你丢掉了一个成为比尔·盖茨的机会。"

《造梦者》讲过一个故事：几个工程师工作到天亮，干脆不睡了，跑到西湖边"放风"，载歌载舞，又跑到早餐店吃了一顿油条，每人买了一个"背背佳"，一个"背背佳"300多元，几乎花掉一个月的工资，疯够了才回来。

马云见到他们说："回来就好！"原来，所有工程师突然都不见了，相当于现在阿里巴巴数万名工程师突然消失，大家都快紧张到报警了，马云跑到阳台张望了好几次。那时的湖畔花园属于城郊，进城回来，他们带着"背背佳"大发感慨：城里真美啊。

尽管很苦，但也快乐。当时，大家把网站信息分类叫作"挑毛线"，"毛线"挑累的时候，女孩们就会打打牌，男孩们打乒乓球、网球，很开心。

湖畔花园还发生过一个搞笑的事。南方人爱讲风水，某日，大伙说，我们也得讲讲风水。一番布置，风水形成了：摆了一盆水，然后对着风扇吹。

阿里巴巴的创业者们恰恰不信"风水"。随着人员增多，202室附近一栋大别墅被租来了，因发生过凶杀案，说是司机把保姆杀了，月租才500元。

"一进去就感到很阴森，冰冷的大理石、密不透风的窗帘，一闪一闪的监控灯。"这些记忆一直留在华蕾的脑海中。这栋别墅成了阿里第一个真正意义上的会议室，在这里，马云坚定地说，阿里巴巴就做B2B。

当时，门户网站、游戏网站有成熟的赢利路径，B2B则一切未知，大家各种想法很多。"这次会后，再也没人探讨发展方向了，一起朝着B2B奔去。"华蕾说。

附近几家民宅也陆续被租来，马云有一次还在一个出租房里"教大家功夫"。

转年后的3月4日，华蕾的心情有点复杂了，这一天，阿里要搬迁到华星科技大厦（简称华星）。

华蕾对这张照片非常熟悉,她坐在最左边,没有进入镜头。此图往往被外界说成在湖畔花园202室内景,其实这是一间租来的房子。。

1999年10月30日,阿里巴巴拍摄"全家福",最右边的华蕾穿着蓝裙子,一脸的乐呵。

35 湖畔花园,创业圣地

"楼文胜坐在小板凳上,再一次弹起他心爱的吉他,一群男生伴唱。"华蕾收拾好东西,站在旁边,看着这个场景,恍然间感觉有些陌生:这就离开了?

这张照片定格了阿里巴巴湖畔创业的最后瞬间。

华蕾一方面恋恋不舍,一方面也很是期待,因为终于有了写字楼,尽管是租的。早在搬家之前,张英叫着华蕾等人,去华星大厦"踩点",张英展望,每一个人都有大大的办公桌,有会议室、培训室,还有休闲吧……

看完老楼的吉他表演,大家又一次去对面饭店吃"旅行餐"。吃完,搬家公司的车子拉着阿里巴巴所有家底奔向"华星时代"。家底不多,据说,连三辆车都没装满,但是承载的梦想越来越大。

在湖畔花园创业初期和"华星时代",员工能随时见到马云。有时,他手持宝剑;有时,他长笛悠悠,面对eBay强大的竞争实力,他说,竞争其实挺好玩的，只是 eBay 太严肃了。他会讲很多笑话，还让别人也得讲。

湖畔花园的毕业餐。
编辑注：本书涉及十余张老照片，有的截取自视频资料，导致清晰度不够，比较遗憾。

在湖畔花园期间，一旦阿里业务上个台阶，或者网站发布新版本，马云会下厨做鸡翅给大家解馋；在华星，张英有时去市场买西瓜回来庆祝，红瓤黑籽，又甜又解渴，那时的"吃瓜群众"幸福感爆棚。

一到华星，华蕾找到了她的工位，有拐角，像乒乓球台那么大，还有好大的休闲吧，马老师也混上了办公室。慢慢地，会议室坐进人来，培训室坐进人来，休闲吧只残留一点点，最后，大桌子撤走变成了小桌子，"业务发展太快了。"

第一批阿里巴巴的创业者搬离湖畔花园，这里回归到往昔的静谧之中，楼前那片草坪，开过无数次会议的草坪开始兀自生长、芳草萋萋，直到被铺砖改造成停车位。这批人团结协作的创业精神、永不放弃的理想以及坚定无比的价值观永远留在了这里。

2003年4月7日晚，柴栋被马云叫到办公室签了一份英文合同，孙彤宇、姜鹏、多隆、师昱峰、麻长炜、阿珂、双儿、周岚等人相继签约。

多隆还记着马云叫他去谈话的场景，他只问了一个问题，去之后还是写代码吗？马云说是，他说："那就行。"

4月16日，孙彤宇带队搬到湖畔花园，封闭执行一项任务，创建一个C2C网站，马云提前锁定上线时间为5月10日。时间如此紧张，形势如此紧急，多隆等工程师们显示出优异的技术能力，从零开始，搭建网站，并涵盖所有交易系统和论坛系统。

阿里巴巴搬迁之后，这是湖畔花园重新接纳的第一个项目，他们寻觅着1999年奋斗的气息，充满必胜信心，但是无论如何也没想到，这个项目影响如此巨大，项目的名字叫淘宝。

杨丽娟（花名：程英，工号：1621）有点特殊，她于2003年9月应聘到阿里，直接被分配到当时连名字都没有的淘宝，上班地点不是华星科技大厦，直接到了湖畔花园。"淘宝那时是'绝密'，马云几乎每个星期都来看看，在小区草坪上开会。"她说。

苗人凤入职淘宝后，也是直接到湖畔花园上班。赶到湖畔花园大门口，傻眼了，这是啥破地方？在湖畔花园，苗人凤的主管是三丰，他接的第一个活就是开发"安全交易"功能，这是支付宝的雏形。

有一天，马云来开会说，淘宝要做就必须做到第一，哪怕第二也会关掉，"你们这批人在阿里已经没有位置了，如果做不成，就自谋出路。"老苗说，老员工都知道马云在开玩笑，他那时刚来，心里直打鼓，刚找到工作，干不成又得去找。他下决心，尽最大努力和团队协作干成这件事，"想到能干成,没想到这么成功。"

在湖畔花园,大家觉得淘宝必须是一个服务型公司,就逐渐自称"小二",互相之间戏称"大掌柜""二掌柜"啥的,慢慢地,用上了金庸小说的花名,还在这个房子里"造"出了一项健身运动:倒立。后来,倒立曾成为入职淘宝必须要过的门槛。

13年后的2016年4月29日,阿珂在内网和小二们告别,引来长达7页的"送别",阿里小二情到深处语无伦次,7页留言其实只说了两个字:女神。这位给"淘宝"取名的女神在阿里江湖必将留下无尽的传说。

淘宝一役,成为阿里巴巴未来生态布局最重要的一环,它是后续业务的母体,也一举奠定了湖畔花园创业圣地的江湖地位。

张立中,2007年4月突然被叫到马云办公室,另外七人已经在等候:吴泳铭、周峻巍、黄航飞、余斯恒、凌姝、林振宇、范茂义。"我们原本毫不相关,从那天绑定成一个团体——阿里妈妈。"马云开门见山:"我们要做阿里妈妈,你们考虑来不来……不过,其实你们一定要来。"

湖畔花园再次恢复繁华,此时,对于吴泳铭团队来说,他们已经意识到,这里不是普通民宅,而是创业摇篮。当然,也有客观原因,来湖畔花园办公可以省出租房费。

在决定做阿里妈妈之前,阿里原本想并购一家类似的公司,恰逢香港上市融到了资金,出到10亿美元,对方不卖,非要15亿美元,他们不是看自己值多少钱,而是看阿里融到了多少钱。

阿里决定自己做,那用多少钱做?马云伸出两根手指头。有人问,2亿元?他摇头;2000万元?还摇头。最后,马云说,200万元。

理由是,阿里巴巴创办时凑了50万元,做到这么大,算上通货膨胀,

200万元也够了。200万元包括整个团队所有的费用，办公场地都要向阿里交租金，所以，这帮人提出到湖畔花园办公。

绿柳作为工号23号的资深老阿里，或许是唯一一个三次到湖畔花园"闭关"的人。第一次是在湖畔花园入职上班；第二次是2000年，她和盛一飞、王寿畅、俞非等人来此"闭关"，完成了阿里巴巴网站全新的改版；第三次是创办阿里妈妈。

"故地重游，一切未变，仍然是几张破桌椅，电脑自带，卫生自搞，吃饭自理，一周休息一天。"

由于项目保密，别人问在干啥，周峻巍回答在萧山瓜沥跑客户，他们就把这个项目统称为"瓜沥"项目。"瓜沥"生活刚开始很是艰辛，项目没有名字，不知怎样做，经过一个月的激烈讨论，一个月的架构，7月10日，内部测试版上线，一个月后，阿里妈妈对外开放。

在"闭关"的日子里，他们唱了很多遍《年轻的战场》。阿里妈妈在这里孵化时间不长，对阿里未来的发展尤其是赢利诉求却至关重要。项目顺利结束，这伙人唱着小曲搬走了。

天猫的前身是淘宝商城。范禹有一次自我介绍，平静地说，没啥特殊经历，就是"被关过一次黑屋子"。"黑屋子"就是指湖畔花园。

2008年4月10日，淘宝商城公开上线，此前几个月在湖畔花园"闭关修炼"，范禹是其中一员，很是谦虚地说："我跟着Leader干点具体的活。"淘宝商城在湖畔花园"打磨"的时间也不长，但深远影响已无须多说。

按时间算，来此"镀金"最长的要数钉钉易统团队，从2014年，无招领着么么茶、一岱、老柒、天蓬、媛英来此"卧薪尝胆"，到后来，大部队搬到文二西路龙章大厦，直到钉钉队伍再度壮大，从龙章大厦搬迁到未来 PARK，钉钉易统团队一直"赖"在湖畔花园不出来。

"只要马老师不赶，我们就赖着不走，沾沾仙气嘛。"无招说。

从"来往"的阴影中艰难走出，无招和小伙伴们打开 202 室的门，似乎还能闻到十八罗汉和创业者们留下的汗水的味道，有些泛黄的墙壁沉淀着往昔或喜或悲的生活印迹。来之前，无招还以为大名鼎鼎的湖畔花园是栋大别墅呢。

不久，湖畔花园迎来另一个人，他叫朱鸿。朱鸿，工号 24083，江西人，中学就读于江西著名的白鹭洲中学，这所学校前身为 1241 年创建的白鹭洲书院，文天祥正是毕业于此。朱鸿学习"一般"，一般都是全校第二，1995 年高中毕业被保送浙江大学，大学毕业被保送浙大研究生。1999 年，朱鸿本科毕业后的暑假，没有回老家，在浙大玉泉校区用 ICQ 搜索附近的人，搜到了一个叫"MM"的人，她就是戴珊。网聊两个礼拜后，一个雨天，朱鸿穿着黄色雨披，到湖畔花园面试，一面是东邪，二面是马老师。

朱鸿以兼职身份加入团队，工资 800 元。面试当天，师昱峰（狮子）问他会不会用数据库，他说不会，狮子扔过来一本书《轻松学会 SQL》。

朱鸿上班拿到的第一个任务是，在暑期结束前，上线一个全新设计的商人论坛。他花了一个月看各种论坛的功能和体验，然后，二当家（麻长炜）做设计，朱鸿又花了一个月把网站搞了出来。

暑假结束，朱鸿返校读研。正巧阿里巴巴搬迁到华星科技大厦，距离学校很近。他每天白天上课，晚上去上班。2000 年，公司全体去雁荡山团建，彭蕾对他说："你涨薪了，跟正常员工一样，每月 2500 元。"

在湖畔花园，工作很辛苦，但是很乐呵，改善生活的时候大家一起去吃肯德基，偶尔蹦迪。

2000年，世界时逢互联网泡沫，阿里巴巴流失了很多员工，一个秋天的夜晚，朱鸿与韩敏、金媛影等人在西湖边嗑瓜子聊天，"那个晚上风有点凉，大家不知道互联网的风朝哪个方向吹。"朱鸿说。2002年，朱鸿研究生毕业去美国工作，第一份工作是洛杉矶教育局，做他们的网站。2005年，去硅谷雅虎做搜索，这时，正逢阿里巴巴收购雅虎中国。"也或者说，因为雅虎有了和阿里巴巴的业务往来，才在美国招了一批中国员工。"

这算是冥冥之中朱鸿与阿里巴巴的第二次交集。2008年年底，许洁（工号：180）邀他回阿里。2009年2月，朱鸿回国，做淘宝广告平台架构师，他在美国7年之后，再回阿里，起了一个花名：一粟。

2013年，一粟接到三多（原名梅坚，工号：191）的电话，问他愿不愿意做来往，一粟问搞多大，三多说很大。一粟就加入了来往，同时加入的还有无招，一粟任架构师，无招是产品经理。2014年，无招去湖畔花园探索工作场景下的社交机会，也就是钉钉的雏形，一粟做技术支持，2015年，一粟加入钉钉，担任钉钉CTO。

一粟是与湖畔花园很有缘分的人，第一次兼职工作时，在此；做来往时，经常在此；做钉钉时，还是经常在此——他经历了从来往到钉钉的整个过程。

无招作为来往产品负责人，在来往快死透的时候，和6名小伙伴搬进湖畔花园，想在此浴火重生，但谈何容易。易统说："当时的感觉是没希望，一直是'晚上千条路，白天卖豆腐'的节奏。"无招说，只要没死透，就还有机会，他还提出四个字：向死而生。

向死而生，就是不放弃看似任何一个几乎无希望的机会。一天，他们拜访完客户，没找到任何机会，心情沮丧，拖着一身疲惫去吃臭豆腐，突然有人说，他认识一个老板，他的企业叫康帕斯，卖电脑的，正好距离湖畔花园不远，大家就去了。

这一趟，不曾想开辟了一个偌大的世界。去的人和接待的人，并不知道他们要联手创造一个美丽新世界——很多的历史时刻就是在默默无闻的坚持中不经意间创造的。

这名年轻的老板叫史楠，他很痛快地答应可以和钉钉共创，他事后说，最初，只是觉得多了一批年轻人"玩"，还不用自己开工资，慢慢地，他被折服了——长达半年多的时间，钉钉小伙伴每天提着油条豆浆，直接到康帕斯上班。

在这里，这批钉钉最早的程序员发现，企业员工大都会先到企业报到，然后，回到街头吃早餐。于是，企业和员工都认可的一个好想法成型了——员工可以在距离公司一定范围内自动打卡。"那几个月，我们沉浸在康帕斯，深刻了解中小企业究竟如何运转，企业运营到底有哪些痛点。"负责钉钉考勤产品研发的陶钧说。

康帕斯是钉钉第一个共创客户，也是第一个用户，是钉钉名副其实的试验田。史楠印象很深的一件事，无招和他聊免费办公电话，聊了五六个小时，星巴克打烊了，两人到马路上继续聊，聊到兴奋处，无招当即打电话叫来同事，一群人坐在马路牙子上开启工作。

大炮也是史楠的常客，他们合作钉钉教育项目，他对大炮两个特点印象最深，一个是"来者不拒"，大炮 2020 年仅一年，在史楠公司见了 300 多场次客户；二是"无中生有"，他和客户经常能从零谈起，先有一个简单想法，然后实践，几个月后做出一片天地。

钉钉新员工入职，无招常常建议他去找史楠聊天。史楠几乎像说书一样,从头给你捋他的"钉钉往事":"第一次使用钉钉内测版,给相隔一米的人发信息,竟然收不到……钉钉员工随时上门,有一次凌晨四点多,还来修 Bug……"

钉钉有一句广告语:创业很苦,坚持很酷。这其实也是钉钉人的自我写照。在湖畔花园办公,没有食堂,蹲在街头吃泡面,是当时的日常。后来,钉钉搬到龙章大厦,大家纷纷去"地沟油一条街"吃饭,其实,不是真用地沟油,只是餐馆档次不高,苍蝇乱飞,而且,天天吃,吃腻了,就觉得像在吃地沟油。有时,无招也会请人到附近"最豪华"的饭馆——一家面馆吃面。后来,才知道,他去这家面馆是因为"这家面馆用钉钉"。

2019 年春天,有一段时间,钉钉业务"压力山大",钉钉 CPO 澄真写了一篇小散文:每天早晨,148 路公交车上上下下,追逐梦想的路不管多难,始终有年轻人前仆后继,眼里闪着光芒。或许,有一天,有人实在忍不了拥挤的车厢、污浊的空气,最终下车了;也许,你跟他一起抱怨过,但你没下车——这就够了,实现梦想的路就是这样,挤一挤,忍一忍,熬一熬,疼一疼,走着走着,就看到海阔天空——听说,这段话打动了钉钉很多年轻人。

在钉钉之前,淘宝商城之后,其实还有一个项目是在湖畔花园孵化的,她的名字叫"菜鸟"。参与菜鸟湖畔花园筹建的有熊健、段浩、郝京彬等老将。面对着马云在墙上写下的"发展是硬道理",大家没完没了地"吵架"。那时,没有人搞得懂到底用什么模式,只有一点是清楚的—— 改变中国物流行业效率低下的现状,期待把物流占中国 GDP 18% 的比例降下来。

马云前来解围,提出三个要求:一是,搭建一张基础的骨干网络, 实现全国 24 小时送达;二是要做别人做不了的事情,要和别人协同合作;三是,员工不超过 5000 人,这意味着菜鸟自己不可能直接做快递。

他们酝酿做一个物流平台，没有快递员，没有送货车，但要做全世界最大的平台。当时，几乎没有人听得懂这个模式，万霖当时去招聘，不是他问人家问题，而是他回答菜鸟到底要干什么。

后来的菜鸟，大家知道了。2020年天猫"双11"实时物流订单突破22.5亿单，这些包裹连接起来，足以绕赤道16圈。

"很多事物本身没有意义，是你给了它意义。"马云打了个比喻，玫瑰花本身有啥意义？送给女朋友就有了浪漫意义。

湖畔花园也是。最初的创业者在这里选择"相信"，播撒"革命"的种子。从这里出去的后继者，一样选择"相信"，用一样的激情和奋斗赋予了它"创业圣地"的文化意义。

于是，它成了创业圣地。

道可道 35

苹果创办于车库，阿里创办于湖畔花园。

公司的原始路径起于创办地，创办地也注入企业发展的大量基因，更可以成为企业文化的重要组成部分。

36　让天下没有难做的生意

2017 年 11 月 21 日,天降小雨,雾霾连连。阿里西溪园区来了一位客人,加拿大温哥华商人祝春光。他不远万里,取道上海,再赶到杭州,到杭州东站已是深夜,就近住宿,一早赶到阿里。

他亲身感受到马云的多伦多中小企业论坛演讲在加拿大刮起的"马氏旋风",决定亲自跑到杭州看看。在 5 号楼 420 会议室,他第一次见到天猫国际的四名小二:朱启超、龙云、王秋实、王春峰。

一个小时后,祝先生满意而归,走前说:"真没想到,跟天猫做生意,比我想象得简单多了。"

祝先生在加拿大食品行业工作多年,这次来,想通过天猫向中国销售野生海参、燕麦米和野生蓝莓酒,但不知道咋做。四个类目小二给他的解决路径是:有的产品在开天猫旗舰店,有的产品在天猫直接运营,从产品品牌推广到销售以及售后服务,天猫提供一条龙服务,他只需要把货物发到中国。考虑到他的实际情况,发货也提供三套方案,最简单的是发到港口就啥也不用管了。

这就是"让天下没有难做的生意"。

加拿大商人祝春光（左二）行前专门拍照留念，"让天下没有难做的生意"，从墙上的口号嵌入到每个小二的内心，路途很远很远，路径很近很近。

几年前，就知道阿里巴巴曾有一位博客红人（那时微博尚未兴起），名叫子柳，他写过一篇点击量奇高的博客《从P1到P7：我在淘宝这7年》。进入阿里后，才知道，一个员工7年从P1晋升到P7是多么罕见和不易。

子柳2005年负责一个新项目——优化"我的淘宝"，为了这个项目，领结婚证当天就赶回单位，结果结婚证丢了，一天到民政局领了两次证。

新项目取名"alps"（阿尔卑斯山），子柳把电脑桌面换成阿尔卑斯山，加班时给兄弟们买阿尔卑斯糖……

快结束时，马云突然出现在他身后，子柳进行了复杂的演示操作，马云说:"我都不知道怎么操作,卖家肯定也不会玩。"被马云一说,几个工程师虽然心有不服,但还是做了一个测试版的发布,让部分用户体验新版本。

淘宝历史上第一个群体性事件爆发了:很多卖家愤怒了,都说不会玩。改了半个月,愤怒依然没有平息。后来,他们到论坛让大家投票要不要使用新版,一半以上反对。"十几个人做了3个月的系统,就这样被杀掉了。"同一件事情,站在不同的角度和立场,可能会有完全不同的结果。

多少年后,彭蕾对支付宝的人说,互联网的金融创新,就是让每个人、每个小企业都可以在金融的帮助下实现自己的梦想,而不是变成金融的奴隶。

"要让天下没有难做的生意,就得让融资变得容易。小客户也能享受到如大客户一样的金融服务。"她说,传统金融已经为大客户和富有的个人提供了个性化服务,对小微企业和大众微小而美好的服务就是支付宝的大方向。

怎样算是让天下没有难做的生意?

一位卖牛肉干的淘宝店主,5年内通过蚂蚁金服网商银行贷款3794笔,最小3元,最大56000元,创了全球金融史两项新纪录,最"小微"和最"频繁"——普惠,是生意赖以存活的"雪中炭";299个品牌在2019年天猫双11销售额过亿元——大卖,是助力企业腾飞的"锦上花"。截至2019年前10个月,在天猫,新品发售超过9000万款,500个品牌为此成立互联网新品研发部,美国零售行业每年平均推出约3万种新品,天猫新品是整个美国的3000倍。亚太智库高级研究员胡麒牧博士认为,企业成立互联网新品研发部,是因为新品消费在爆发,类似十年前B2C崛起时企业成立电商部。"这意味着,相比欧美固化的商品结构,中国的消费内需正在扩大,越来越新,越来越有活力。"更重要的是,美国3万种新品70%以上货架存活不超过一年,天猫助力品牌新品研发时间从2年缩短到6个月,并让新品成功率达到了 60%——无可置疑的数字彰显，天猫已经成为全球新品、新品牌、新商业模式孵化器，全球企业纷纷把最佳商业实践场景设定在中国，通过阿里商业操作系统快速拥抱数字经济。

"让天下没有难做的生意"这个使命至今未变，马云说，要坚守 102 年。这句话伴着阿里巴巴的创办，写在访客中心的墙上，这是向天下客户的承诺。也写在每个小二的心中，当所有事情无法前行时，就可以停下脚步，叩问内心，是不是符合阿里的使命，这是终极判定。

逍遥子有一次讲课时分析，"让天下没有难做的生意"，暗含一个没有直接说明的主语，让天下谁没有难做的生意？这个"谁"就是客户，更精确说是全世界中小企业。阿里巴巴是一棵大树，业务纷繁复杂，外人难以辨别，但是，用"让天下没有难做的生意"来卡位，就容易梳理清楚了。

最初的 B2B 包含两大业务，"中国供应商"解决中小企业出口难，"诚信通"实现内贸企业交易互通；淘宝、天猫、聚划算、速卖通、闲鱼、飞猪等完成直接交易；支付宝解决融资难，阿里云和钉钉实现业务和管理的云化；菜鸟则是直接秉持"让天下没有难做的生意"成立的，2012 年双 11 物流滞后引发爆仓，商家眼看着钱快到口袋了就是装不进来。7 年后，菜鸟从容淡定发送超过 12 亿件商品。逍遥子说，菜鸟不是做一个快递，不管自己送还是别人送，本质上都是让货物流通更快捷。

2019 年 12 月 27 日，阿里巴巴集团北京总部园区在朝阳区奠基。阿里巴巴发出一封信：《致北京：容我们做梦，让我们开始》，信中，阿里对自己的描述为：阿里巴巴从一个始于长城的梦想，20 年来，发展为一个覆盖电商、金融、物流、科技、本地生活、文娱及各新兴业务的数字经济体。从动态的时间维度看，阿里业务走过 "Meet in Alibaba"（B2B 业务，让买卖双方在阿里平台"相遇相识"），"Transaction in Alibaba"（2003 年之后的淘宝、天猫及支付宝等，买卖双方在阿里平台交易),"Work in Alibaba"(2009 年之后的阿里云、钉钉等,让大家在云上工作),以及目前的"Life in Alibaba"(阿里大文娱、飞猪、阿里健康等,以健康和快乐为主题的大消费);从静态的空间维度看,阿里巴巴头顶"两个飞轮"(扩大用户规模,扩大消费品类和内容);脚踩"五大基础设施"(支付金融、菜鸟物流、阿里妈妈、高德地图、云智能),手握一个系统(阿里巴巴商业操作系统),剑指三大战略(全球化、内需、大数据和云计算)。

那么,有人一定会问,阿里的这些"宏大"的战略与"让天下没有难做的生意"有啥关系?逍遥子说:"所有的这些内容都是由商家提供。"也就说,通过这些能力,阿里能够给商家带客户、卖商品——这,无疑是最重要的,也可透过老逍的另一句话来体会,他说,阿里用 20 年做了一件事,其实就是"让天下没有难卖的货"。卖货,是硬道理,是社会得以前行的重要力量。当然,未来 20 年,阿里需要做的是,通过数字技术,帮助商家不仅卖得了,还得卖得好、有钱赚,并可持续发展。

从这个角度就很容易理解马云的一句话:"说到底,阿里就是一家解决社会问题的公司。"

无招对"让天下没有难做的生意"有"面壁思过"后的大彻大悟。2013 年 10 月 21 日,无招到"来往"团队报到,当时有 20 多人,第二天扩充到 70 多人,不几天,到两三百人。没日没夜地干,发现"来往"花钱也推不动,团队的成员到大学推广说,来往非常像微信,装上还送你 5 元钱,结果,客户装完转身就删。于是,他领着 6 个人去调研中小企业。他们长期驻守在康帕斯,发现了所有公司的办公痛点:比如,9 个财务到月末忙得要死,还干不完活。

无招说,钉钉所有的点点滴滴,都是来自真实的企业痛点。在这个意义上,钉钉找回了自己的使命——"让企业办公更加简易、透明和公平"。

无招每见到一个陌生人，就会近似偏执地问，你装钉钉了没有，如果没有，不管多忙，他立马会给你装，嘴里还念念有词：全世界最好的企业办公软件，你咋能不装，太可惜了。如果人家已经装了，他会拉住你问，你感觉钉钉哪里不舒服，我们马上改。在钉钉工作区，我看到这样的一句话：钉钉的使命是让中国4300万家企业直接进入移动办公时代。

使命，如果不去践行，就是空喊的号子；不与时俱进，就容易教条主义。2015年，逍遥子在阿里组织部大会上，详细地对"让天下没有难做的生意"进行了辩证思考。"1999年时，互联网刚刚兴起；2003年做淘宝时，电子商务刚刚开始；到了2015年，人人都在说互联网+，在这样一个大时代背景下，重新审视'让天下没有难做的生意'，非常有必要。"2016年，他提出，通过乡村战略、云计算大数据、全球化这三大战略，重新定义"让天下没有难做的生意"。2017年12月9日，在中国企业领袖年会上，逍遥子说，很多人会问，你们阿里巴巴到底要进入多少领域？其实，很简单，"让天下没有难做的生意"依然是阿里的使命，所有的事情都是围绕这个使命展开的，只不过今天加了一个状语，变成：在数字经济时代，如何让天下没有难做的生意。"在数字时代下，如何让销售和营销更有效率，让制造和渠道更加智能。"

简单说，今天做生意的方法变了，阿里也要跟着变，解决企业新痛点。但是，阿里的使命不会变化，"在不同的历史阶段，赋予它不同的诠释、不同的内涵，持续创造客户价值。"

在阿里脱贫基金大会上，逍遥子领的KPI非常聚焦：把好的农产品卖出农村。这是一项真正需要梦想来完成的任务，中国地域广阔，情况千差万别，发展极不均衡，但是，只有真正帮助农民把优质农产品卖出去，他们才能实现真正富裕，变成"农业工人"，才能让农村不再"空巢"，每个中国人心灵深处的乡村情结才能有地安放。

让天下没有难做的生意,是豪情壮志,却需卧薪尝胆;是前所未有之路,就注定坎坷不平。

在大数据时代,阿里数万名工程师每天研究的是,如何运用技术让生意做得更简单。

道可道 36

> 让天下怎样没有难做的生意?
> 这道题,阿里巴巴已经做了 20 年,还要做 82 年。

37　一心只为赚钱的企业没有未来

湾头村是山东博兴县一个偏僻村庄，人均耕地不到半亩。2006年起，通过"草柳编"手艺，2000多名村民"网上"就业，开了800余家淘宝店。传统手工业与电商相结合的新实体经济开始成为一种新产业模式，驱动农村经济转型升级（《大众日报》2016年9月报道）。

这只是阿里巴巴经济体为中国提供4400万个就业岗位中的一个剪影。

2017中国国际大数据产业博览会，国务院副总理马凯听取阿里巴巴总裁金建杭"以创业带动就业"的汇报，大学生、女性、农村青年，纷纷通过阿里平台实现就业，仅在淘宝就有16万名残疾人开店，一年销售额为124亿元人民币。

国家信息中心发布的《"一带一路"大数据报告（2017）》，首次评选出"一带一路"企业影响力50强榜单，阿里巴巴排名第五，在民营企业中排名第一。今天的阿里巴巴，它构建的新实体经济生态圈（包含商家、第三方服务商、物流合作伙伴等），已经完全融入并成为中国经济转型升级的重要力量。

阿里巴巴融入百姓日常生活的衣食住行，积极促进通达社会血脉的全民就业，这是与其他互联网企业不同的独特社会使命。这一点，早在2011年，淘宝发生"十月围城"事件后，马云已经意识到。他反思，阿里巴巴小的时候，就是一个普通企业，调整价格是简单的企业行为，但是当商家和客户达到巨量时，每一项决定都不再是企业行为，首先要考虑用户的利益和感受，要考虑对社会的影响和责任。

观滔（工号：96836），硅谷海归，加入阿里，阿里西雅图分部22号员工，阿里巴巴通用计算平台负责人。阿里通用计算平台是阿里巴巴数据中心，他做这件事的初心是责任感。

他小时候到北京中关村玩，看到金山软件的广告词"为国产软件的发展而奋斗"。他在美国奋斗了10年，进入阿里。"现在是时候为国产软件而奋斗了。"他说，"如果我们把这个平台做垮了，中国就没有人能做这样的平台了。"

一个企业做得多大，在于企业能解决多大的社会问题，只为了赚钱的企业是没有出息的，也是没有未来的。

——这是阿里巴巴的思考逻辑。

时至今日，家国情怀已是马云首要考虑的大问题。在杭州黄龙体育场阿里巴巴18周年年会上，马云说，在这个节点开年会，不是总结成绩，而是思考成人之后的阿里巴巴对社会对国家该有何种担当。

这和18年前，阿里巴巴一出生就喊出的"让天下没有难做的生意"一脉相承，却又更加突出了马云和18岁阿里的"家国情怀"。

黄龙体育场在毛毛细雨中将阿里巴巴定格为两副面孔，一副是少年阿里，用雄心和血汗向世界证实了中国人完全有能力打造一家让世界尊重的公司；一副是成年阿里，以更加健硕的身躯创造让社会和世界更加普惠和共享的价值。

今天，站在一个转型期中国的全球高度，来看阿里巴巴在2019年新一轮组织架构升级中提出的全球化、内需、大数据和云计算三大战略，会形成一个更清晰的思想脉络。

——"全球化"是"中国根基，全球贸易"的企业版实践。"让天下没有难做的生意"，天下，不只是中国，马云几年来一直倡导的eWTP，不是阿里一个企业的事情，是以中小企业和年轻人为代表推动世界经济转型的中国方案，也是中国"一带一路"倡议的企业思考，还是中国经济审时度势对世界经济一体化做出的中国贡献和承诺。全球化，得益于中国两大独一无二的优势，一是，中国是消费大国，可以实现"全球买"；二是，中国是制造业大国，可以实现"全球卖"。由此，阿里提出全球买、全球卖、全球运、全球玩，eWTP是实现四个"全球"的重要路径。阿里有一个愿景，到2036年，服务全球20亿消费者，创造1亿就业机会，帮助1000万中小企业盈利。所以不难理解井贤栋在给蚂蚁员工的公开信中说："全球化市场的未来超乎想象，我需要在全球化中投入更多精力。"

——扩大"内需"是中国成为全球第一大消费市场的必由之路。释放内需、推动供给侧转型的核心抓手无疑是新消费，从产业和消费升级看，淘宝、天猫与阿里妈妈合力推进用户产品和商业产品统一策略下的创新；从下沉市场看，阿里"乡村战略"直指农村供销、农村物流、农村金融三大难题，村淘承担"供销"职责，解决农民买卖、农资采购问题；菜鸟是邮政快递体系的有益补充；蚂蚁金服有效弥补农业银行、农村信用合作社"进城"后形成的金融空白。阿里还全面打通盒马、村淘、智慧农业等业务，更高效地沉入和服务三农。

——"大数据和云计算"是阿里从 IT 走向 DT，最终形成的中国自主的云计算普惠能力。2019 年双 11，阿里核心系统 100% 上云，阿里推进技术与商业结合，实现商家"即插即用"，极大减低企业技术创新成本。阿里巴巴的发展，实际上是以数据为核心的数字经济、互联网经济与实体经济充分交汇融合的过程，云计算，是让整个社会基于数据完成生产销售和客户价值的挖掘；钉钉则是让不管身处何种阶段的企业一起迈向数字化管理时代。

三大战略互为补充，全球化促进内需，内需撬动全球化，数据和云计算又是实现全球化和内需的技术支撑点，如果没有内需和全球化场景，数据和云计算又无从建设。比如，中国目前面临的不是供给不足，是有效供给不足，问题在于供给和匹配能否达到更好的效率，数据是解决这个问题的关键，不管是云计算，还是 eWTP，本质都是对数字经济的预判，都是通过数据广泛驱动消费侧，以此再驱动供给侧，完成发展闭环。

三大战略关乎阿里未来 20 年发展，未来 20 年也是中国由发展中国家迈向发达国家的关键 20 年。"这对我们提出基本要求，在阿里数字经济体里，通业务、通文化、通技术、通人才、通组织保障，一张图、一颗心、一场仗。"逍遥子说。

三大战略不是好高骛远，是实实在在地发生着——2019 年 11 月，阿里巴巴接连发生了三件大事：第 11 次双 11，回归香港上市，王坚当选院士。双 11 印证了内需的旺盛；香港上市是全球化的缩影；王坚当选，说明云计算在中国越来越重要的现实意义。逍遥子说："阿里这三件喜事，背后有着相同的东西，说明中国正在昂首挺胸迈向数字经济时代，新经济扑面而来，我们不只是感受到它的气息，已经是融入其中了。"他还曾坦言，数字经济是中国巨大的机遇，无论是新四大发明（高铁、支付宝、淘宝、共享单车）还是天猫双 11，在各个数字领域，中国都是全球领先的。今天的中国年轻一代对整个数字化生活的拥抱和习惯程度，远远走在前面，我们会在全球形成更多的中国方案。

阿里巴巴 20 年无可置疑地证明了一个道理：当今的中国是最美好的创业时代，无尽的创业机会就隐藏在看似纷繁复杂的各种社会问题和矛盾中。得益于中国政治稳定、社会稳定，经济发展快速，也得益于"一带一路"带来全球发展机遇，如此巨大的时代背景下，拼政策、拼资源、拼关系的老旧创业模式迅速瓦解，成功的大门正等待共享的互联网思维和独特的创新意识来一次次打开。

最新印制的《阿里土话》中有一句话深印脑海：每一个阿里人的最大责任是国家情怀。

道可道 37

> 企业小的时候比谁跑得快，企业大的时候比谁担得多。
> 一个企业做多大，不在于赚了多少钱，在于解决了多少社会问题，看它是不是让社会更公平、生活更美好。

38　马云是一个"非常独特的存在"

陈伟一口气写了三本马云的书:《这才是马云》《这还是马云》《这也是马云》。我也有个梦想,将来哪一天,我写一本《为什么是马云》。

马云的办公室在哪里？我不知道。我一共见过马老师四次。第一次,在海南为 100 名乡村教师颁奖；第二次,在"百湖 35 期"课堂；第三次,我去参加他的公益会议；第四次,参加他出席的阿里巴巴脱贫基金启动大会。

我,作为一个只见过老板四次的人,想对老板做出一个中肯评价,很难,但是作为一个小二,从自我微小视角和狭窄视野谈谈对老板的真实感受,并不难,因为他作为阿里巴巴的灵魂人物,无处不在。

八名小二在千岛湖勇救四人,他马上出来点赞。有时,他会突然出现在食堂、办公楼或 9 号展览馆。

在阿里,马云负责"仰望星空",提出宏伟蓝图,外界有时称之为"吹牛"。20 年前,在十八罗汉首次碰头会上,他就竟然说,要做一个中国人打造的世界公司,当时大家都认为他吹牛,2014 年,他带领公司到纽交所敲钟；创业初期，他说中国未来一定是电子商务时代，那时没有智能手机，电脑都是大学实验室才有的，如今，中国农村都已迈向智能时代；他说，未来，纯电商会消失，新零售时代会到来，如今，线上线下融合发展的场景越来越普遍；现在，他又说，阿里巴巴要变成全球"第五大经济体"，服务全球 20 亿名消费者，创造 1 亿个就业机会，实现 1000 万家企业赢利。

这个"牛"单靠中国市场已经无法实现，阿里全球化战略正在布局。2017 年 3 月 22 日，马来西亚 MDEC（数字经济发展机构）与阿里巴巴达成战略合作，双方打造中国以外第一个 eWTP（全球电子商务贸易平台）试验区。eWTP 是一张以全世界中小企业为核心的新商业文明蓝图，覆盖全球 80% 的企业，全球买、全球卖、全透明、无障碍，24 小时通关，72 小时送达，贸易规则平等——真正实现"让天下没有难做的生意"。

多少年后，全世界中小企业家们或许都会想起，马云曾经在遥远的 2016 年空中飞行了 800 多个小时（相当于一个客机飞行员年飞时间），走访了 33 个国家，不停斡旋，用 eWTP 蓝图，力促打破国际贸易壁垒。

扎克伯格说，我们常常对未来两年好高骛远，却对未来十年鼠目寸光。今天，马云已经把目光聚焦到三十年后，提出"NASA"计划，打造达摩院。

时光回到 2009 年 2 月 17 日，北京邮电大学。学生问马云，有人说阿里巴巴是马云忽悠成功的公司，你自己怎么看？他说，忽悠是把自己不相信的东西讲给别人听，我一直都坚信，那就不是忽悠，而是信仰。

马云，就这样不畏风险地站在前方，预判和引领中国电子商务乃至大数据时代的到来和发展；同时，他又会远远站在团队的后方，像麦田里的守望者，呵护着阿里巴巴的一路成长。

阿里弱小时，他说草原上只有饿死的狮子，没有饿死的蚂蚁。淘宝初创，面对美国巨头 eBay 的"大敌压境",他笑着说:"打拳碰到泰森,你可能会认为很倒霉。其实,能够找到世界一流的对手,那是一辈子的幸运。我觉得淘宝能够向 eBay 学习,那是福气。"

大家对未来迷茫时,他说,今天很残酷,明天更残酷,后天很美好。

阿里逐渐强大时,他说,别人说我们很差的时候,其实我们没那么差,别人说我们很好的时候,我们也没有那么好。

新进员工手忙脚乱时,他幽默地说,大家刚来要慢慢熟悉,不会一下就弄清楚阿里的,阿里没有那么浅薄,水"深"着呢。员工开始卖股票时,他向全体小二发问:成了有钱人,咋寻找新激情?还给出了答案,重温阿里价值观和使命。

有一次,他受邀到香港演讲,一个自称富豪、连用 5 个"顶级"来形容自己的男士向马老师发问。马老师回应,成功在于情商、爱商、智商和文化底蕴,哪怕真是顶级,也要永远说自己第二。他在公开场合,很少讲述企业经营韬略,多讲述人如何在人情社会中展现自我、沟通他人,并为社会做些什么。

马云,始终以马云式的微笑示人,那是在纽约敲钟向世人招手时的微笑,也是在企业召开紧急新闻发布会上的微笑,还是在每年阿里日为 102 对新人证婚时的微笑。

我们不知道他的内心是否也曾沮丧过,只知道,他也有七情六欲,只是与常人比更能控制自己的情绪。也如格瓦拉所说:只有坚强起来,才能不失温柔。

入职阿里,外界朋友问我很多的一个问题是,你们阿里是不是搞马云的个人崇拜?在阿里园区,楼体只挂了一幅标语:感谢曾经努力的自己。

园区湖边有一个图片走廊，全是大型照片，没有马云的一张，都是各地公益组织的领头人。马云有几张笔记本屏幕大小的照片，贴在楼柱上，是他和合伙人分别给"五年陈"的小二"受戒"。

寻遍各栋大楼，终于在2号楼2楼的阿里十派之家"画墙"上找到一张马云的大幅照片，漫画形象，配了一句他在员工集体婚礼上征婚时的"名言"：爱是做出来的。

从一定程度上说，外界更愿意把马云当作明星，在阿里，小二把他看作是一个好玩的老板而已。

马云，是表里如一的"高调"人。

"中国人喜欢低调的人，我算是个另类。"他说，"有人觉得我怎么那么高调？唱歌、拍电影，该折腾的都折腾过了。其实，人的性格决定命运，

38 马云是一个"非常独特的存在" | 363

这是我自己的性格。"

"高调"意味着透明，"阿里巴巴做到现在，有责任与媒体交流，去倾听社会，我们做的，思考的，对与错不重要，希望媒体关注我们，监督我们。"他说。

外界看到的是风格高调的他，说话简单直接，甚至被人批评"口无遮拦"；在阿里内部，也是有啥说啥，简单、单纯，这也成为阿里的做事风格。

他曾说，最忌讳主管与员工谈话，本是批评，结果先表扬很长时间，最后委婉批评几句，员工还以为本是被主管表扬。

纪伯伦说，心灵本是纯洁简单的，心灵的表现也应该是纯洁简单的。

马云有时在我看来，又是"矛盾"的人。可以一年飞 800 多小时奔赴世界各地，会见各国首要，推广他的 eWTP，做他的"大事情"；也可以转身静悄悄地跑到杭州植物园和小朋友们一起画画，一画一上午，做他的"小事情"。

他能在人人指责汶川地震只捐一元钱时，不做任何解释；也会在雷公太极雷雷被散打狂人 10 秒 "KO" 后，赶紧出来表达自己的"太极观"。有人说他在太湖边有一片价值十亿元的园林，网上热议几个月后，他趁国庆期间匆匆做了一个幽默回应：要是有，立刻捐。有人提议给中小企业加税，他立刻出来，疾呼要加税，给阿里这样的大企业加，中国需要放水养鱼，让更多小企业解决就业。

马云是性情中人。在杭州很多年前的一个黑夜，瘦弱的他骑着自行车，路遇"偷井盖"的人，敢大喝一声："快给我抬回去。"

也能在多少年后，被一个前员工折磨得够呛，直接公开说："这个混蛋，让我见一次打一次。"

他说，平常心乃平凡正常之心，欣喜时犹如顽童，愤怒时大声骂"靠"。今日中国，有多少人带着大"假"风度？又有几人真是大家？

马云的第一份工作是老师，老师就是分享。"人家怎么看我？我也不知道，其实我都想过死掉以后，墓碑上写什么：杭州佬，喜欢太极拳，干过很多事，顺便还做了一个企业……反正我希望我自己活得快乐一点，尤其是今天，我越快乐，我的同事们就越快乐。"

这个世上，马云自称有三个自己：一个是大家想象中的马云，一个是当企业老板的马云，还有一个是"内心的自我"。

马云是融汇东西的人。英国诗人、最年轻的诺贝尔文学奖获得者Kipling曾写过一首诗《东与西之歌》：东方是东方，西方是西方，东西永远不相逢，直到地老与天荒。

100多年后，马云戴面具、骑哈雷、扮杰克逊，在杭州阿里年会的一段热舞，刹那间就在Twitter、Facebook刷屏。事实上，很多人对Kipling的诗没理解完整，这位出生在印度、成长在英国的才子，本身就是"东西合璧"的结晶。《东与西之歌》结尾是：两个巨人面对时，不分种族与疆界，不分东方与西方。

2017年11月，最新一期澳大利亚《金融评论》刊登标题为《为什么阿里巴巴创始人马云不是典型的中国企业家》的文章认为，马云是"独特的，感情横溢的，有人性的谦卑管理者"，他是中西管理风格融合的象征。《金融评论》说，传统的中国企业家总是板着脸，"非常死板和端着"，也不像马云一样"感情四溢"。在中国，马云是一个"非常独特的存在"。

文中说，阿里巴巴员工对马云年会表演的欢呼声差点喊垮了屋顶，"他们热爱杰克·马的表演，因为这让他们知道商业领袖人性的一面，商业领袖也有弱点,马云的表演,不是为了完美,是让自己的员工开心。"

这个媒体的报道是中肯的,扮杰克逊时,马云说,台下排练好好的,一上台,紧张,全乱套了。他还说,"虐"员工们一年了,年会上,"自虐"一次,让大家开心。

马云是喜欢逆势思维和发散思维的人。总是不按常理出牌,对事物认识与众不同。仅举一个案例,这些年,他把阿里巴巴变成"动物园",一个个取自动物的名字,引发外界从动物、植物以及水果中取名的跟风热潮。

马云是胸怀宽广的人。同一个世界,不同的态度就会有不同的结果,当年,王坚领导阿里云,被骂要多烂有多烂,他看到的却是这个团队的顽强。

很多企业上市,老板变成了富翁,其他人还是打工仔,马云稀释了自己绝大部分股票,让全体员工一起分享劳动成果。

在杭州电子工业学院,马云表现出一个重要的特点,以他的豪情、魅力和良善,最大程度地整合有限的资源,使得他"桃李满天下",这些学生成为他创业打拼的"黄埔学员",还有一批栋梁之才是他在杭州夜校教英语时培养出来的。

在中国乃至世界,很少有企业像阿里巴巴,不仅制造出一个明星老板,还拥有灿若繁星的一大群名人,从合伙人到高管,甚至到阿里各个 BU 的老大和一线小二,都是盛名在外。有人说,假如目前各 BU 老大全部拿下,下一批人才会自动补位,阿里价值观和文化日臻成熟,一茬一茬割韭菜,都已问题不大。

马云是有情有义、懂得感恩的人。澳大利亚老朋友莫利帮他第一次走出国门,32 年后,他去莫利家乡纽卡斯尔大学捐赠 2000 万美元,设立马云 - 莫利奖学金,回报莫利对他上大学时 200 澳元的资助。这段忘年交,成为中澳民间交流的文化典范。

他在杭州电子工业学院的外教同事比尔，第一次向他介绍了互联网，并在他的介绍下，马云得以在西雅图接触到互联网。20年后，他到西雅图去看望比尔及家人。"感谢比尔，感谢西雅图，感谢20年内所有帮助过我们的人。"马云说。

马云微博截图。

马云又是从创业开始就总在被误解的人。他去推销中国黄页，被很多客户说是"骗子"。创业起步时，破天荒地被《福布斯》采访，被质疑是花钱买的。

当时的马云连上杂志封面"必须穿带领的上衣"也不懂，穿着T恤衫就去了，摄影记者只好把自己的方格上衣脱给他，老外高高大大，马云穿上基本成了睡袍，无奈做了一个双手握拳的熊抱姿势。后来多少年，媒体经常翻出这个封面,说,马云,从企业很小时,就充满爱斗的性格。

有时,我们看到的不一定是真相,逻辑完全顺畅的猜测可能恰恰有完全相反的结果。

他发微博呼吁《像治理酒驾一样治理假货》,顺风而呼而闻者彰,点赞超过 20 万次,当然,也有人跟帖说,这是把打假责任推卸给社会;他在一次特定的语境说,他后悔创办了阿里巴巴,有人回应"无形装酷";他为澳洲大学捐款 2000 万美元,有人质疑,这钱为啥不捐给国内?他跑遍全球力推 eWTP,被人说"阿里巴巴要征服世界";他与王菲合唱,出演《功守道》,指挥爱乐乐团,有人说,有钱,任性,糟蹋艺术;在乌镇互联网大会,他穿了一件加拿大"鹅",有人质疑为何是女款,有的甚至推断他的"爱好",记者问起,他笑了:我根本不知道是女款;他在浙商大会上说,一个月赚一二十亿元让人很痛苦,被人拼命怼。事实上,还有后半句：因为这个钱已经不是你的了，拿回来以后，你得把事情做好。这句话的意思，他在很多场合都表达过，比如，他说所谓"首富"，应该是"首负"，是自己要更负责任地回馈给社会——其实，有的人不是不明白马云的意思，是特意歪曲，不这样，怎能吸引眼球……

这是一个激烈碰撞的时代，思想上的迥异源自立场的多元和生存环境的千差万别，还掺杂着交织如网的利益关系。今天，各大新媒体平台，只要沾上"马云"两个字的内容，点击量就迅速攀升，若批评马云，点击量则成倍暴增。同样，很多人没到过阿里巴巴，建立在推理和想象之上的评价和认识，可能会有高屋建瓴的深刻，也可能会有盲人摸象的偏颇。

马云究竟是谁？

他从来就不是以单面形象示人的企业家。他是上学时的学联主席，是杭州的大学老师，是湖畔大学的校长，也是阿里巴巴董事局主席。他是爱好金庸的武侠迷，又是文艺青年，他喜欢打太极，唱歌，拍电影，演魔术，有时也唱京剧。他是乡村教师代言人，是联合国特别顾问，也是员工集体婚礼的证婚人。他的工号是1号，也是阿里巴巴志愿者1号，他有马云基金会，还任职桃花源生态保护基金会和全球大自然保护协会。他是阿里巴巴的灵魂，亲手缔造了阿里巴巴，却又有条不紊地相继交棒CEO、董事局主席的职位。

……

如今的马云，正在被社会"神化"。

"机场我的'书'，网上我的'话'，我不仅'名下'资产无数，而且'著作等身'，这几年，我还突然多了'风水大师''策划大师''私人助理'，辛苦你们了。"马云说，这是他不愿看到的社会现象。

阿里美国上市，网上说，马云说了，今天对我爱搭不理，明天让你高攀不起。连他自己都快信了，赶紧去翻看发言："我哪里说了呀？"

社会分工越来越细，当所有领域都奉马云为经典时，这的确是可怕的事。马云自己都说，我没有大家说的那么好，有的员工说因为马云才来阿里，这是不对的，每一个人，远看可能挺好，近看都有他的缺点。

在我看来，马云最为成功的地方，对企业自身来说，不是创办了阿里巴巴，而是以宽广的心胸建立一个所向披靡、充满人文关怀的团队。对社会和国家来说，他以自身的经历，告诉中国人，当今时代，人人可以立业，可以成功，告诉世界，中国人完全可以创造出一个伟大的全球公司。

道可道 38

没有人知道，未来到底能不能成功，我们只能选择尝试。

这是最好的时代，也是最拼的时代，这是我们所有人的时代。

39　杭州为何能孕育出阿里巴巴

中国共产党第十九次全国代表大会纪念邮票于2017年10月18日发行，邮票小型张图案选用天安门、华表作为主体设计元素，融入深圳、上海、杭州城市风光和国歌曲谱元素，体现了同心共筑中华民族伟大复兴中国梦的主题。

北京、上海、深圳、杭州。近一两年来，杭州被各种排行机构纷纷纳入中国新一线城市行列。阿里小二出差去北京，经常遇到朋友说，以前的"北漂"变成"杭漂"了。

孔雀东南飞。也有更多人提出一个论断，杭州之所以迅速步入"一线城市"是因为阿里巴巴。原浙江省省长李强说："我也会想为什么是阿里巴巴，是马云，是浙江？"

一个企业和一座城市的关系，不好论述，作为小二，我内心深处这样认为：彼此成就、东成西就。如果没有土壤，没有合适的水分和空气等适宜环境，一粒种子再牛，也不会发芽。另一个维度是，土壤是一样的，树木为何参差不齐？

三秋桂子，十里荷花，钱塘自古繁华。

杭州，山河湖江交融。河，是人类的起源，生生不息孕育了人类文明。至今仍在使用的京杭大运河贯通钱塘江、海河、黄河、淮河和长江，构成举世罕见的、最完整的水系交通，这是构架一个大型城市非常完美的地域条件，也是孕育优秀企业的沃土。

1843年，上海对外开埠，取代杭州，一跃成为远东第一大城市。百余年后，中国改革开放，杭州未被列入14个沿海开放城市，一度成为偏居一隅的小城，在很多人眼中，杭州就是围西湖绕一圈罢了。

没有大型国企，工业基础落后；地少山多，农业难以发展；没有特殊政策，无法瞬间崛起；没有发达的高校教育，难以形成南京、成都、武汉甚至合肥的人才供应链。

然而，昨天所有的劣势都可能是明天改变的优势。改革开放短短几十年，在极其有限的条件下，以杭州人、宁波人、温州人、义乌人等为代表的浙江人，把家当公司，把家人当员工，一夜梨花，创办起无数小工厂，几经转型升级，"浙商"品牌享誉全球。"浙商"身上体现的不怕吃苦、敢为人先、团结协作的新时代企业家精神，汇聚成博大精深的"浙商文化"。胡雪岩说，为别人打伞，别人才能为你打伞。这是"浙商文化"；马云说先让别人成功，自己才能成功，也是"浙商文化"。

阿里巴巴正是在这种背景下诞生的，浙江遍地的民营企业顺势成为阿里第一批客户，"让天下没有难做的生意""立志服务全世界中小企业"……这些理念莫不根植于这片土壤。

阿里巴巴美国上市时，马云感慨地说："Small is beautiful,Small is powerful."

杭州是一座宽容的城市。能容下佛教、道教及其他各种教派，建于 1700 年前的灵隐寺至今香火旺盛。

李叔同，1912 年赴杭。两年后，加入西泠印社。再一年，写下家喻户晓的《送别》。又三年，剃度出家，号弘一。圆寂前留下四个字：悲欣交集。

杭州能容下岳飞的怒发冲冠，辛弃疾的怀才不遇，秋瑾的大义凛然；也能容下西施、苏小小、柳如是一个个美女的婀娜多姿；还能最终让司徒雷登安息于此。唯独不能容下秦桧。

杭州又是一座哺育浪漫和灵感的城市。

白娘子和许仙，留给杭州的不是仅一个传说，而且是一种精神。白娘子是仙，是妖，不重要，重要的是她"脑洞大开"，要享受人间恬淡的自然生活，还给许仙生孩子。许仙，木讷，甚至傻乎乎，不重要，重要的是敢于跳出藩篱，追求浪漫自我，敢于冒险尝试，并不离不弃。纵然法海万般阻挠，刀架脖子上也不悔。

从 B2B 到淘宝、支付宝、天猫、菜鸟、云计算、新零售……没有浪漫之心，就没有创意，就走不出原点，只能晚上千条路，白天卖豆腐；没有坚忍不拔的尝试，就不会走到终点。

这是烟雨江南，水之柔，能让人想起戴望舒的《雨巷》；水之刚，能让人想起茅盾的《白杨礼赞》。这是创意杭州，一个伟大企业的核心竞争力，就在寺院的茶香中，在沿河而行的小船里不经意间产生灵感。

杭州是马云从小生活的城市，他 1964 年出生，爷爷抗战时做过保长，后来被划为"黑五类"。取名"马云"，希望他乖巧懂事，少惹是非。

陈伟介绍，受家庭影响，马云小时爱唱京剧，《红灯记》《沙家浜》唱得有板有眼，马云的爸爸骄傲地说，马云能从头唱到尾，旁边的念白都不会错。

马云小时候还经常陪外婆去寺院烧香，外婆对着菩萨说保佑全家健康发财。他对外婆说，大家都这样拜吗？外婆说是呀。他说这样拜菩萨是不行的，外婆吃惊地问为啥不行。马云说，第一，大家都一样的拜法，菩萨记不住。第二，不能跟菩萨直接要东西。外婆说那咋拜合适。他说，菩萨，你一定要开心，你开心了，我们才会开心；菩萨你一定要快乐，这样我们才快乐；菩萨你一定要赚很多钱，然后分给我们一点。

多少年后，马云在阿里经常说一句话：帮助他人，成就自己。

网上充斥着马云小学读了8年的消息，陈伟做了解释，马云上的小学名字叫杭州中北二小，读了五年，考初中，他们一个都没考上，教育局直接把这所学校升成了初中，并不是真的上了8年小学。一个没考上，也不是因为所有学生都笨，是因为中北二小是当时唯一一所实验小学，学的课程不一样，考的却是一样的试卷。

在陈伟看来，中北二小对马云的影响是巨大的，这是杭州唯一一所从一年级就教英语的学校，尽管英语老师是学俄语的。校长说就一个外语老师，能教俄语就试着教英语吧。这位老师只好现学现卖，每天晚上去学英语，第二天教给学生。这名俄语老师的重要作用不是教会了马云英语，而是让他喜欢上了英语。

"如果马云当时读了任何一所其他小学，今天会不会淹没在茫茫人海中？"在一个阳光明媚的下午，陈伟在太极禅苑讲课时寓意深长地这样说。

马云13岁因打架被记过，转入杭州八中。中考两次，考入一所普通高中，有一次，数学只考了31分。1982年，马云第一次参加高考，落榜，数学得了1分。作为文联职工子弟，到文联做临时工，骑三轮车送杂志，月薪

39元，在当时也够养活自己。3个月后，迎来人生重大机遇，文联一位正式职工退休，按政策可以由临时工顶职。当时，符合条件的5人，五选一考试，马云第二。

陈伟说2018年马云和他聊起这个事时还感慨："当时的第一名就是作文比我高了一分，也不知道是哪个老师批的作文。"

马云口才好，在干临时工期间，培养出了几个"最佳"辩手，有一个比他大10岁，他的名字是钟睒睒，他创办了农夫山泉。

期间，马云还与表弟去酒店应聘服务生，表弟被录用，他被拒，理由是：又瘦又矮，长相不好。马云还有一个表弟，到阿里巴巴应聘了三次也没成功，这是后话。

1983年再考，落榜，数学提高到了19分。他们5个哥们一起复读，结果一起落榜。他们一起走进浙江大学，在草坪上"仰望天空"。一人说，两年都没考上，死心了，去找工作；一人说去参军；还有一个人说，追随父亲去当警察，后来真的考上了警察，还当上了杭州市公安局刑警大队队长，这个人就是今天的阿里巴巴党委书记、秘书长邵晓锋。

马云当时望着漫天的繁星说，今天晚上回家如何向妈妈交代？1984年马云第三次复读，数学升到89分，总分离本科线差5分。由于英语专业未招满，破格录取为杭州师范学院英语本科专业学生。入校第一天，马云发现他的英语水平比老师高。

陈伟1984年考入浙江大学，他和马云同一年上大学，"后来，发现杭州学联主席竟然是杭师院的，名字叫马云。"

陈伟在太极禅苑与创业者分享时说，柳传志、郭广昌、虞锋等企业家探讨人生哪个阶段对企业家很重要，他们一致认为，在大学当学生干部很重要,不按部就班读死书很重要。

陈伟做了一个比喻,仅有学习能力是不够的,掌握知识好比是你有了假肢,只有在社会上摸爬滚打,掌握智慧,才能获得真肢,才能真正参与人生的奥运会。

基于这些经历,马云成为全世界年轻人的学习榜样,因为"马云如果能成功,世界上80%的人都会成功。"基于这些经历,也就不难理解,马云总是挂在嘴上的一句话:杭师大,是世界上最好的大学。

马云从1992年创业,无数次风吹浪打,总能"万里烽烟,一犁膏雨",从小屡败屡战的人,多一次失败又如何?哪怕在北京最落魄的日子,在宾馆睡完两个小时,走到长安街,他还是对自己说:重新来过。在创业推销时,一单签不下来,他说,正常。一旦签单,他就说,真厉害。

马云并没有比常人更优越的生存和创业环境。在西湖边跟老外学英语,不是马云独有的机会,谁都可以,只是他数年如一日坚持不懈,最终练成一口常人难以企及的英语口语。多少年后,西方媒体都很纳闷,一个从未出国留学的中国人,英语怎么说得如此地道。正是他的英语式思维,让他与西方政要和商人游刃有余地交流。

1988年,马云大学毕业分配到杭州电子工业学院当英文老师,这也不是他独有的经历,老师很多,英文老师也很多,但是,他的好奇让他紧紧抓住了一个极其重要的机遇。

1994年,他们学院的外教比尔,从美国西雅图家中回到学校,见人就说他的新发现:在西雅图见到了互联网。别人听完就过了,马云仔细询问到底啥叫互联网。

1995年4月,马云作为法律顾问前去美国帮助浙江一家单位"催债",

这是他第二次出国。第一次是1985年，拿到去澳大利亚的签证，去看望莫利，那一次，他在澳大利亚住了29天。"这29天在我生命中至关重要，知道了外界是什么样子。"

他向纽卡斯尔大学捐赠时说，这个奖学金用于支持那些想自己看看世界、经历它、用自己的脑袋思考它的人们。

马云满怀着喜悦的心情飞到美国，目的地是洛杉矶，到了才发现对方所谓的美国商人是个骗子，露出手枪吓唬他，还把他锁在别墅房间里。历经磨难，马云逃出魔掌，一般人肯定会赶紧飞回中国，他则飞去西雅图。马云去西雅图，是为了满足一个好奇心，实地见识一下互联网的模样，比尔的女婿当时在西雅图唯一一家互联网公司上班。

接下来的故事几乎人人皆知：马云在电脑上战战兢兢敲一个单词："Beer"，唯独没有中国啤酒；又搜索"China"，结果是"no data"。

美国朋友帮忙把他创办的杭州海博翻译社挂在网上，这是中国企业不经意间在互联网上挂出的第一个网页。三个小时后，正在逛街的马云被紧急叫回去：翻译社已经接到五封 E-mail。

1995年，"触网"的中国人很少很少，"触网者"基本都是留学生，唯独马云的这次"触网"，坎坷而传奇。同样是"触网"，很多人想到的是如何学会上网、打游戏、发邮件，很少研究其隐藏的商业逻辑，等人人都知道这是商业模式时，已经没有先机。

企业家思维就是相比常人更能搞清楚表象背后的商业本质。马云"触网"看似偶然，实则必然，如果不是一个好奇的人，就触不到；如果不是一个敢于争取的人，也不会"单刀赴网"。

都说机遇垂青于有准备的人，这种准备往往不是单纯的学识、素养以及人脉等,更重要的可能是好奇之下的胆识和坚韧。这五封邮件对马云乃至中国电子商务发展影响巨大。

第一,马云从此对互联网深信不疑,并坚定地认定,互联网可以改变生活甚至世界。

第二,他把翻译社挂到网上,不经意间,宣告了一种商业模式的诞生。他回国后,来不及倒时差,立刻召集了24个朋友介绍这个商业逻辑,23人反对,只有一人说可以试试。

这个人叫何一兵,马云的大学同学。

1995年3月,马云自己拿出几千元,向妹妹借了一万多元,凑足了两万元创业金。同年4月,中国第一家互联网商业公司杭州海博电脑服务有限公司成立,三名员工分别是马云、张英和何一兵。马云任公司经理,何一兵任副经理。

那一年马云刚过30岁。5月,这家公司上线中国第一个互联网商业信息发布平台——中国黄页。同年9月,马云辞去公职。从中国黄页到阿里巴巴B2B,依稀看到翻译社挂到西雅图网站的影子。此后,阿里巴巴一路绝尘,走出一条绝世无双的未来之路。

杭州是马云创业的起步地,他也曾想过到北京大展身手。1995年创办中国黄页不久,进军北京推销黄页,落魄的样子被记录在央视纪录片《书生马云》中。1997年,他带领团队再次进京,这一次,他把家都搬过去了,14个月后,二次铩羽而归。1998年,马云去了一趟美国。

"这是马云最沮丧的时候。"陈伟说,"他知道互联网是未来,但是撞得头破血流,马云感到这项事业不是他这样一个既没有家庭背景又没有留学经历的人能完成的。"

这是马云唯一一次决定要放弃的时候，真的感觉已经走投无路了。那时，他刚好住在一座教堂附近，第二天他又经过这里，突然教堂放了一段录音，是丘吉尔的二战演讲：Never never give up。听得马云热血沸腾，满血复活。马云说："我清楚地感觉到，丘吉尔是对我一个人说的。"

听完演讲，马云跑到一个小餐厅，拿了一张纸，向女招待要了一支笔，给新企业起名字，写满了一纸张，拿给女招待看，她说她就知道阿里巴巴。阿里巴巴的名字就被这样"内定"了……

再回杭州，他把公司老老实实安在湖畔花园家中。阿里巴巴一上线遭遇互联网泡沫，海外公司一路关停，公司业务再一次回归杭州。也或，他们已经真正意识到：做一家世界伟大的公司，不一定非得把公司总部设到国外去。

1992年，海博翻译社创办初期的马云，年轻、阳光。

于是，今天的杭州有了一张耀眼的名片：阿里巴巴总部。

逍遥子在2017年杭州第二届全球跨境电商峰会上说，阿里巴巴是生在杭州、长在杭州的企业，很多创新、发展都是基于杭州这片土壤孕育和发展起来的。在逍遥子看来，阿里巴巴在杭州这片土壤上孕育的创新，已经使得阿里巴巴不再是一个电子商务企业，而是包含电商、金融、支付、物流、云计算、大数据在内的，能够提供数字经济时代所需要的一种基础设施。

马云在2017浙商大会上说，全世界著名湾区有东京湾、纽约湾、旧金山湾等，杭州湾也有这个格局，我们的地理位置，加上未来的全球经济一体化，以及技术革命，将给杭州带来无数的机会。

2019年9月7日，在阿里创办20周年之际，阿里巴巴以"全体阿里人"的名义写了一首《致敬杭州》的诗歌（节选）：

谢谢你 杭州

读懂我们最初的梦想

一样的基因 一样的坚持 一样的担当 一样的未来

你的湖山 你的烟雨 你的诗情 你的杭铁头……

我们的淘宝 我们的蚂蚁 我们的菜鸟 我们的平头哥……

真情切意，这是阿里巴巴对杭州的感恩。

杭州市委、市政府授予马云"功勋杭州人"荣誉称号，感谢马云20年来"始终引领创新潮流，扛起社会担当和家国情怀的勇气和执着"。马云回应，没有杭州，就没有马云，也不会有阿里，"我最为骄傲的是，是杭州的远见，是杭州对未来、对创新、对梦想的态度。"

马云还说，对马云来说，只有一个杭州，但杭州会有更多"马云"。在阿里巴巴 20 周年年会上，马云再次说，感谢这个伟大的城市。

这是一个人和一座城市的相濡以沫、生生不息。

......

闲暇时，我骑着共享单车在阿里周边晃荡，无数的创业公司藏身于大街小巷的居民楼、写字楼，业务都是互联网，模式都是合伙人制。说不定哪一天，这些千奇百怪的企业有的会一鸣惊人，一批批新的"十八罗汉"会成为人们学习的榜样。

也或明天。

道可道 39

一个伟大公司的诞生离不开天时地利人和。

熟悉的土壤和人脉对初创公司来说更容易存活。

创办一家人才聚集型公司不代表必须选择在一线城市；创办一家全球化公司也不代表要把公司总部搬到国外。

40　诘问

同学,我们以前认识吗
素不相识
同学,我们今后会分离吗
江湖再见
同学,在红尘中你看见了什么
良善单纯
同学,在回忆中你看到了什么
未来已来

道可道 40

在逻辑中,没有任何东西是偶然的。如果一事物能在一事态中出现,那么,这一事态的可能性必已预先设定于这一事物中。

——维特根斯坦

附录　阿里巴巴102句土话（张桥刚版）

阿里土话源于阿里民间，是阿里人自己的"方言"，是日常工作中的点滴体会，是十年磨一剑的最好注脚，逗你发笑、引你思考、唤你共鸣。

1999年创业初期，阿里招聘广告中使用了"此时此刻、非我莫属"这句话，成为公司经典。这样的语句被越来越多地创造、收录并使用，自然而然地由阿里人共同定义为"阿里土话"。

——这是真正的集体智慧。每句阿里土话都有其含义寓意，对阿里人文化价值观引导、团队激励、管理方式有重要意义。

马云独创的阿里土话"今天很残酷、明天很残酷、后天很美好，但绝大多数人死在明天晚上，看不到后天的太阳"成为阿里土话中流传度最广、传承度最高的土话之一。

由于篇幅所限，读者可扫描下面的二维码阅读。

后记

这是《阿里巴巴与四十大道》（珍藏版），这一次加后记，不是到此为止。阿里的企业愿景是活 102 年，我希望本书能更新出版到同一年。

那么，为什么加后记？我想写三点思考，这些思考来自读者的高频提问，不一定能写好，抛砖引玉，或能给大家些许启发。

1. 理顺几组近义词：团队 / 部门、主管 / 领导、一线员工 / 基层员工、老大 / 老板

这几组词经常混用，日常工作中，阿里是团队作战，不是部门作战；团队负责人叫主管，很少称领导；阿里只有一线员工，没有基层员工。

区别是什么？

先抛出另一个问题，《孤独大脑》作者老喻曾问，阿里如何做到在如此大体量下仍然保持快速增长？问题难度在于：如何保证舰队方向正确？如何保持每个单元的活力与战斗力？他引用沃尔特·艾萨克森的话进行了自答：自上而下、指挥控制式的公司运营产生不了最伟大的创新，真正伟大的成功，是一群团队为了共同目标快速协同工作，计算机、晶体管、微芯片和互联网的发明，概莫能外。有一点很关键：任何一小团队，有自主决策权，就如电影《菲利普船长》一样。

我逐渐认识到，所谓团队，就是在前线打仗，员工是一线战士，主管是"头"，一把勺子一口锅，团队因人而设，团队打没了，主管也就没了，也可用来理解阿里为何要求团队主管必须具备一个基本技能：找到他需要的人。注意，找人不是招人。找人，是创业心，寻求志同道合的伙伴；招人，是职业心，按招聘要求打勾勾，这就容易理解阿里为啥有"闻味官"了。一个公司可以很大，一个团队必须很小（两个披萨原则），否则无法快速反应和协同。

部门是行政设置，因岗而设，铁打的营盘流水的兵，部门一直存在，领导职位一直存在，只是领导人轮换。

老大和老板区别很大，老大是发自内心的叫法，哪怕将来他不管你了，你也会叫老大，因为，老大是做人做出来的；老板是行政职位，是封的。

还有一组词，同情心/同理心，前者不是同情谁，是对别人感同身受；后者不是和谁有一样的观点，是站在对方的角度思考问题。

2. 阿里文化的核心是什么

马老师说阿里员工都是独一无二的，老道总结阿里巴巴的文化内核是相信人和社会的美好。写第一稿时，我认定阿里巴巴的文化宗旨是"让每个小二成为更优秀的自己"。两层含义，对小二而言，最重要的品质是皮实自信，真实不装；对公司而言，信任员工，让员工放开手脚，荣辱与共，彼此担当。天下诸事，唯有信任，才能简单，才能高效。

有一次，我提问阿里巴巴CPO童文红，怎样才能做好阿里巴巴的

CPO？她反问，你认为呢？我说 CPO 的核心任务是"让每个小二成为更优秀的自己"。她说，这是结果，不是过程。

这个"过程"在阿里有迹可循：阿里初创时的文化无疑是创始人文化，马云在十八罗汉中普及他的思想，普及方式也简单，天天在一起，言传身教。当时有一句话：相信"相信"，大家不知道互联网会成什么样子，但相信马云，就跟定了他——这是企业文化的第一个过程，可称之为：启蒙。

第二个过程是提炼，企业有意识地提炼自己的文化，阿里的提炼方式是"发现员工之美"，并传播这些美的故事。故事的选题很像优酷制作电视剧遵循的"九字法则"：小人物，大感情，正能量。人最怕别人说你不行，更怕自己认为自己也不行，有了这种提炼，员工会找到自信心，一路走到强大无比。

第三个过程是形成价值观，书中大量篇幅进行了描述。价值观形成初期不稳定，所以列入考核，直到渗入员工血脉。

3. 我写的是阿里，想表达的一定不是阿里，是人性

《阿里巴巴与四十大道》取材于阿里，写的是"家事"，但表现的是人性，尤其是企业中的人性。

企业总有一天会消失的，人性不会。人性总有良善的一面，也有阴暗的一面，永远不要挑战人性，阿里巴巴的做法是顺着人性激发人性，极大地发挥人性的正面作用。读者很聚焦的一个问题，阿里巴巴商业逻辑的原点是什么？我的回答只有两个字：良善。一个伟大的企业不是业务有多大，而是把良善发挥到多大。企业相信员工的良善，就会想尽一切办法把"弹药"直接给到一线员工；员工相信企业的良善，就不怕犯错，不会明哲保身，敢打敢拼，敢创造敢承担。

有人说，算法时代，人不再重要，人性更无须关注，其实，人类社会几千年，科技发展了很多，人的情绪并无多大变化，人性的价值不减反增——这也是阿里巴巴等很多优秀企业极力倡导价值观的原因，这些价值观各不相同，丰富多元，本质都是对人性的理解。

也有读者说我作为阿里员工写阿里，只说好话，问题不敢多讲，蜻蜓点水，隔靴搔痒。阿里作为超过10万人的公司，问题当然很多，问题的关键不是问题本身，问题本身不足以形成社会启发，我寻找的是单个企业身上的共性价值。

我想，阿里巴巴对中国的贡献有两条主线，一条是大家看到的业务线，改变影响了中国乃至世界的互联网进程；另一条是不容易看到的文化线，中国文化博大精深，但由于长期以来"抑商"思想的影响，企业文化在中国文化中的份量不足。写本书的一个想法，希望有人重视和提炼不限于阿里的优秀企业文化，这些文化理应成为中国文化的重要组成部分。

还有人提出，"四十大道"章节之间逻辑性不强。是的，我原本的设想是，让读者可以随便从某一页翻起，不影响阅读。我不太在意四十个章节必须暗含清晰的逻辑递进，只想真实地呈现阿里发生了什么，追求着什么。当然，本书有一个最基本的逻辑架构（详见本书封面内页），从叙述视角上讲，以我的视野，从阿里肇始、发展、壮大写到家国情怀；从叙事技巧上讲，是简单的"前叙后议"。事实上，我把很大的力气用在了"议"上，但是，能力所限，加之，写到后面，体力不支，病倒很长时间，所以"议"得不理想。这次后记，算是对"议"的一些充实和补充。

最后，说一下本书的开头和结尾。决定要写这本书时，我先把金庸小说拿出来读。一看《笑傲江湖》就知道什么叫大家，主角令狐冲在第86页出现，任盈盈在第882页出现。金庸就像内功深厚的扫地僧，随便拿个扫帚，就可以完成浩浩荡荡的铺陈，显然，我不具备这个内力。后来，又花了很多时间，想琢磨一个《百年孤独》式的开篇，百思不入其门。

这时，帅总招呼大家开了一个会，就开了几分钟。他说，大家要做一个对内心诚恳的人。说完就散会了，听完，有点儿懵。当夜，打开电脑继续构思本书开篇，恍然大悟，什么叫对内心诚恳，就是怎么想就怎么写，写自己最熟悉的东西。于是，有了开篇第一段话。

后来，我为自己的这种写实手法找到了"理论"依据。美国作家托马斯·沃尔夫说，一切认真的作品说到底都是自传性质的，一个人要想创造出任何一件具有真实价值的东西，他必须使用自己生活中的素材和经历。我终于明白了为什么金庸写江南，马尔斯克写马孔多，孙犁写荷花淀，沈从文写湘西，陈忠实写西北……我也明白了我必须写阿里。

本书最后一章，我坚持用如此简单的几行字结束全书，因为这是我心目中憧憬的人性光辉。我们每一个人来自五湖四海，从素昧平生，到相聚相离，有的人在百无聊赖中看破红尘，有的人在滚滚红尘中坚守成长。人生只有一次，说到终极，坚守良善、单纯，才能通透、豁达，才能看到"满天的星星落在院子里，满院子的花开成天上的繁星"。

2020 年 3 月